职业教育物流管理专业教学用书
岗课赛证综合育人系列教材

现代供应链基础

主　编　贾铁刚　孙　宁
主　审　陈雄寅

电子工业出版社
Publishing House of Electronics Industry
北京·BEIJING

内 容 简 介

本书按照"项目导向、任务驱动"原则，参照《供应链运营 1+X 试点工作指南（2023 版）》《供应链管理师 国家职业技能标准（2020 年版）》《物流服务师 国家职业技能标准（2022 年版）》等文件对现代供应链基础课程内容进行了重构，设置了现代供应链概述、现代供应链计划管理、现代供应链采购管理、现代供应链物流管理、现代供应链生产管理、现代供应链信息管理、现代供应链风险管理 7 个项目。每个项目均包含若干个任务，每个任务安排了思政活动、任务展示、任务准备、任务执行、任务评价等环节，每个项目最后则安排了任务巩固环节，以使学生理解和掌握所学内容，具有较强的实操性。

本书不仅可以作为中等、高等职业教育交通运输类、财经商贸类专业及其他相关专业的教材，而且可以作为应用型本科院校相关专业的参考书，还可以作为相关领域从业人员的培训教材。

未经许可，不得以任何方式复制或抄袭本书之部分或全部内容。
版权所有，侵权必究。

图书在版编目（CIP）数据

现代供应链基础 / 贾铁刚，孙宁主编. —北京：电子工业出版社，2024.4
ISBN 978-7-121-47728-7

Ⅰ. ①现… Ⅱ. ①贾… ②孙… Ⅲ. ①供应链管理 Ⅳ. ①F252

中国国家版本馆 CIP 数据核字（2024）第 079065 号

责任编辑：王志宇
印　　刷：天津嘉恒印务有限公司
装　　订：天津嘉恒印务有限公司
出版发行：电子工业出版社
　　　　　北京市海淀区万寿路 173 信箱　　邮编：100036
开　　本：880×1 230　　1/16　　印张：9.75　　字数：287 千字
版　　次：2024 年 4 月第 1 版
印　　次：2024 年 10 月第 2 次印刷
定　　价：45.00 元

凡所购买电子工业出版社图书有缺损问题，请向购买书店调换。若书店售缺，请与本社发行部联系，联系及邮购电话：（010）88254888，88258888。

质量投诉请发邮件至 zlts@phei.com.cn，盗版侵权举报请发邮件至 dbqq@phei.com.cn。

本书咨询联系方式：（010）88254523，wangzy@phei.com.cn。

前 言
PREFACE

近年来,随着社会分工的细化和信息技术的进步,我国现代供应链发展已经进入与互联网、物联网深度融合的智慧供应链新阶段,成为产业及经济的新型组织形态。现代供应链是以客户需求为导向,以提高质量和效率为目标,以整合资源为手段,实现产品设计、采购、生产、销售、服务等全过程高效协同的组织形态。现代供应链具有创新、协同、共赢、开放、绿色等特征。推进供应链创新发展,有利于加速产业融合、深化社会分工、提高集成创新能力;有利于建立供应链上下游企业合作共赢的协同发展机制;有利于建立覆盖设计、生产、流通、消费、回收等各环节的绿色产业体系。

未来的产业竞争不仅是个体企业间的竞争,更是产业链、供应链间的竞争。现代供应链日益受到国家、社会各界的高度重视,供应链竞争力已上升到国家战略。

2023年,我国供应链运营与管理人才匮乏,缺口达到约430万人。未来5年,我国对现代供应链管理人才的需求总量将达到约600万人。我国供应链人才培养还处于起步阶段,亟需调动社会各方面的力量来尽快解决我国现代供应链人才短缺的问题。

本书是为贯彻教育部职业教育改革实施方案精神,根据中共中央办公厅、国务院办公厅印发的《关于推动现代职业教育高质量发展的意见》要求,促进中等职业教育和高等职业教育衔接发展,同时配合职业院校教学改革和教材建设而编写的。本书致力于探索中高职衔接,贯通人才培养通道,尝试对中职阶段和高职阶段的学习内容进行优化整合,使两部分内容能够相互分工、相互独立、相互承接而不重复、浪费。

本书为中高职衔接教材,按照"项目导向、任务驱动"原则,参照《供应链运营1+X试点工作指南(2023版)》《供应链管理师 国家职业技能标准(2020年版)》《物流服务师 国家职业技能标准(2022年版)》等文件对现代供应链基础课程内容进行了重构,设置了现代供应链概述、现代供应链计划管理、现代供应链采购管理、现代供应链物流管理、现代供应链生产管理、现代供应链信息管理、现代供应链风险管理7个项目。每个项目均包含若干个任务,每个任务安排了思政活动、任务展示、任务准备、任务执行、任务评价等环节,每个项目最后则安排了任务巩固环节,以使学生理解和掌握所学内容,具有较强的实操性。

本书具有以下主要特色。

(1)立德树人,课程思政。本书依托国家战略,将社会主义核心价值观和工匠精神融入教学内容,在"润物细无声"中培养学生认真严谨、精益求精的职业精神,较好地体现课程思政。

(2)岗位导向,任务驱动。本书基于任务驱动和工作流程进行编写,将供应链行业相关岗位的工作任务转化为教学任务,实现了"岗位导向,任务驱动",体现了"工学结合,理实一体"的教学理念。

（3）三个对接，三个融合。本书实现了"三个对接"，分别是课程体系与岗位需求的对接、学习内容与工作内容的对接、校内教学资源与企业培训资源的对接。同时，本书较好地体现了"三个融合"，即职业教育与思政教育、情感教育、职业生涯规划教育的融合。

（4）突出典型，注重实务。本书在编写过程中遵循"突出典型，注重实务"，有利于培养供应链行业的实用型技能人才和管理人才。

（5）服务1+X，书证融通。本书把学历证书与职业技能等级证书结合起来，探索实施1+X证书制度。本书积极响应国家的职教改革部署，服务1+X证书制度，是书证融通的职业教育规划教材。

（6）内容精当，资源丰富。本书教学内容安排精当，行文简明，深入浅出。本书通过二维码拓展了教学资源，丰富了教学内容。

（7）全彩印刷，图文并茂。本书全彩印刷，以图文并茂的形式展示内容，直观形象地介绍供应链管理相关的知识点和技能点，不仅可以作为中等、高等职业教育交通运输类、财经商贸类专业及其他相关专业的教材，而且可以作为应用型本科院校相关专业的参考书，还可以作为相关领域从业人员的培训教材。

本书由贾铁刚、孙宁担任主编，陈雄寅担任主审，张冰华、王伟担任副主编，徐晓慧、万贵银、陈卓宏、卢伟东参编。

我们在编写过程中参考了大量的文献资料，借鉴和吸收了国内外众多学者的研究成果，在此对相关文献的作者表示诚挚的感谢。由于编写水平有限，书中难免有疏漏之处，敬请广大读者提出宝贵意见并反馈给我们。

编　者

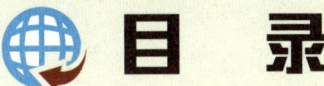

目 录
CONTENTS

项目一 现代供应链概述 ·· 1
    任务一 认识现代供应链 ·· 2
    任务二 认识供应链管理基础知识 ·· 8
    任务巩固 ·· 15

项目二 现代供应链计划管理 ·· 18
    任务一 认识计划管理 ·· 19
    任务二 现代供应链下的计划管理策略 ··· 26
    任务巩固 ·· 31

项目三 现代供应链采购管理 ·· 34
    任务一 认识采购管理 ·· 35
    任务二 现代供应链下的采购管理策略 ··· 41
    任务巩固 ·· 50

项目四 现代供应链物流管理 ·· 55
    任务一 认识物流管理 ·· 56
    任务二 现代供应链下的物流管理战略 ··· 62
    任务三 基于现代供应链的物流决策 ·· 70
    任务巩固 ·· 78

项目五 现代供应链生产管理 ·· 82
    任务一 认识生产管理 ·· 83
    任务二 现代供应链下的生产计划与控制 ·· 89
    任务三 现代供应链下的生产策略 ·· 96
    任务巩固 ·· 107

项目六 现代供应链信息管理 ·· 111
    任务一 认识信息管理 ·· 112

任务二　现代供应链下的信息技术 ··· 117
　　　任务巩固 ··· 124

项目七　现代供应链风险管理 ··· 127
　　　任务一　认识风险管理 ·· 128
　　　任务二　现代供应链下的风险管理策略 ·· 136
　　　任务巩固 ··· 147

参考文献 ··· 150

项目一
现代供应链概述

学习目标

知识目标

（1）掌握现代供应链和现代供应链管理的定义。
（2）了解现代供应链的发展阶段。
（3）掌握现代供应链的基本结构、类型、流程和战略规划。
（4）掌握现代供应链管理的基本内容、方法、意义和创新发展。
（5）理解现代供应链与现代供应链管理的区别。

能力目标

（1）能够对计划、采购、制造、配送、退货所涉及的现代供应链管理要点进行分析。
（2）能够应用现代供应链管理的基本概念分析企业产品供应链结构。
（3）能够对供应商、厂家、分销企业、零售商的现代供应链要素进行分析。
（4）能够围绕案例分析供应链与供应链管理的区别。
（5）能够对现代供应链管理方案进行分析和优化。

思政目标

（1）培养学生爱国主义精神，树立"四个自信"。
（2）引导学生树立中国制造强国梦，培养中国新一代供应链行业的建设者和接班人。
（3）帮助学生初步明确理论联系实际的原则，勇于实践，从实践中提升正确思想。
（4）培养学生民族自豪感和自信心。

现代供应链基础

 思维导图

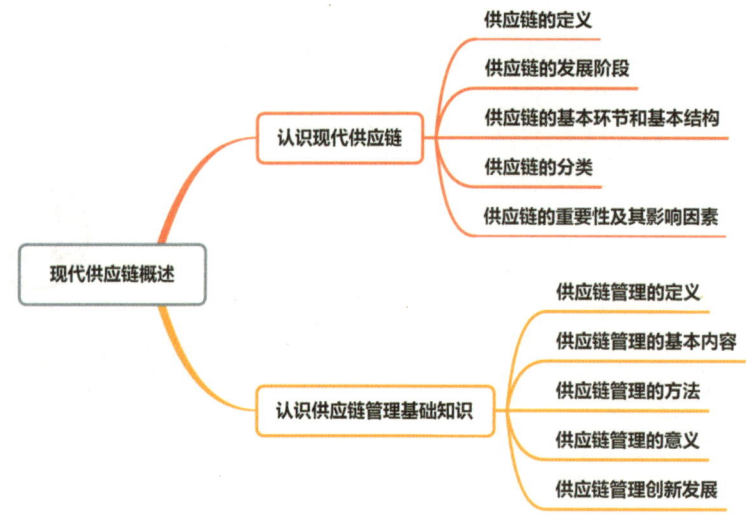

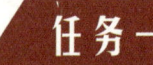

认 识 现 代 供 应 链

 思政活动

中国在全球供应链中的地位越来越重要，2022年上半年，中国外贸进出口逆势增长，货物贸易进出口总值达19.8万亿元，同比增长9.4%，展现出较强的韧性。"近年来，中国作为全球货物贸易第一大国的地位越来越稳固，中国外贸进出口保持强劲势头对稳经济发挥了重要作用。"巴尔迪维索表示，数据显示，2021年，中国进口对全球进口增长的贡献率达13.4%，有力促进了世界经济的复苏。"作为全球制造强国、贸易强国，中国外贸长期向好趋势不会改变，中国在全球供应链中的地位越来越重要。中国经济稳中向好，将继续为全球产业链供应链的正常运行提供重要支撑，对稳定世界经济具有重要意义。"

一分钟了解供应链

 任务展示

任务：阅读案例《口罩背后：一个世界上最完整的产业链供应链》

请以项目组为单位，认真阅读案例，分别对现代供应链概述、产业链、生产环节的问题进行分析，并提出一些包含思政元素的专业问题，让学生思考、讨论、辨析，每组最后派1名代表上台进行分享。

 任务准备

 知识点1：供应链的定义

供应链（Supply Chain）是指生产及流通过程中，涉及将产品或服务提供给终端客户的上游与下游企业所形成的网链结构，即将产品从商家送到消费者手中的整个链条。供应链（物流网络）如图1-1所示。

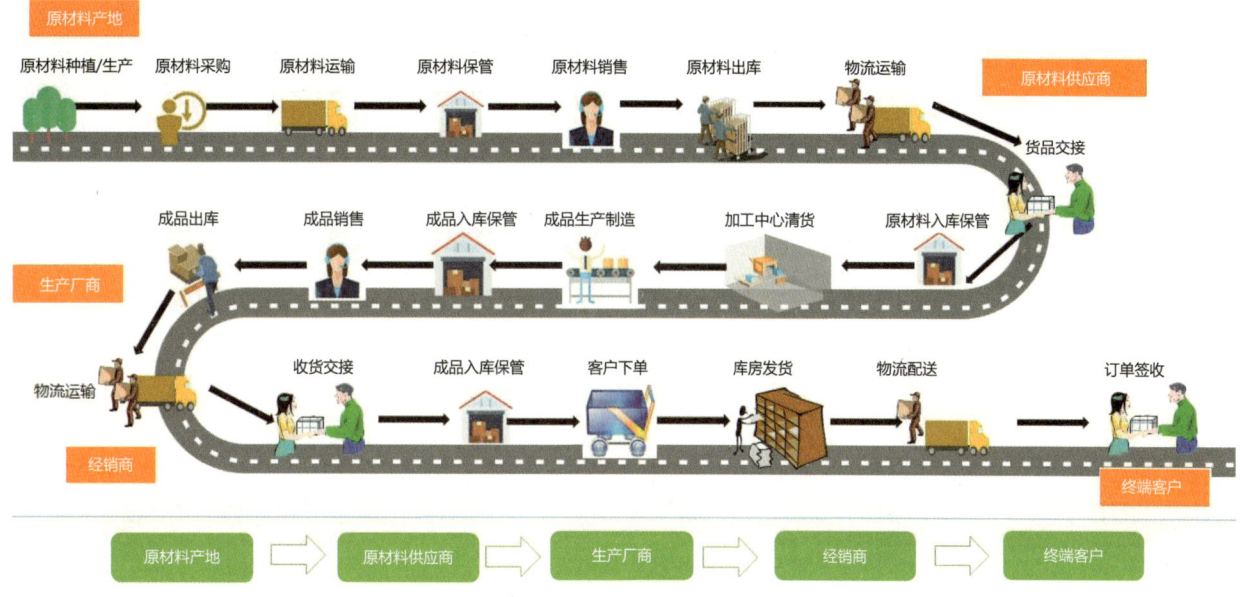

图1-1 供应链（物流网络）

供应链是围绕核心企业，从配套零件开始，制成中间产品及最终产品，最后由销售网络把产品送到消费者手中的，将供应商、生产厂商、经销商直到终端客户连成一个整体的功能网链结构。供应链管理的经营理念是站在消费者的角度，通过企业间的协作，谋求供应链整体最佳化。成功的供应链管理能够协调并整合供应链中所有的活动，它最终会成为无缝连接的一体化过程。

供应链上各企业之间的关系与生物学中的食物链各生物之间的关系类似。在"草—兔子—狼—狮子"这样一个简单的食物链中（为便于论述，假设在这一自然环境中只生存这四种生物），如果我们把兔子全部杀掉，那么草就会疯长，狼也会因兔子的灭绝而饿死，连最强大的狮子也会因狼的灭绝而饿死。可见，食物链中的生物之间是相互依存的，破坏食物链中的任何一种生物势必导致这条食物链失去平衡，最终破坏人类赖以生存的生态环境。

同样的道理，在供应链"企业A—企业B—企业C"中，企业A是企业B的原材料供应商，企业C是企业B的经销商。如果企业B忽视了供应链中各要素的相互依存关系，而过分注重自身的内部发展，生产产品的能力不断提高，但是如果企业A不能及时向企业B提供原材料，或者企业C的销售能力跟不上企业B的生产能力的发展，那么我们可以得出这样的结论：企业B生产力的发展不适应这条供应链的整体效率。

知识点2：供应链的发展阶段

1. 生产导向时期

20世纪50年代至60年代初期，企业的主要目标是实现规模化生产，以降低成本并提高效率。这个时期的企业主要注重内部流程的优化和控制，而供应链中的其他环节往往被忽视。因此，当时的供应链管理主要是由采购、生产和销售等不同职能部门独立进行的，缺乏协调和整合。

2. 存货管理时期

20世纪60年代至70年代初期，企业开始意识到存货管理的重要性。尤其是随着库存水平的提升，场地、资金和人力等资源的紧张问题也变得更加突出。因此，企业开始研究如何通过减少库存、缩短生产周期和提高运输效率来降低成本。这个时期的供应链管理开始强调"Just In Time"（准时生产）和"Economic Order Quantity"（经济订购量）等概念，以实现库存的最小化。

3. 增值服务时期

20世纪70年代后期至80年代，企业逐渐认识到客户需求的重要性。随着市场竞争的加剧，企业开始注重提高客户满意度和忠诚度。因此，供应链管理开始增加对客户需求的了解和反馈，在生产和分销过程中提供更多的增值服务，以满足客户需求。

4. 一体化时期

20世纪90年代至21世纪初期，全球贸易和信息技术的发展使企业能够更有效地整合供应链中的各个环节。在这个时期，供应链管理开始强调协同合作、信息共享和风险管理等的重要性。企业逐渐认识到，只有通过与供应商、分销商和物流服务提供商等伙伴紧密合作，才能实现供应链的优化和改进。

知识点3：供应链的基本环节和基本结构

供应链的基本环节和基本结构如表1-1所示。

表1-1 供应链的基本环节和基本结构

序号	基本环节	供应链基本结构
1	采购环节	从供应商处获取原材料、零部件等物资，是整个供应链中的起始环节
2	生产环节	将采购来的原材料通过加工、生产等方式转化为最终产品
3	库存环节	存放已生产好的产品，通常包括原材料库存、半成品库存、成品库存等
4	物流环节	负责将不同环节之间的物资和信息流沟通、衔接起来，包括运输、仓储、配送等活动
5	销售环节	将已生产好的产品销售给客户，是供应链中的终止环节
6	售后服务环节	提供售后服务和技术支持，保障客户满意度和忠诚度

知识点4：供应链的分类

根据产业链环节，将供应链分为上游供应链、中游供应链和下游供应链。上游供应链包括原材料供应商、组件制造商等，中游供应链包括零部件制造商、装配加工企业等，下游供应链则包括经销商、零售商等。

根据行业特点，将供应链分为制造型供应链和服务型供应链。制造型供应链相对来说更加复杂，需要考虑到物资采购、生产管理、质量控制、供应商协作等方面；服务型供应链强调的是客户需求的快速响应和实时性，需要关注售前咨询、售后服务等方面。

根据国际化程度将供应链分为国内供应链和跨境供应链。跨境供应链涉及海关、通关、运输、支付等多个环节，相对于国内供应链来说更具有挑战性。

根据供应链合作形式将供应链分为传统型供应链和协同型供应链。传统型供应链中各环节之间主要是线性关系，各环节之间的信息流和物资流相对独立；协同型供应链则更加强调合作和协作，在各环节之间建立紧密的联系和信息共享机制。

根据产品属性，将供应链分为标准品供应链和定制品供应链。标准品供应链的成本控制和效率是重点，定制品供应链则需要更具有灵活性和个性化。

知识点5：供应链的重要性及其影响因素

1. 供应链的重要性

（1）降低成本。优化供应链可以帮助企业降低采购、生产、库存、物流等环节的成本，提高企业整体效率和盈利能力。

（2）提高服务质量。供应链管理可以帮助企业优化供应商关系，减少供货周期，提高产品质量和可靠性，从而提高客户满意度。

（3）增强市场竞争力。通过供应链管理，企业可以更好地理解市场需求和趋势，提高市场反应速度，进而增强自身市场竞争力。

（4）强化风险管理。供应链中存在的各种风险如交付延迟、物流问题、质量问题等，都会对企业造成损失。通过建立健全的供应链管理体系，企业可以更好地识别和应对这些风险，保障企业持续稳定发展。

2. 供应链的影响因素

（1）供应商选择。供应商的选择对供应链的效率和质量的影响很大，包括价格、质量、服务等多个方面。

（2）订单管理。订单管理直接影响了生产、库存与物流等环节的安排和协调，进而影响供应链的效率和成本。

（3）生产计划。生产计划需要与市场需求、供应商能力、库存水平等因素进行协调，以保证供应链的顺畅和有效。

（4）物流管理。物流环节涉及运输、仓储、配送等多个方面，对供应链的效率和质量的影响很大。

（5）信息技术支持。信息技术的使用可以帮助企业实现供应链的数字化、智能化和网络化，提高供应链管理效率和透明度。

小 贴 士

商务部等 8 单位关于印发《全国供应链创新与应用示范创建工作规范》的通知

任务执行

口罩背后：一个世界上最完整的产业链供应链

小小口罩，背后是环环相扣的生产链条和系统、完整的工业体系，是一个当今世界最完整的产业链供应链。

1. 原材料：央企"跨界护盘"，熔喷布产量大幅提升

口罩的原材料主要是高熔指聚丙烯材料加工制成的无纺布。医疗口罩一般采用多层结构，其中最内层和最外层为纺粘无纺布，中间层便是熔喷布。

熔喷布是口罩中起过滤作用的关键材料，是口罩的"心脏"，除能阻挡较大粉尘颗粒外，还可以通过表面的静电荷将细小粉尘、细菌、病毒和飞沫吸住。作为过滤功能口罩的必要原料，1 只普通医用外科口罩要使用 1 层熔喷布，1 只 N95 口罩则至少要用 3 层熔喷布，1 吨熔喷布可以做约 100 万只医用外科口罩。

我国熔喷布的产能原本并不高。数据显示，2018 年中国熔喷法非织造布实际产量为 5.352 3 万吨，占当年纺丝成网非织造布产量的 1.8%。

疫情突发，让此前小众的熔喷布一举成为市场急需品。面对急剧扩张的需求和口罩原材料短缺的矛盾，央企纷纷"跨界护盘"。

中国石油化工研究院把研发口罩所需熔喷料、熔喷布作为重大政治任务，一周之内便完成了研发生产的一系列工作。中国石油化工研究院兰州中心仅用 8 天就完成了关键设备采购、安装，并攻克了相关

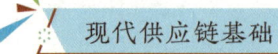

技术难题，于2020年2月28日成功开发出自主聚丙烯熔喷专用料，日产能2吨。

3月6日24时许，北京西郊中国石化燕山石化厂区，硕大的熔喷头源源不断地喷出白色纤维，瞬间凝结成雪白的布匹。参建各方600多名员工12昼夜连续奋战，中国石化和国机恒天集团合作建设的燕山石化熔喷无纺布生产线一次开车成功，产出合格产品。

据国务院国有资产监督管理委员会（简称国资委）医疗物资专项工作组消息，截至2020年3月6日24时，中央企业熔喷布当日产量已达到约26吨。随着新的生产线建成投产，熔喷布产量将大幅提升，有效缓解供求紧张局面。

市场监督管理部门也果断出手。记者10日从国家市场监督管理总局获悉，针对哄抬熔喷布价格等违法行为，国家市场监管总局联合公安部依法查处扰乱熔喷布市场价格秩序的违法行为，坚决斩断哄抬熔喷布价格的违法链条。

2. 关键设备：协同研发攻关，补齐口罩产业链短板

在制作熔喷布时，需要通过高速高压的热空气流把高熔指聚丙烯材料熔化，再将其从纺丝微孔中拉出，在气流引导下均匀地铺在收集装置上，利用自身余热，粘合成网，还要通过驻极处理，让熔喷布带上一定电荷，利用静电吸附细小粉尘、细菌、病毒和飞沫，这样，熔喷布的过滤效率会更高。

熔喷布生产线投资巨大、技术含量较高、设备安装复杂、对厂房要求高，这些是制约熔喷布产能扩大的重要因素。"建设一条熔喷布生产线差不多要800万元，国产设备的交货期要3至4个月，进口设备（的交货期）则要6至8个月。"江苏某科技公司负责人告诉记者。

在口罩产业链中，作为国内最大的医卫原料供应商，中国石化原本是上游聚丙烯材料的生产者，为保障中游熔喷布价格稳定和下游口罩产品供应，中国石化决定打通产业链，全面介入熔喷料、熔喷布和口罩生产。截至2020年3月，在北京，中国石化燕山石化厂区2条熔喷布生产线已经投产；在江苏，中国石化仪征化纤还有8条熔喷布生产线在加速筹建，预计当年4月中旬建成投产。10条熔喷布生产线总投资约2亿元，全部投产后日产量可达18吨医用口罩熔喷布。

口罩机是影响口罩产量的另一环节，也是口罩产业链的短板。它通过热压、折叠成型，超声波焊接，废料切除，耳带线、鼻梁条焊接等工序，将多层无纺布制成具有一定过滤性能的各种口罩。

受疫情影响，口罩机同样非常紧缺。总部位于广州黄埔区的多家骨干企业及其供应链成立了平面口罩机攻关组，仅用一个月时间攻坚克难，生产出100台套口罩机。据攻关组牵头企业国机智能公司介绍，10天研制首台套平面口罩机并完成压力测试，20天生产100台套口罩机，是在没有过往经验、关键零部件采购相当困难、技术人员奇缺、疫情防控压力很大的情形下完成的。

由航空工业集团研制的"1出2型"高端型全自动口罩机也在北京成功下线。该型口罩机由793项、共2365件零件组成，只需简单培训，便可实现单人操作。原计划实现20台的批产，包括样机在内的24台全自动口罩机全部投产后每天将产出300万只口罩。

各相关企业接续努力的同时，国务院国资委紧急推动医用口罩机、防护服压条机等关键设备的研制生产，采用"多家企业、多种方案、多个路径"的模式攻关。截至2020年3月7日，航空工业集团、中国船舶集团等6家企业累计制造压条机574台、平面口罩机153台、立体口罩机18台。

我国是世界最大的口罩生产和出口国，年产量占全球年产量的约50%，工业和信息化部数据显示，2019年中国大陆地区口罩产量超过50亿只，可用于病毒防护的医用口罩占54%。因此，中国的生产能力对全球抗疫都具有意义。

3. 产业链：全民硬核复产，中国制"罩"为世界做出贡献

普通医用口罩由纺粘无纺布层、熔喷无纺布层、耳带线、鼻梁条等部件组装而成，根据不同种类还需添加过滤棉层和活性炭层。看似普通的构件却涉及化工、纺织、机械、冶金、电子等基础工业门类，涉及原材料、设备、厂房、资金、人力、准入许可、生产周期七大要素，只有中国才拥有超完整的口罩产业链、

供应链和生产要素。

到 2020 年 2 月 29 日，中国口罩产量创下新高：全国口罩日产能达到 1.1 亿只，日产量达到 1.16 亿只，有效满足了疫情防控需求。

"双亿"目标实现的背后是全国上下齐心协力的"硬核复产"。国家还通过建立临时收储制度，明确重点医疗防护物资政府兜底采购收储；对疫情防控重点保障企业实行名单制管理，给予税收、金融支持；建立重点企业生产临时调度制度，派出驻企特派员支持全力扩大生产；市场监督管理部门"特事特办"，加快审批流程等一系列措施，为企业创造生产条件。

"双亿"目标的实现是以中国完善的工业体系、完备的上下游产业配套能力为支撑的。中国拥有全球规模超大、门类超全、配套超完备的制造业体系。据了解，目前我国是全世界唯一拥有联合国产业分类中所列全部工业门类的国家。

在 2020 年 3 月 12 日商务部举行的新闻发布会上，商务部外贸司司长李兴乾指出，中国将对有关国家和地区，特别是疫情较重的国家和地区，给予力所能及的帮助。中国政府将继续支持出口企业组织口罩等医疗物资对外供应，为全球防疫做出应有贡献。

案例来源：央广网，《口罩背后：一个世界上最完整的产业链供应链》。

步骤 1：阅读案例，分析口罩产品的原材料、半成品及产成品链条。

_____
_____
_____

步骤 2：阅读案例，如何运用供应链概念对一个产品供应链进行分析？

_____
_____
_____

步骤 3：阅读案例，疫情期间，国内外曾短期内出现"一罩难求"即口罩短缺的问题，是供应链上哪个环节出了问题？中国口罩生产能力如何？

_____
_____
_____

步骤 4：阅读案例，面对我国制造业大而不强、与世界主要制造强国相比存在较大差距的客观现实，我国该如何改进未来方向和目标？

_____
_____
_____

步骤 5：各组派 1 名代表上台进行分享。

各组派一名代表上台将本组分析的结果进行分享。

任务评价

在完成上述任务后,教师组织进行三方评价,并对学生任务执行情况进行点评。学生完成表 1-2 所示的任务评价表的填写。

表 1-2 任务评价表

项目组:　　　　　　　　　　　　　　　成员:

评价标准	评价项目				
	分值(分)	自我评价(30%)	他组评价(30%)	教师评价(40%)	合计(100%)
对口罩生产链条要点分析准确	25				
应用供应链概念分析口罩准确	25				
对我国口罩供应链分析准确	25				
语言表达流畅	25				
合计	100				

任务二　认识供应链管理基础知识

思政活动

中国共产党第二十次全国代表大会提出:要坚持以推动高质量发展为主题,把实施扩大内需战略同深化供给侧结构性改革有机结合起来,增强国内大循环内生动力和可靠性,提升国际循环质量和水平,加快建设现代化经济体系,着力提高全要素生产率,着力提升产业链供应链韧性和安全水平,着力推进城乡融合和区域协调发展,推动经济实现质的有效提升和量的合理增长。

供应链管理

我国在"十四五"规划中明确要求落实 2030 年应对气候变化国家自主贡献目标,制定 2030 年前碳排放达峰行动方案。2017 年,国家标准化管理委员会发布的《绿色制造 制造企业绿色供应链管理导则》标准中规定了制造企业绿色供应链管理的参照标准,并在实施与控制中提出"收集本企业及供应商的温室气体排放等信息"。因此,随着我国经济结构调整的深入,对企业节能减排的要求更加严格,企业只有通过强化环境保护的自我约束机制来降低产品和生产过程相关的环境污染所带来的生产经营风险。

任务展示

任务:阅读案例《华为供应链的数字化转型之路》

请以项目组为单位,认真阅读案例,分别对供应链管理概述、算法模型、数字化应用的问题进行分析,并提出一些包含思政元素的专业问题,让学生思考、讨论、辨析,每组最后派 1 名代表上台进行分享。

任务准备

知识点1：供应链管理的定义

供应链管理（Supply Chain Management，SCM）是指在满足一定的客户服务水平的条件下，为了使整个供应链系统成本达到最小而把供应商、制造商、仓库、配送中心和渠道商等有效地组织在一起，进行产品制造、转运、分销及销售的管理方法。供应链管理如图1-2所示。

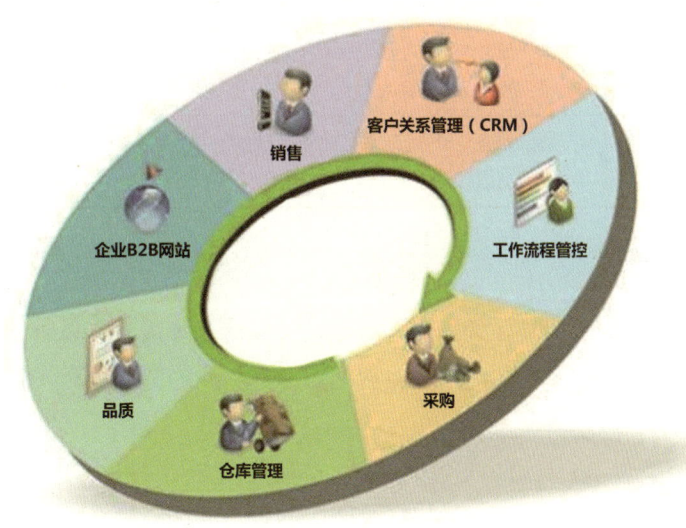

图1-2 供应链管理

供应链管理是一种集成的管理思想和方法，它执行供应链中从供应商到终端客户的物流的计划和控制等职能。从单一的企业角度来看，供应链管理是指企业通过改善上下游供应链关系，整合和优化供应链中的信息流、物流、资金流，以获得企业的竞争优势。

供应链管理是企业的有效性管理，体现了企业在战略和战术上对企业整个作业流程的优化。供应链管理整合并优化了供应商、制造商、零售商的业务效率，使商品以正确的数量、正确的品质、在正确的地点、以正确的时间、最佳的成本进行生产和销售。

知识点2：供应链管理的基本内容

供应链管理包括计划、采购、制造、配送、退货五大基本内容。

现代商业化给企业带来了巨大的压力，不仅要销售产品，还要为客户和消费者提供满意的服务，从而提高客户的满意度，使其产生幸福感，科特勒表示："没有顾客，企业家不能生存，一切计划都必须围绕挽留顾客、满足顾客进行。"在国内和国际市场上赢得客户，必然要求供应链企业能快速、敏捷、灵活和协作地响应客户的需求。面对多变的供应链环境，构建幸福供应链成为现代企业的发展趋势。

供应链管理的基本内容如表1-3所示。

表1-3 供应链管理的基本内容

序号	基本内容	供应链管理的基本内容的理解
1	计划	这是供应链管理的策略性部分。你需要有一个策略来管理所有的资源，以满足客户对你的产品的需求。好的计划是建立一系列的方法监控供应链，使它能够有效、低成本地为顾客递送高质量和高价值的产品或服务

续表

序　号	基本内容	供应链管理的基本内容的理解
2	采购	选择能为你的产品和服务提供货品与服务的供应商，和供应商建立一套定价、配送与付款流程并创造方法监控及改善管理，并把向供应商提供的货品和服务的管理流程结合起来，包括提货、核实货单、转送货物到你的制造部门并批准对供应商的付款等
3	制造	安排生产、测试、打包和准备送货所需的活动是供应链中测量内容最多的部分，包括质量水平、产品产量和工人的生产效率等的测量
4	配送	很多"圈内人"称之为"物流"，是指调整用户的订单收据、建立仓库网络、派递送人员提货并送货到顾客手中、建立货品计价系统、接收付款等
5	退货	这是供应链管理中的问题处理部分。建立网络，接收客户退回的次品和多余产品，并在客户应用产品出问题时提供支持

知识点 3：供应链管理的方法

供应链管理理论的产生远远落后于具体的技术与方法，供应链管理最早是以具体方法的形式出现的，随着网络技术的发展，供应链管理利用网络技术全面规划供应链中的商流、物流、信息流、资金流等，并进行计划、组织、协调与控制。

（1）快速反应（Quick Response，QR）是指物流企业面对多品种、小批量的买方市场，不是储备了"产品"，而是准备了各种"要素"，在用户提出要求时，能以最快速度抽取"要素"，及时"组装"，向用户提供所需服务或产品。QR 方法是美国纺织服装业发展起来的一种供应链管理方法，它的优点如图 1-3 所示。

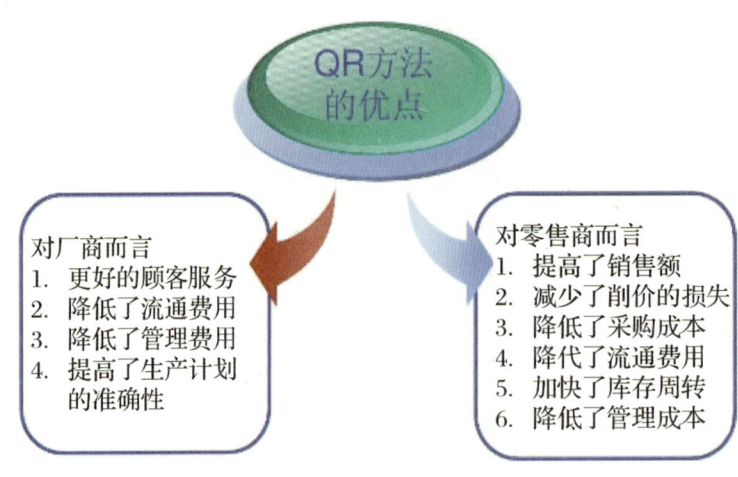

图 1-3　QR 方法的优点

（2）有效客户反应（Efficient Consumer Response，ECR）是 1992 年从食品杂货业发展起来的一种供应链管理策略，也是一个由生产厂家、批发商和零售商等供应链成员组成的，各方相互协调和合作，更好、更快并以用更低的成本满足客户需求为目的的供应链管理解决方案。ECR 是以满足客户需求和最大限度降低物流过程费用为原则，能及时做出准确反应，使提供的物品供应或服务流程最佳化的一种供应链管理战略。ECR 的战略如图 1-4 所示。

图 1-4　ECR 的战略

（3）QR 与 ECR 的差异在于：ECR 主要以食品行业为对象，其主要目标是降低供应链各环节的成本，提高效率；QR 主要集中在一般商品和纺织行业，其主要目标是对客户的需求做出快速反应，并快速补货。

知识点 4：供应链管理的意义

在新经济时代，技术的快速变革和巨额的开发成本使任何一家企业都无法独自解决自身面临的全部问题。有效的供应链管理渐渐成为现代企业核心竞争力的有力支撑。

自 20 世纪 90 年代以来，我国供求市场开始发生深刻的变革。进入 21 世纪，我国企业不得不直面国际化竞争，越来越多的企业认识到供应链管理在降低成本、提高竞争水平过程中所起的重要作用。供应链管理正在成为国际企业界盛行的一种先进的管理模式。越来越多的事实证明，高效的供应链管理是企业具备核心竞争力的有力保证。

1. 从宏观分析

（1）有利于提高企业的全球竞争力。在现代国际市场中，企业之间的竞争变成了企业供应链与供应链之间的竞争。重视和加强供应链管理，与合作伙伴进行资源的优势互补，实现强强联合，有利于加速企业增强自身实力的进程。

（2）有利于企业实现经营效益。在国际市场上，企业之间的关系已经开始从"竞争"向"竞合"过渡。从原材料的选购到最终产品的储存、供应和销售，人们开始不断地进行规划、重组、协调、掌握和优化，以便促进物流和信息流的快速流动，从而提高企业的整体经营效益。

（3）有利于提高企业的市场响应速度，准时满足市场需求。互联网技术的成熟与发展将世界带入了一个崭新的网状经济时代。网状经济时代的竞争是速度的竞争。特别是对于处于商品流通环节的企业来说，对市场的感知速度和响应速度才是生存之本。高效的供应链系统能够使企业准时获得需求信息并快速做出反应，并根据市场需求生产出精确数量的产品，在恰当的时间将恰当的商品配送到恰当的地点，最终提高客户的满意度。供应链管理能够更快、更好地满足市场需求，这又反过来会促进企业的进一步发展，从而形成一个市场经济的良性循环。

2. 从微观分析

（1）提高客户的满意度（提高交货的可靠性和灵活性）。

（2）降低公司的成本（降低库存，减少生产及分销的费用）。

（3）企业整体"流程品质"最优化（去除错误成本，消弭异常事件）。

供应链管理使供应链运作达到更优化，以更小的成本，使供应链从采购开始到满足终端客户的所有过程，包括工作流、实物流、资金流和信息流等均能高效率地运作，将合适的产品以合理的价格及时准确地送到消费者手上。

 知识点 5：供应链管理创新发展

供应链管理是适应现代生产方式而产生和发展起来的现代流通方式，它的不断完善和水平的提高又加速了现代生产方式的发展。现代生产方式是指依据比较优势的理念，以现代信息技术为手段，以企业的核心竞争优势为中心，实现全球化的采购、全球化的组织生产和全球化的销售。于是现代物流成为连接现代生产方式的枢纽，与现代物流共生的供应链管理成为现代生产方式和现代物流的有力工具。

流通方式在传统称谓上一般称为批发和零售。在电子商务的环境下，批发被称为 B to B，零售被称为 B to C 或 C to C。应该说 B to B 即传统的批发在社会商品的流通中占据相当大的份额，对社会资源的配置起到巨大的作用。实际上，在流通方式的革命中，我们一直都希望自己的商圈相对稳定，并积极寻求这一路径。

供应链管理为我们提供了这一方法，所以说供应链管理是现代流通方式的创新，是新的利润源。在供应链中，上下游企业形成了战略联盟，因此它们的关系是相对稳定的。它们通过信息共享形成双赢关系，实现社会资源的最佳配置，降低社会总的成本，避免了企业间的恶性竞争，提高了各企业和整个供应链及全社会的效益。供应链向我们展示了现代的全新的流通方式。

供应链的管理涉及方方面面的内容，比如，资金流的管理、信息的管理、订单的满足、生产的排程，等等，供应链的管理可以说是包罗万象，有人基于供应链研究物流，也有人基于供应链研究信息流。

通用电气公司的前 CEO 杰克·韦尔奇曾经说过："如果你在供应链运作上不具备竞争优势，就干脆不要竞争。"英国管理学者克里斯多弗更进一步强调了供应链的重要性，他说："市场上只有供应链而没有企业，21 世纪的竞争不是企业和企业之间的竞争，而是供应链和供应链之间的竞争。"

供应链以企业为核心，包括了对信息流、物流、资金流的控制，从原材料采购开始到中间产品的生产及最终产品，最后由销售网络把产品送到客户手中。从供应商到制造商、分销商、零售商，直到终端客户，这个连成一个整体的网链就是供应链。在这个过程中，我们不仅要考虑到我们的供应商和客户，还要考虑到供应商的供应商和客户的客户。

小 贴 士

《关于质量基础设施助力产业链供应链质量联动提升的指导意见》

 任务执行

华为供应链的数字化转型之路

华为是全球电信和技术领域的领导者，其在供应链运营中成功地实现了数字化转型。任正非曾说过："供应链只有一个，关系着公司的生命，一旦出问题，就是满盘皆输。"那么，面临发展空间巨大的市场机遇，企业究竟需要一个怎样的供应链呢？

通过利用先进技术和创新战略，华为彻底改变了其供应链，提高了效率、灵活性和客户满意度。华为供应链的数字化转型是如何开始的呢？2015年，华为启动了名为"集成供应链+"（ISC+）的数字化转型项目。这个项目的目标是通过数字化和主动的供应链改善客户体验并创造价值。为了实现这一目标，华为建立了智能的双层供应链业务系统、以服务为导向的流程和基于场景的算法模型。

1. 流程数字化

华为的数字化转型之旅始于其供应链流程的数字化。华为采用了人工智能、大数据分析和物联网等技术，以提升自动化水平和简化各种任务。例如，人工智能驱动的需求预测算法帮助华为准确预测市场需求，实现更好的库存管理，减少缺货或过剩库存。此外，华为利用物联网设备和传感器从其生产设施、仓库和运输车辆中收集实时数据，然后对这些数据进行分析，以确定发展瓶颈，优化工作流程，并提高整体运营效率。通过供应链流程的数字化，华为实现了对其供应链的更高可见性和控制，从而使响应更加快速并降低了成本。

2. 流程优化

华为数字化转型的一个重要方面是实现流程优化。华为通过引入自动化流程和智能化的数据处理系统，实现了从串行传递信息到并行处理信息的转变。这意味着，从订单到发货的整个流程可以同时进行，大幅度缩短了订单处理时间，提高了工作效率。例如，华为通过引入订单履约中心（Order Fulfillment Center，OFC）概念，实现了订单处理、生产计划和物流配送的一体化管理。通过OFC的建设和管理，华为能够更好地满足客户需求，提高订单交付的及时性和准确性。

3. 协作平台

为了加强与供应商和合作伙伴的合作，华为开发了能够实现无缝沟通和信息共享的协作平台。这些平台促进了实时协作，使利益相关者能够交换数据、跟踪发货并及时解决问题。通过消除人工流程和改善沟通，华为显著缩短了交付周期，提高了供应链透明度。一个值得注意的例子是华为的供应商协作平台，该平台连接全球供应商，通过这个平台，供应商可以访问实时需求信息，提交报价，并在产品开发方面进行协作。这种协作平台不仅改善了供应商关系，而且加快了新产品的上市时间。

4. 数据驱动决策

通过建立统一的数据库和数据模型，华为实现了从基于个人经验和直觉的决策模式向由数据分析驱动的决策模式的转变。华为在数字化转型中注重数据分析和数据驱动决策的应用。例如，华为建立了统一的数据库和数据模型，收集和分析供应链过程中的各种数据，包括订单数据、物流数据、生产数据等。通过数据分析，华为可以更好地了解客户需求和市场趋势，从而做出更准确的决策。此外，华为还通过数据可视化工具和数据分析工具帮助管理层更好地了解供应链情况，制定更有效的策略和决策。

5. 智能仓储和物流解决方案

华为通过引入自动化系统，实现了大量手动操作到自动化系统操作的转变，提高了工作效率和准确性。华为还大力投资智能仓储和物流解决方案，以优化其供应链运营。华为利用先进的机器人和自动化技术来提高仓库效率，减少错误，并提高订单履约速度。自动导引车（Automated Guided Vehicle，AGV）和机械臂用于分拣、包装等任务，最大限度地减少了人为干预，提高了生产力。此外，华为利用数据分析和机器学习算法来优化物流路线，最大限度地降低运输成本，并提高交付准确性。通过分析历史数据、天气状况、交通模式和其他变量，华为可以实时做出明智的决策，确保实现及时且具有成本效益的交付。

6. 以客户为中心

华为的数字化转型超越了内部流程，涵盖了以客户为中心的方法。华为实施了客户关系管理（Customer Relationship Management，CRM）系统，实现了个性化互动、高效的订单处理和有效的售后支持。通过这些系统，华为可以更好地了解客户的偏好，预测他们的需求，并提供量身定制的解决方案。此

外,华为利用数字渠道和电子商务平台与客户直接接触。这不仅可以更快地下单,还可以对客户行为和市场趋势提供有价值的见解。通过利用这些数据,华为可以不断地完善其产品,提升整体客户体验。

华为供应链数字化转型的效果是显著的。通过数字化技术,华为不仅提高了供应链效率和准确性,而且提升了客户体验,进一步推动了企业的快速发展。在今天这个数字时代,华为的成功经验告诉人们,企业需要积极进行数字化转型,以在全球竞争中抢得先机。

案例来源:中国日报网,《华为供应链的数字化转型之路》。

步骤1:阅读案例,分析华为的数字化供应链是什么样的。

_____
_____
_____

步骤2:阅读案例,分析华为的数字化供应链转型主要体现在哪些方面。

_____
_____
_____

步骤3:在面临全球化和数字化挑战的今天,华为是如何提升供应链管理和运营水平的?

_____
_____
_____

步骤4:各组派1名代表上台进行分享。

各组派1名代表上台将本组分析的结果进行分享。

 任务评价

在完成上述任务后,教师组织进行三方评价,并对学生任务执行情况进行点评。学生完成表1-4任务评价表的填写。

表1-4 任务评价表

项目组:　　　　　　　　　　　　　　　　成员:

评价标准	评价项目				
	分值(分)	自我评价(30%)	他组评价(30%)	教师评价(40%)	合计(100%)
对华为的供应链分析准确	25				
对华为供应链历程分析准确	25				
对华为面对制裁分析准确	25				
语言表达流畅	25				
合计	100				

一、判断题（共10题）

1. 实施供应链管理就是实现上下游企业的纵向一体化。（　　）
2. 供应链是指生产及流通过程中，将产品或服务提供给终端客户的上游与下游企业所形成的网链结构。（　　）
3. 供应链管理的经营理念是从管理层的角度出发，通过企业间的协作，谋求供应链整体最佳化。（　　）
4. 失败的供应链管理能够协调并整合供应链中所有的活动，最终成为无缝连接的一体化过程。（　　）
5. 供应链上各企业之间的关系与生物学中的食物链类似。（　　）
6. 食物链中的每一种生物之间是相互依存的，破坏食物链中的任何一种生物，势必导致这条食物链失去平衡，最终破坏人类赖以生存的生态环境。（　　）
7. 供应链管理包括计划、采购、制造、配送、退货五大基本内容。（　　）
8. 供应链管理是使供应链运作达到最优化，以最小的成本，使供应链从采购开始到满足终端客户的所有过程。（　　）
9. 20世纪70年代后期至80年代，企业逐渐认识到存货管理的重要性。（　　）
10. 供应链就是指在满足一定的客户服务水平的条件下，为了使整个供应链系统成本实现最小化而把供应商、制造商、仓库、配送中心和渠道商等有效地组织在一起而进行的产品制造、转运、分销及销售的管理方法。（　　）

二、单选题（共10题）

1. "供应链管理"是指以下哪个范围内的管理？（　　）
   A．企业内部　　　　　　　　B．企业与供应商的关系
   C．企业与客户的关系　　　　D．企业与政府的关系
2. 下列哪个不是供应链管理的目标？（　　）
   A．降低成本　　B．提高服务质量　　C．增加库存　　D．缩短交货时间
3. 下列哪个是供应链管理中的重要内容？（　　）
   A．供应商选择　　B．产品创新　　C．人员培养　　D．财务管理
4. 从供应商处获取原材料、零部件等物资，是整个供应链中的起始环节，它就是（　　）。
   A．采购环节　　B．生产环节　　C．库存环节　　D．物流环节
5. 存放已生产好的产品，通常包括原材料库存、半成品库存、成品库存等，是（　　）。
   A．采购环节　　B．生产环节　　C．库存环节　　D．物流环节
6. 优化供应链可以帮助企业降低采购、生产、物流、库存等环节的成本，提高企业整体效率和盈利能力，属于（　　）。
   A．降低成本　　B．提高服务质量　　C．增强市场竞争力　　D．强化风险管理
7. 生产计划需要与市场需求、供应商能力、库存水平等因素相协调，才能保证供应链的顺畅和有效，属于（　　）。
   A．供应商选择　　B．订单管理　　C．生产计划　　D．物流管理
8. 在供应链管理中，下列哪个不需要实时监控？（　　）
   A．生产进度　　B．产品质量　　C．库存水平　　D．供应商信誉

9. 下列不属于供应链管理的意义的是（　　）。
   A．有利于提高企业的全球竞争力
   B．有利于企业实现经营效益
   C．有利于提高企业的市场响应速度，准时满足市场需求
   D．有利于促进生产
10.（　　）是指物流企业面对多品种、小批量的买方市场，不是储备了"产品"，而是准备了各种"要素"，在用户提出要求时，能以最快速度抽取"要素"，及时"组装"，提供所需服务或产品。
   A．无效客户反应　　B．应急反应　　C．有效客户反应　　D．快速反应

三、多选题（共 10 题）

1. 供应链管理包括（　　）五大基本内容。
   A．计划　　　　　B．采购　　　　C．制造
   D．配送　　　　　E．退货
2. 供应链的基本结构包括（　　）。
   A．采购环节　　　B．生产环节　　C．库存环节
   D．物流环节　　　E．销售环节　　F．售后服务环节
3. 供应链根据行业特点分为（　　）。
   A．制造型供应链　B．服务型供应链　C．国内供应链　D．跨境供应链
4. 供应链根据国际化程度分为（　　）。
   A．制造型供应链　B．服务型供应链　C．国内供应链　D．跨境供应链
5. 供应链的重要性包括（　　）。
   A．降低成本　　　B．提高服务质量　C．增强市场竞争力　D．强化风险管理
6. 供应链的影响因素包括（　　）。
   A．供应商选择　　B．订单管理　　C．生产计划　　D．物流管理
   E．信息技术支持
7. QR 方法的优点包括（　　）。
   A．提高销售额　　B．降低采购成本　C．加快库存周转　D．降低管理成本
8. 供应链管理的意义宏观上包括（　　）。
   A．有利于提高企业的全球竞争力
   B．有利于企业实现经营效益
   C．有利于提高企业的市场响应速度，准时满足市场需求
   D．有利于个人发展
9. 供应链管理的意义微观上包括（　　）。
   A．提升客户的满意度　　　　　　B．降低公司的成本
   C．企业整体"流程品质"最优化　D．发展企业规模
10. 以下哪些内容属于供应链管理中的物流环节？（　　）
   A．采购　　　　　B．生产计划　　C．仓储　　　　D．运输配送

四、案例分析题（共 1 题）

上海客户的绿色再生产业链供应链管理

某公司是一家环保公司，其主要业务是回收塑料再生产，生产绿色产品。该公司为上海某客户提供绿色再生产业链供应链管理服务，包括原材料（回收塑料）、生产、品质检验、质量证明和配送等环节。该

客户的产品主要销往再生塑料制品生产企业市场，其中一些企业生产需要的产品代号为"PP 2010"，该代号是在2010年前确定的产品规格，现已逐渐淘汰。该公司提供的绿色再生产业链供应链管理服务的目标是使再生产品满足该客户的要求，并满足市场对该代号产品的需求，同时提高利润率和降低成本。上海客户的绿色再生产业链供应链管理信息如下。

（1）客户的产品在市场上有积极的需求。

（2）质量是该客户业务成功的关键。

（3）原材料的回收和供应正常，但存在风险，如采购价格波动和供应量不充足等。

（4）生产过程中需要注意环保要求，避免污染，符合相关法规和标准。

（5）一些企业生产需要的产品代号为"PP 2010"，但是产品规格已经逐渐淘汰，需要与市场需求和技术发展趋势相匹配。

（6）公司需要提高利润率和降低成本，同时满足品质要求。

案例来源：作者自编。

根据案例提供的信息，请回答以下问题。

1. 现有供应链系统是否能够满足客户的产品需求？
2. 如何降低回收塑料采购的风险，以保证原材料充足并控制成本？
3. 如何制订合理的生产计划，确保产品质量和环保要求？
4. 作为供应链服务提供商，如何应对客户产品代号淘汰的挑战？

项目二
现代供应链计划管理

学习目标

知识目标

（1）掌握计划、计划分类、供应链计划的定义。
（2）了解计划的内容。
（3）了解计划的类型。
（4）掌握计划管理的好处。
（5）掌握计划的编制过程。

能力目标

（1）能够对计划管理要点进行分析。
（2）能够按不同属性对计划进行分类。
（3）能够通过计划编制程序编制简单计划。

思政目标

（1）培养学生不负历史、不负时代、不负人民的爱国情怀，激发学生的奋斗精神。
（2）培养学生良好的工作学习习惯和职业素养。
（3）培养学生的社会主义核心价值观，增强学生社会责任感。
（4）培养学生创新精神，增强创新和绿色发展意识。
（5）引导学生树立正确的职业价值观。

项目二
现代供应链计划管理

 思维导图

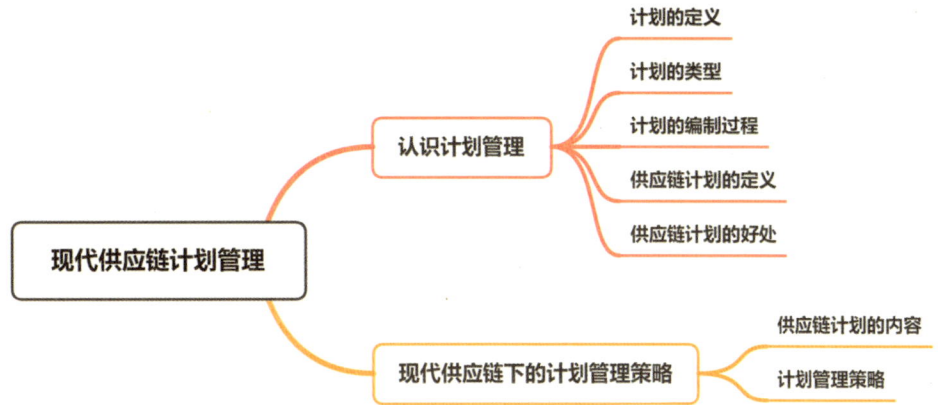

任务一 认识计划管理

 思政活动

中国共产党第二十次全国代表大会报告中提出：十九大以来的五年，是极不寻常、极不平凡的五年。党中央统筹中华民族伟大复兴战略全局和世界百年未有之大变局，就党和国家事业发展作出重大战略部署，团结带领全党全军全国各族人民有效应对严峻复杂的国际形势和接踵而至的巨大风险挑战，以奋发有为的精神把新时代中国特色社会主义不断推向前进。

产销协同·主生产计划

从 1953 年开始，我国已编制并实施了 13 个五年规划，有力推动了经济社会发展、综合国力提升、人民生活改善。2020 年出台的"十四五"规划更是为我国未来的发展描绘出一幅宏伟的蓝图。由此可见，计划是不可缺少的一项工作。

观看《大国重器（第二季）》第六集 赢在互联微视频，了解实际生产任务的安排和完成过程。提高学生的职业素养，树立正确的职业价值观。

 任务展示

任务： 阅读案例《德州仪器的供应链管理》

请以项目组为单位，认真阅读案例，分别从原因、措施、重要性 3 个方面分析计划管理的重要性，每组最后派 1 名代表上台进行分享。

 任务准备

🔔 知识点 1：计划的定义

计划是对未来活动所做的事前预测、安排和应变处理。计划的目的是实现提出的各项目标，每一项计

19

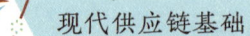

划都是针对某个特定目标而制定的,因此,一项计划首先要明确该项计划针对的目标。在目标明确之后,计划中还必须说明如何做、谁做、何时做、在何地做、需要投入多少资源等基本问题。

在企业管理、工作、生活和学习中,一般使用"5W1H"法来对工作进行科学分析,具体内容如下。

1. 对象(What)——什么事情

公司生产什么产品?车间生产什么零配件?为什么要生产这个产品?能不能生产别的产品?到底应该生产什么?例如:如果这个产品不赚钱,换个利润高点的产品好不好?

2. 场所(Where)——什么地点

生产是在哪里进行的?为什么偏偏要在这个地方进行生产?换个地方生产行不行?到底应该在什么地方生产?这是选择工作场所时应该考虑的。

3. 时间和程序(When)——什么时间

这个工序或者零部件是在什么时间生产的?为什么要在这个时间生产?能不能在其他时间生产?把后序工序提到前面行不行?到底应该在什么时间生产?

4. 人员(Who)——责任人

这个事情是谁在负责?为什么要让他负责?如果他既不负责任,脾气又很大,是不是可以换一个人?有时候换一个人,整个生产就有起色了。

5. 为什么(Why)——原因

为什么采用这个技术参数?为什么不能有变动?为什么不能使用?为什么变成红色?为什么要设计成这个形状?为什么采用机器代替人力?为什么非做不可?

6. 方式(How)——如何

手段也就是工艺方法,例如,我们是怎样做的?为什么使用这种方法来做?有没有别的方法可以做?到底应该怎么做?有时候方法一改,全局就会改变。

知识点2:计划的类型

1. 按性质分类

(1)战略规划:这种规划侧重于供应链规划的全局。它主要强调为整个供应链创建框架的长期流程和决策,包括产品组合、采购材料和供应商管理。

(2)战术规划:这种规划集中于供应链规划的更小、更具体的方面。它侧重于降低成本、库存管理、仓库管理和风险防范。

(3)运营规划:这种规划适用于供应链中的日常流程和决策。

2. 按时间分类

(1)长期计划:又叫远景发展规划。它是企业较长时间(如五年、十年、十五年,或者更长时间)的计划。它是一种战略性计划,一方面要符合国民经济发展的长远规划对企业提出的要求,另一方面还要考虑对生产与需要的预测,使企业发展建立在需要和可能相结合的基础上。

(2)中期计划:它是长期计划的具体化。一般它的时间间隔与长期计划的分段计划相适应。中期计划按照长期计划的要求,规定了某一时段内应当完成的任务。

(3)短期计划:短期计划是长期计划的细分化。它一般是为期一年及一年以内的计划(其中又分为年度计划、季度计划、月度计划)。它是根据长期计划的要求,结合当前的实际情况,并在充分挖掘潜力的基础上制订的。短期计划是具体指导企业生产技术经营活动的依据。

短期计划是长期计划的细分化;中期计划是长期计划的具体化。

3. 按内容分类

（1）定期计划：是以一定时期的生产经营活动为内容的，定期编制的计划。
（2）个别计划：是以完成某个基本项或临时任务为内容而编写的计划。
定期计划的格式、时间、内容一定，个别计划的随机性较大。

4. 按范围分类

（1）企业计划：是以整个企业的全部生产经营活动为对象的计划。企业计划具有调整和指导作用。
（2）部门计划：是以某一具体环节为对象的计划。部门计划必须执行企业计划和达到企业计划的目标。

知识点 3：计划的编制过程

任何计划工作都要遵循一定的程序或步骤。虽然小型计划比较简单，大型计划比较复杂，但是，管理人员在编制计划时，其工作步骤是相似的。计划的编制工作是一个不断滚动、调整和实施的全过程，不是一次性的活动。计划工作包括计划的制订、执行和控制全过程。编制一个完整的计划一般需要 8 个步骤，分别是分析机会、确立目标、确立前提条件、拟定可行方案、评价可选方案、确立方案、制订辅助计划、编制预算，如图 2-1 所示。

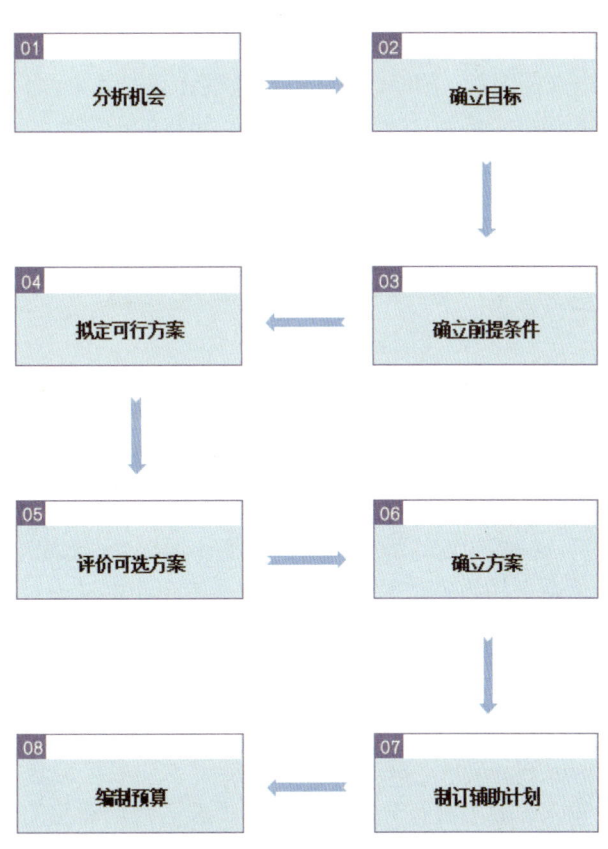

图 2-1　计划的编制过程

1. 分析机会

组织的计划工作是从分析组织面临的机会和挑战开始的，这需要组织的管理者认真分析组织拥有的资源、条件和面临的环境状况，预测其变化趋势，从中寻找发展机会。

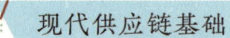

2. 确立目标

编制计划的第二个步骤是在分析机会的基础上为整个组织及其所属的下级单位确立目标,目标是指期望达到的成果,它为组织整体、各部门和各成员指明了方向,描绘了组织未来的状况,并且作为标准可用来衡量实际的绩效。计划的主要任务就是对组织目标进行层层分解,以便落实到各个部门、各个活动环节,形成组织的目标结构,包括目标的时间结构和空间结构。

3. 确立前提条件

计划工作的前提条件是计划工作的假设条件,明确计划实施时的环境状态,即明确计划实施时的预期环境。负责编制计划的人员对计划工作的前提条件了解得越细越透彻,并能始终如一地运用它,则计划工作将做得越协调。全面、确切地掌握计划实施时的环境和资源是计划成功实现的保证。

4. 拟定可行方案

编制计划时,要围绕组织目标尽可能多地拟定各种可行方案,做到群策群力、集思广益、大胆创新。多种可行方案的拟定可为选择最优方案或满意方案打下基础。

5. 评价可选方案

当拟定各种可行方案后,管理者必须对每一种方案的优缺点进行分析、比较,即评价可选方案,这是确立方案的前提。方案的优劣取决于评价方法的选择和评价者的素质,要从方案的客观性、合理性、可操作性、有效性、经济性、机动性、协调性等方面来衡量。

评价可选方案时,要注意考虑以下几点:第一,认真考察每个计划的制约因素和隐患;第二,要用总体的效益观点来衡量计划;第三,既要考虑到每个计划的有形的、可以用数量表示出来的因素,又要考虑到无形的、不能用数量表示出来的因素;第四,要动态地考察计划的效果,不仅要考虑计划执行带来的利益,还要考虑计划执行带来的损失,特别注意那些潜在的、间接的损失。

6. 确立方案

这是在前五步工作的基础上做出的关键一步,也是决策的实质性阶段——确立方案,它是抉择阶段的关键。依据方案评价的结果,从若干可选方案中选择一种或几种优化方案。认真比较各种方案的优点和缺点,在方案选择的过程中充分发扬民主,广泛征求意见。

7. 制订辅助计划

确立的方案一般是组织的总体计划,为了使它具有更强的针对性和可操作性,还需要制订一系列辅助计划来支持。

8. 编制预算

在做出决策和确定计划后,编制计划的最后一步就是把计划转变成预算,使计划数字化。编制预算,一方面是为了使计划的指标体系更加明确;另一方面是为了使企业更易于对计划执行进行控制。定性的计划往往在可比性、可控性和进行奖惩方面比较困难,而定量的计划具有较强的约束。

知识点4:供应链计划的定义

供应链计划(Supply Chain Planning,SCP),是一种基于预期客户需求预测产品供应需求的方法,是在供应链管理中,对相关输入、输出进行分析和平衡,以求达到最理想的结果,满足客户需求的一个管理过程。

首先,供应链计划需要有输入。

计划同梦想不一样,无论是哪种计划都不可能是凭空想象出来的,都需要有相关的输入,有输入才能做计划。供应链计划的输入主要包括两个方面:一是供应链拥有的资源,比如产能、库存等;二是供应链上下游的各种信息,比如需求信息、销售策略信息、供应信息等。

其次，供应链计划的主要职能是分析和平衡。

供应链计划要做的事就是对已有的输入进行分析和平衡。分析，这里是指数据分析，即采取一定的数学统计方法，对已有的数据（信息）进行处理和分析。这是计划人员的基本功，也是供应链计划的本质要求。平衡，是指根据分析结果平衡各方资源和利益，以实现供应链计划、供应链乃至整个企业的目标。

再次，供应链计划的目标是满足客户需求。

满足客户的哪些需求呢？用以下三组词来形容：最理想的效率、最合理的库存、最准确的时间。这三组词尽管都用了"最"字，但它们更多的是形容和描述，而不是绝对的"最高的效率、最低的库存和最快的时间"，强调的是适合。因为供应链计划讲究的就是平衡和满足，而不是极致。

最后，供应链计划是一个管理过程。

供应链管理是利用信息技术全面规划供应链中的商流、物流、资金流、信息流等，并进行计划、组织、协调与控制的各种活动和过程。供应链计划是供应链管理的核心组成部分，必然也是一个管理过程。

 知识点 5：供应链计划的好处

创建可靠的供应链计划有很多好处。每一项好处都凸显了供应链计划提高运营效率、节省时间和金钱、打造强大的内外部供应链体验的能力。

（1）优化整体生产，有助于控制库存并减少浪费。简化这两个流程并引入一个坚实而清晰的计划将打造一台运转良好的生产机器。

（2）降低生产废料成本。供应链计划为公司提供了他们需要的洞察力，公司只做需要做的事情。浪费是运营成本的主要来源，将浪费最小化，为创建实际销售的产品供应节约了预算。

（3）避免延误。由于供应链计划旨在创建符合客户需求的产品供应，因此公司可以产生比预期更少的生产延迟。

（4）改善沟通。清晰的计划可确保供应链中的每个人都能顺畅沟通。

（5）提高客户满意度。随着延误现象的减少，客户会很高兴收到他们的物品。供应链计划可以适应不断变化的客户需求，因此只要有人想要产品，他们就会得到它。

（6）维护品牌美誉度。当客户感到高兴时，他们更有可能对公司进行正面评价。继续有效地提供优质产品将有助于公司保持良好的声誉并吸引新客户和回头客。

小 贴 士

《国务院关于印发扎实稳住经济一揽子政策措施的通知》

任务执行

德州仪器的供应链管理

1. 公司简介

德州仪器（TI）成立于1930年，是一家全球性的半导体公司，提供创新的数字信号处理和模拟技术，以满足客户在现实世界中信号处理的需要。除了半导体，公司的业务还包括传感器和控制器，以及教育产

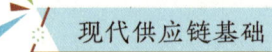

品。德州仪器总部设在得克萨斯州的达拉斯，在全球超过 25 个国家或地区设有制造、研发或销售机构，全球雇员 34 500 多人。2003 年，德州仪器的销售收入达 98.3 亿美元。

2. 供应链优化原因

20 世纪 90 年代以来，随着科学技术的进步和生产力的发展，经济市场化、自由化和全球化趋势加强，使企业之间的竞争变得越来越激烈，各个企业面临缩短交货期、提高产品质量、降低成本和改进服务的压力。德州仪器作为一家历史超过 50 年，并且在世界主要地区拥有制造和销售中心的制造型企业，如何协调遍布世界各地的工厂的采购、生产和销售，使它们能够整合在一个架构之下，可以像人体的各个部分一样即时协调工作，是其首先要解决的问题。

德州仪器根据调查分析认为，在半导体工业中，全球化是获得市场竞争力、提高市场份额和获得商业回报的必然趋势。然而，对分布在不同国家或地区的生产制造部门的供应链进行有效的管理却很难，这就使管理者在开拓全球市场的同时要面对许多问题。同时，半导体行业的特点是制造流程复杂，供应链长，而公司正在从商品驱动性很强的业务向客户定义型业务转变以适应社会的发展，但是公司现有的供应链系统已经不能够很好地支持这种转变，因此必须对供应链系统进行改革，使公司能够在世界范围内将其运营最优化，使生产部门能够缩短对客户的响应时间，同时缩短产品到达客户的时间，降低产品的生产周期和减少库存。

3. 供应链优化方案

通过仔细的选择和分析，德州仪器最终选择了美商智佳科技公司（i2）作为合作伙伴，因为 i2 提供的解决方案与德州仪器想要达到的目标基本一致。德州仪器利用 i2 解决方案开展了新的供应链管理计划来优化全球的业务，主要内容如下。

（1）采购管理：包括支持多种货币、运输成本管理，以及向多个供应商采购多个订单、计算、进行供应商业绩分析等功能。

（2）运输管理：包括交通工具租赁成本管理、运输路线及交付状态跟踪等功能。

（3）仓库/配送中心管理：包括计算机辅助商品货位查找及分配、商品的质量检验、仓库间商品调拨/配送等功能。

（4）库存控制：支持多种成本计算方法；质量管理功能可根据销售额和利润自动进行 ABC 分类，支持商品的批次和保质期管理等。

（5）直接交付：是指根据客户的要求从供应商订货，并且供应商直接将货交付客户的过程。一个直接交付订单可以包括多个来自不同供应商的商品，可以将一个直接交付订单分成多个送货单、多种订单状态。

（6）需求分析预测与自动补货：能够为缺货的商品自动地产生配送调拨单或采购单，实现商品的自动补货。

（7）财务系统：包括应收账款、应付账款、总账、现金管理和固定资产管理等功能模块。

（8）供应商关系管理：包括共同制订计划、深度合作等措施，达到双赢合作。

4. 供应链优化成果

供应链成功优化后，德州仪器的晶片加工、成组测试部门及产品配送中心可以协调工作，即使是分布在不同的地区，也可以像在一家工厂一样。这也就是我们常听到的虚拟工厂的概念。

同时，供应链优化也缩短了产品规划周期和客户订货交付时间。现在德州仪器利用以天为单位的系统代替了他们之前以周为单位的系统，进而转向连续规划系统，这使公司能够基于对企业在全球范围内运营的认识，根据销售计划为所有下属公司制订工厂的开工计划，并且对一些个性化市场的客户需求做出更迅速的反应。同时，由于缩短了生产周期和简化了生产流程，德州仪器降低了成本，这在经济不景气的时期是非常大的收获，找到了点"时"成金的方法。

采用 i2 解决方案，德州仪器降低了库存量，并提高了市场预测的准确度，公司的规划人员现在可以通过分析数据来做出生产计划，而不是围着数据转，这更好地集成了公司的物流和市场推广部门。德州仪器可以全面地了解其全球供应链的情况，真正地将所有的生产分布统一到一个管理架构之下。i2 解决方案为公司的规划流程增加了制约管理，使公司能够发现问题并迅速采取措施解决问题。

采用新的供应链管理系统后，德州仪器进一步增强了其产品在国际上的竞争力，提高了市场占有率，从而改善股东权益。"在我看来，我们能在实施 i2 解决方案后的第一年轻松收回 2400 万美元的投资"，德州仪器供应链规划总监莎丽·坦普尔如此评价 i2 解决方案。根据有关资料，2002 年，德州仪器的销售收入为 84 亿美元，到 2003 年，公司的销售收入增长到 98.3 亿美元，增长率达 17%。2003 年，公司收益为 12 亿美元，而 2002 年，公司实际上还亏损 3.44 亿美元。

案例来源：作者自编。

步骤 1：阅读案例，分析德州仪器供应链需要优化的原因。

_____
_____
_____

步骤 2：阅读案例，分析 i2 解决方案是如何优化供应链的。

_____
_____
_____

步骤 3：阅读案例，分析优化供应链的重要性。

_____
_____
_____

步骤 4：各组派 1 名代表上台进行分享。

各组派 1 名代表上台分享本组分析的结果。

 任务评价

在完成上述任务后，教师组织进行三方评价，并对学生任务执行情况进行点评。学生完成表 2-1 任务评价表的填写。

表 2-1 任务评价表

项目组：　　　　　　　　　　　　　　　　　　　成员：

评价标准	评价项目				
	分值（分）	自我评价（30%）	他组评价（30%）	教师评价（40%）	合计（100%）
对原因要点分析准确	25				
对方案要点分析准确	25				
对重要性分析准确	25				
语言表达流畅	25				
合计	100				

任务二　现代供应链下的计划管理策略

 思政活动

2019年2月26日，国家发展和改革委员会等部门发布《发展改革委等关于推动物流高质量发展促进形成强大国内市场的意见》（简称《意见》），强调物流业是支撑国民经济发展的基础性、战略性、先导性产业。物流高质量发展是经济高质量发展的重要组成部分，也是推动经济高质量发展不可或缺的重要力量。

数字供应链计划的七个维度

该《意见》从7个方面提出了25项具体措施，部署推进物流降本增效有关工作，着力营造物流业发展良好环境，提升物流业发展水平，促进实体经济发展。与此同时，推动物流降本增效对促进产业结构调整和区域协调发展、培育经济发展新动能、提升国民经济整体运行效率具有重要意义。

观看《崛起中国_20211006_中国物流平台 为物流插上互联网的翅膀》微视频，了解现代物流业的发展，理解物流业发展给国家发展带来的好处。提高学生的职业素养，树立正确的职业价值观。

 任务展示

任务：阅读案例《一汽大众通过物流整合提高效益》

请以项目组为单位，认真阅读案例，分别从存在问题、分析问题、解决问题3个方面分析一汽大众成功的原因，每组最后派1名代表上台进行分享。

 任务准备

 知识点1：供应链计划的内容

如图2-2所示，从SCOR模型（Supply-Chain Operations Reference-model，即供应链运作参考模型，

图片来自《卓越供应链：SCOR 模型使用手册》）中可以看出，无论是供应商之中的供应商，还是客户之中的客户，在整个供应链中，最核心的部分都是供应链计划。这就说明了供应链计划是整条供应链采购、生产、配送的基础和方向，供应链计划就是供应链管理的核心职能。供应链计划是企业竞争力的最强体现之一。

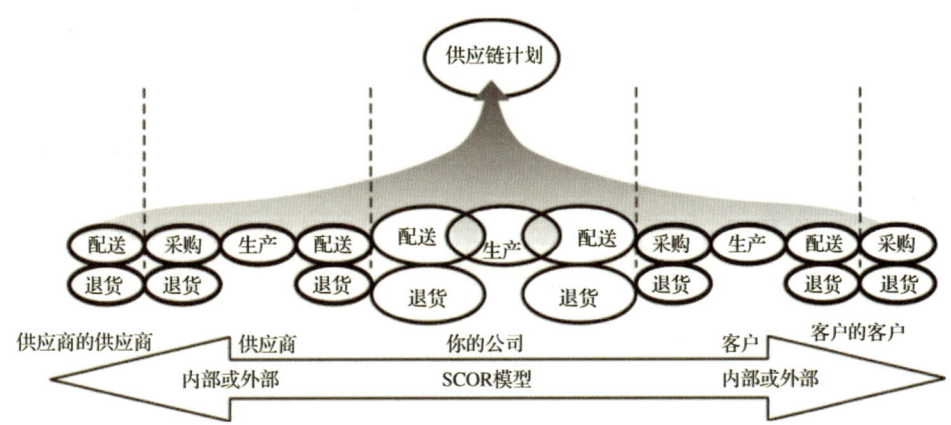

图 2-2　SCOR 模型

供应链计划是一个组织为了实现物流、采购和生产等方面的协调和优化，对供应链中的资源、流程和活动进行规划、协调和控制的过程。供应链计划通常包括以下内容。

（1）采购计划：根据销售计划和库存状况等因素制订采购计划，确定采购量和采购时间。

（2）生产计划：根据销售计划和库存状况等因素制订生产计划，确定生产量和生产时间。

（3）库存管理计划：根据销售计划和生产计划等因素制订库存管理计划，确定库存量和库存时间，确保库存水平能够满足市场需求。

（4）物流计划：根据采购计划、生产计划和库存管理计划等因素制订物流计划，确定物流流程和物流时间，确保物流效率和物流成本的优化。

（5）质量管理计划：针对供应链中的产品和服务制订质量管理计划，确保供应链中的各个环节都能够保证产品和服务的质量与可靠性。

知识点 2：计划管理策略

计划管理策略是指从管理的全局视角出发，充分利用资源，充分预见困难，通过计划工作、组织工作、指挥及控制工作的各种过程，协调所有资源，以实现既定的目标。在供应链管理环境下，计划管理策略是确保供应链高效运作和优化的重要手段之一。

1. 预测和需求规划

通过分析市场趋势和消费者需求，制定准确的预测和需求规划。这可以帮助企业预测销量，制订生产计划和采购计划，以满足市场需求，同时降低库存成本。

以下是预测和需求规划的具体内容。

（1）数据收集和分析：企业需要收集和分析市场数据、消费者数据、销售数据等相关数据，以了解市场需求的变化和趋势。数据收集可以采用多种方式，比如市场调研、客户反馈、销售数据分析等。

（2）预测方法：根据收集到的数据，企业可以采用不同的预测方法，比如趋势分析、季节性分析、回归分析、时间序列分析等，预测市场需求和销量。

（3）需求规划：企业根据预测结果制定需求规划，包括生产计划、采购计划、库存管理等。需求规划应该考虑市场需求的波动、季节性和区域差异，以确保生产计划和采购计划与市场需求相匹配。

（4）计划执行和监控：企业需要执行和监控需求规划，确保生产计划和采购计划的实施情况。如果市场需求有变化，企业应该及时调整需求规划。

（5）协作和信息共享：预测和需求规划需要企业内部各个部门之间的协作和信息共享，比如销售、生产、采购、物流等部门，以确保计划的顺利实施。

通过预测和需求规划，企业可以更好地了解市场需求，制订合适的生产和采购计划，降低库存成本和提高供应链效率，从而提高企业的竞争力。

2. 生产计划和调度

制订准确的生产计划和调度策略，确保生产计划能够与销售计划相匹配。生产计划和调度应该考虑到供应商与生产线的产能，以最大限度地降低生产成本和提高供应链效率。

以下是生产计划和调度的具体内容。

（1）生产计划：企业需要根据市场需求和销售预测制订生产计划，包括生产数量、生产周期、生产阶段等。生产计划需要考虑到生产能力、物料供应、库存水平等因素。

（2）物料采购计划：企业需要根据生产计划和库存情况制订物料采购计划，以确保生产所需的原材料和零部件供应充足。

（3）生产调度：企业需要根据生产计划和实际生产情况制订生产调度计划，包括生产任务分配、生产进度跟踪、生产过程控制等。生产调度需要确保生产过程的效率和质量。

（4）资源调配：企业需要根据生产计划和生产调度情况对资源进行调配，包括人力资源、机器设备等，以确保生产过程的效率和质量。

（5）优化和调整：企业需要不断优化生产计划和生产调度计划，以应对市场需求的变化和生产过程中的问题。如果生产计划和生产调度计划与实际情况不符，企业应该及时调整。

通过生产计划和调度，企业可以有效地管理生产和运营活动，优化生产资源和生产过程，提高生产效率和质量，从而降低成本，提高企业的竞争力。

3. 库存管理

制定合适的库存管理策略，确保库存水平足够满足市场需求，但又不会导致库存成本太高。库存管理还应该考虑产品的保质期和存储要求。

以下是库存管理的具体内容。

（1）库存计划：企业需要根据市场需求和销售预测制订库存计划，包括库存目标、库存量、库存周期、库存分布等。库存计划需要考虑物料供应、生产计划、销售预测等因素。

（2）库存控制：企业需要根据库存计划和实际库存情况进行库存控制，包括库存监控、库存分析、库存调整等。库存控制需要确保库存水平合理，防止库存过多或过少。

（3）库存调配：企业需要根据库存计划和实际库存情况对库存进行调配，包括库存转移、库存滞销处理等。库存调配需要确保库存利用率最大化，避免浪费和滞销。

（4）库存优化：企业需要不断优化库存管理策略，以提高库存效率和质量，包括通过优化物料采购、生产计划和销售预测等，降低库存水平和库存成本。

通过库存管理，企业可以控制库存水平，降低库存成本，提高库存利用率，减少库存浪费和滞销，从而提高企业的运营效率和竞争力。

4. 供应商管理

建立有效的供应商管理机制，与供应商建立长期合作关系，促进合作伙伴间的信息共享和风险分担。同时，进行供应商绩效评估和跟踪，保证供应商的质量和服务水平。

以下是供应商管理的具体内容。

（1）合作关系：企业需要与供应商建立良好的合作关系，包括互惠互利、长期稳定、双方信任等。通过建立良好的合作关系，企业可以提高供应商对企业的支持和配合程度，提高供应链的效率和稳定性。

（2）供应商评估：企业需要对供应商进行评估，包括供应商的财务稳定性、生产能力、质量管理、交货能力等。通过对供应商的评估，企业可以规避不合适的供应商，降低风险和成本。

（3）供应商选择：企业需要根据供应商评估结果选择合适的供应商，包括价格、质量、交货时间、服务等。通过选择合适的供应商，企业可以提高供应链的效率和品质，降低成本和风险。

（4）供应商质量管理：企业需要对供应商的产品质量进行管理，包括质量标准、质量检验、质量反馈等。通过供应商质量管理，可以保证供应商提供的产品符合企业的质量要求，降低质量风险和成本。

（5）供应商绩效评价：企业需要对供应商的绩效进行评价，包括供货及时率、产品质量、服务水平、价格等。通过供应商绩效评价，企业可以及时发现供应商存在的问题，明确改进空间，提高供应链的效率和品质。

通过供应商管理，企业可以选择合适的供应商，降低成本和风险，提高供应链的效率和品质，从而提高企业的运营效率和竞争力。

5. 物流管理

制定物流管理策略，确保物流流程和时间能够满足市场需求，同时降低物流成本。物流管理还应该考虑货物的安全和保险，以及与运输商的合作关系。

以下是物流管理的具体内容。

（1）物流网络设计：企业需要设计合理的物流网络，包括仓储设施、运输路线、配送中心等。通过物流网络设计，企业可以降低物流成本，提高物流效率和服务水平。

（2）物流流程优化：企业需要对物流流程进行优化，包括订单处理、仓库管理、运输管理等。通过物流流程优化，企业可以提高物流效率，降低物流成本，提高客户满意度。

（3）物流成本控制：企业需要对物流成本进行控制，包括仓储成本、运输成本、人力成本等。通过物流成本控制，企业可以降低物流成本，提高企业利润。

（4）物流信息管理：企业需要对物流信息进行管理，包括订单信息、运输信息、仓库信息等。通过物流信息管理，企业可以提高物流效率，降低物流成本，提高客户满意度。

（5）物流服务管理：企业需要对物流服务进行管理，包括客户服务、配送服务等。通过物流服务管理，企业可以提高客户满意度和客户忠诚度。

通过物流管理，企业可以降低物流成本，提高物流效率，提高客户满意度和竞争力，从而提高企业的运营效率和市场地位。

任务执行

一汽大众通过物流整合提高效益

一汽大众汽车有限公司（简称"一汽大众"）正式成立于1991年，是由中国第一汽车集团公司和德国大众汽车股份有限公司共同投资89亿元人民币组建的合资企业。近年来，该企业在中国汽车行业中一直名列前茅，占有较大的市场份额。其名牌产品捷达轿车和奥迪轿车已成为中国年轻汽车一族追求的目标，并拥有越来越多的客户。1997年，一汽大众捷达轿车的产销量与去年相比增长70%，在全国轿车行业中名列第三。一汽大众取得成功的重要因素除了在市场的开拓与投入、技术创新等方面采取了有效举措，就是引入了现代化的计算机管理模式和技术：通过企业资源计划（Enterprise Resources Planning，ERP）对企业物流进行了有效整合。

一汽大众为了提高自身的竞争力，求生存、求发展，在我国汽车整车行业中率先引进了SAP的R/3系统——一整套完整的ERP系统来对企业进行管理，为企业管理方式的探索走出了一条新路子。汽车市场需求的变化要求制造商从小品种、大批量的生产方式转变为多品种、小批量的生产方式。在一汽大众，仅捷达车的品种就有59种，批量小、生产批次多，如果不采用先进的信息管理系统，势必导致库存量大、

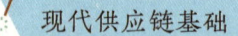

生产效率低、生产成本高的情况。因此，企业考虑统筹规划，使物流、信息流和资金流并行，对企业内部物流进行整合，从制度上规范了企业业务的各个环节，改善了企业的经营决策功能，实现了采购订货及时、库存量降低、生产计划安排合理。这一整合提高了企业的应变能力和竞争力，使企业在市场上获得了更高的声誉，整体运营水平大大提高。具体表现在以下几个方面。

1. 采购管理

首先，在采购上根据主计划和物料清单对库存量进行查对，计算机快速计算出所缺物料的品种、数量和进货时间，将采购进货信息下达到各厂。然后，由采购人员从系统中查看各供应商的历史信息，根据其价格、供货质量、服务等指标选择供应商。这既能准确、高质量地实现物料采购，又大大缩短了采购周期。

2. 库存管理

准确和及时的采购可以使库存量大大降低。以前，库存资金占用严重，仅国产化件资金占用量就高达1.2亿元，使用R/3系统后降低到4000万元左右。同时，R/3系统对库存量的上限和下限有严格的控制，只要库存量达到上限，系统就会给出报警信号，则物料无法再进入仓库；达到下限时，系统会提醒采购人员立即补充库存，起到了自动提示和监督的作用。在库存盘点方面也节约了大量的人力和时间，以前每天最多可清查4个仓库，采用计算机库存管理后，仅用10分钟就可完成4个仓库的清查。

3. 生产管理

在一汽大众的生产装配线上，生产计划一旦形成，就立即下达到各个生产部门，并分解到工位。同时，物料供应部门也根据计划要求准确及时地将各种物料送往各个工位，每种物料都有各自的条形码作为标识，一旦某个工位的物料低于下限，就立即由计算机发出缺料通知，这样可以边干边等，不至于发生停工待料的现象；而供货部门接到信号后，可以根据其条形码信息及时将物料送到所需工位。在生产和组装过程中，每道工序都由系统严格地进行监控，比如每个工位都进行了哪些工作、是否合格等信息都将准确无误地存入计算机内。

4. 质量控制

由于每道工序都记录了工作质量是否合格的信息，所以系统如实地反映了产品和配套零件的质量情况。当整车下线时这些信息都被扫描存储在计算机数据库中。这样，质量管理信息的采集与处理、质保的定期跟踪都变得方便和容易，较好地实现了全面质量管理。

5. 成本核算与控制

在ERP系统中，一汽大众的每个部门都是一个独立的成本中心，都有一个预算指标，实施严格、准确的成本控制。在使用计算机管理系统以前，由于汽车的零部件繁多，每个产品的成本都较难计算得很准确，现在利用R/3系统可对企业业务流程中的每个环节的成本变化进行跟踪，每个工序、每个环节，只要产生增值，就立即动态地进行成本滚动，并可实现按月对产品的成本进行分析，加以控制。整个年度的经营计划都非常好地控制在企业的经营者手中。

6. 财务管理

实现了财务电算化后，及时准确的成本跟踪使成本核算实现了自动化，财会部门的职能和工作重点也发生了重大的转变。过去那些忙于记账、核对、做报表的人员现在的任务是随时对成本进行比较和分析，财会部门真正起到了成本控制部门的作用。将财务的分块处理变为工作流管理，有效地控制了资金流的流向，提高了财务工作效率，保证了财务数据的准确性，加强了财务分析功能，大大缩减了财务处理业务量和财务结算周期。以前，完成月报需要1周的时间，完成年报的时间则更长；而现在标准的资产负债表从产生到打印出来仅仅需要1分钟的时间。同时，系统中多货币及外汇、汇率的管理也为企业的财务运作提供了有效的工具，一汽大众每年要动用4～5亿德国马克的外汇，系统仅在汇率管理上就为企业节约了大量的资金。

案例来源：搜狐网，《【管理】三个供应链管理案例，值得收藏！》。

步骤1：阅读案例，分析一汽大众存在的问题。

_____
_____
_____

步骤2：阅读案例，分析一汽大众如何解决这些问题。

_____
_____
_____

步骤3：结合目前市场行情，分析一汽大众当前的竞争力。

_____
_____
_____

步骤4：各组派1名代表上台进行分享。

各组派1名代表上台分享本组分析的结果。

任务评价

在完成上述任务后，教师组织进行三方评价，并对学生任务执行情况进行点评。学生完成表2-2任务评价表的填写。

表2-2 任务评价表

项目组：　　　　　　　　　　　　　　成员：

评价标准	评价项目			
	分值（分）	自我评价（30%）	他组评价（30%）	教师评价（40%）	合计（100%）
对存在问题分析准确	25				
对解决问题分析准确	25				
对目前形势分析准确	25				
语言表达流畅	25				
合计	100				

任务巩固

一、判断题（共10题）

1. 计划是对未来活动所做的事前预测、安排和应变处理。（　　）

2. 一项计划首先要明确该项计划针对的目标。（　　）
3. 任何计划工作有时候需要遵循一定的程序或步骤。（　　）
4. 计划工作的前提条件是计划工作的预期环境。（　　）
5. 供应链计划的主要职能是满足客户需求。（　　）
6. 供应链计划是一个管理过程。（　　）
7. 提高客户满意度不属于供应链计划的好处。（　　）
8. 计划管理预测方法包括趋势分析、季节性分析、回归分析、时间序列分析。（　　）
9. 企业需要根据市场需求和销售预测确定生产计划。（　　）
10. 通过对供应商的评估，不可以降低风险和成本。（　　）

二、单选题（共10题）

1. 为整个供应链创建框架的长期流程和决策，属于（　　）。
   A．战略规划　　B．战术规划　　C．运营规划　　D．战备规划
2. 长期计划的时间是（　　）。
   A．1年内　　B．1-3年　　C．3-5年　　D．5年以上
3. 制订一个完整的计划的第一个步骤是（　　）。
   A．分析机会　　B．确立目标　　C．确立前提条件　　D．拟定可行方案
4. 计划工作的最后一步是（　　）。
   A．编写计划　　B．编制预算　　C．组织人员　　D．沟通协调
5. 供应链计划需要有（　　）。
   A．人员　　B．输入　　C．输出　　D．采购
6. 供应链计划的目标是（　　）。
   A．有效组织　　B．巩固合作　　C．满足客户需求　　D．提高收入
7. 企业根据（　　）制定需求规划。
   A．现有市场　　B．未来市场　　C．之前市场　　D．预测结果
8. 企业需要根据市场需求和销售预测，确定（　　）。
   A．生产计划　　B．生产目标　　C．生产资料　　D．生产人员
9. 库存调配需要确保库存利用率（　　），避免浪费和滞销。
   A．最大化　　B．有效化　　C．需求化　　D．战备化
10. 企业需要对物流成本进行管理，不包括（　　）。
    A．仓储成本　　B．运输成本　　C．人力成本　　D．注册成本

三、多选题（共10题）

1. 评估可选的方案，要注意考虑哪几点？（　　）
   A．认真考察每个计划的制约因素和隐患
   B．要用总体的效益观点来衡量计划
   C．既要考虑到有形的，又要考虑到无形的
   D．要动态地考察计划的效果
2. 什么是客户需求？（　　）
   A．最理想的效率　　　　B．最合理的库存
   C．最准确的时间　　　　D．最有效的工作

3. 供应链管理是利用信息技术全面规划供应链中的（　　）等。
　　A．商流　　　　B．物流　　　　C．资金流　　　　D．信息流
4. 供应链计划的好处是（　　）。
　　A．优化整体生产　　　　　　B．降低生产废料成本
　　C．避免延误　　　　　　　　D．提高客户满意度
5. 在 SCOR 模型中，每个环节都包括哪几个部分？（　　）
　　A．计划　　　　B．采购　　　　C．生产　　　　D．配送
6. 以下哪些计划属于供应链计划的一部分？（　　）
　　A．采购计划　　B．生产计划　　C．资金计划　　D．物流计划
7. 企业需要收集和分析哪些数据？（　　）
　　A．伙伴数据　　B．市场数据　　C．消费者数据　　D．销售数据
8. 库存管理的具体内容是（　　）。
　　A．库存计划　　B．库存控制　　C．库存调配　　D．库存优化
9. 与供应商建立良好的合作关系，包括（　　）。
　　A．互惠互利　　B．长期稳定　　C．双方信任　　D．互相制约
10. 设计合理的物流网络的作用是（　　）。
　　A．降低物流成本　　　　　　B．心情愉悦
　　C．提高物流效率　　　　　　D．提高服务水平

四、案例分析题（共 1 题）

三只松鼠供应链：数字化平庸为神奇

如果简单地定义三只松鼠，其实它只是一个坚果的分包商和销售商，可是三只松鼠就是做成了一家市值 270 亿元的上市公司。

三只松鼠在供应链上有以下特色。

（1）原料端：三只松鼠利用数据回流倒逼供应商伙伴，一直延伸到农户那里，这不仅保证了质量，更推动着中国农业的供给侧结构性改革，不断提升更多食品供应商的发展质量。

（2）生产端：2018 年，章燎原带领员工拜访了 20 多家食品生产企业，与工厂端建立了联系，将原本规模小、业务分散、同质化高的食品生产企业聚合起来。

（3）检测端：三只松鼠进一步与第三方检测认证机构 ITS、全球著名香精香料企业奇华顿、特种植物油脂生产商 AAK 等公司建立了战略合作关系，从而完善了食品生产的"基础设施"建设。据此，三只松鼠也由此打通了产品的整条供应链，得以全面参与研发和生产，形成了三只松鼠独特的"造货"模式。

（4）销售端：依托几大电商平台的大数据，对消费者精准画像。借助互联网数字技术，三只松鼠正在从一个纯电商企业转型为一个数字化供应链平台企业。一方面通过数字化系统连接中国众多的食品生产企业，另一方面通过更广泛的渠道连接消费者，把两者之间的链路做得更短。

案例来源：作者自编。

根据案例提供的信息，请回答以下问题。

1. 三只松鼠在哪些方面有自己的特色？
2. 简述三只松鼠在生产端上进行调整的好处。
3. 简述借助互联网数字技术的好处。
4. 请分析三只松鼠的成功之处。

项目三

现代供应链采购管理

学习目标

知识目标

（1）掌握采购、采购管理的定义。
（2）了解采购在供应链中的重要性。
（3）了解采购的分类。
（4）理解采购目标与准时采购策略。
（5）掌握现代供应链下的准时采购。

能力目标

（1）能明确表述战略采购的含义和供应链采购管理的内容。
（2）能应用供应链采购管理方法和策略分析企业采购实践面临的问题。
（3）能够准确表述准时采购策略的内涵。

思政目标

（1）培养学生具备战略思维、顶层设计能力等的企业家才能。
（2）培养学生团结协作的能力、沟通与表达的能力，实现自我的人生价值。
（3）培养学生的社会主义核心价值观，增强学生对促进"经济高质量"发展的社会责任感。

项目三
现代供应链采购管理

思维导图

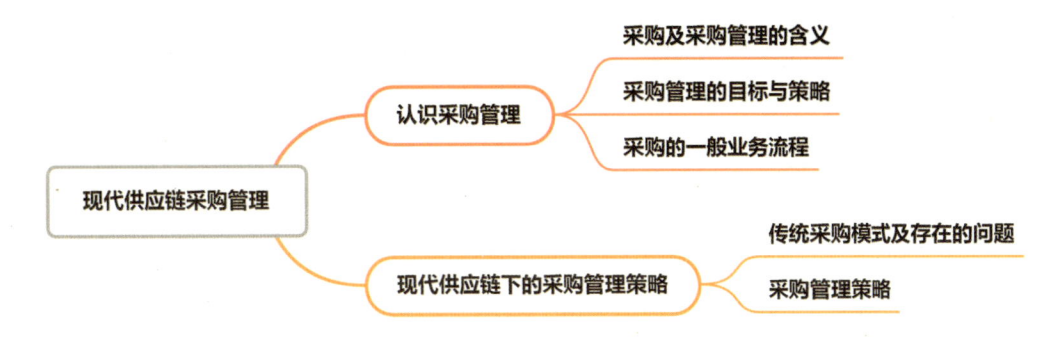

- 现代供应链采购管理
  - 认识采购管理
    - 采购及采购管理的含义
    - 采购管理的目标与策略
    - 采购的一般业务流程
  - 现代供应链下的采购管理策略
    - 传统采购模式及存在的问题
    - 采购管理策略

任务一 认识采购管理

思政活动

采购是企业、事业单位为了保障生产与维护日常办公的重要环节。从采购行业来看，分为政府采购和企业采购。其中，政府采购是管控机关运行成本的关键环节，自 2012 年在全国政府采购规模中的占比达到 87.60% 的高点后，这一数据连年下降，2020 年跌至 44.60%，政府采购占比首次被分散采购占比超过，政府集中采购占比也从 2016 年的 52.9% 下降到 33.5%；同时，政府采购服务在全国政府采购规模中的占比逐年上升，从 2012 年的 7.41% 上升到 2020 年的 27.90%，并有进一步上升趋势。这对我们深化政府采购制度改革，推动政府采购高质量发展，加强和改进机关运行成本管理提出了新挑战。另外，对于企业而言，采购成本直接影响企业的利润和资产回报率，在有的企业，原材料及零部件的采购成本在生产成本中的占比较高，一般在 30% 左右，有的甚至为 60%~70%。过高的采购成本将会影响企业资金流动的速度，因此，在企业的管理活动中，采购活动一直是管理者关注的重点。

通过本章的学习，学生能够认识到当前政府和企业对采购环节的重视，了解当前传统采购管理的不足，学习并领会供应链环境下准时采购的价值。具体而言，学生从提高供应链竞争力的整体角度掌握准时采购的基本概念、特点与方法，明晰采购岗位职责，树立敬业精神，养成克己奉公的良好品德，从而为企业降本增效、提升政府机关采购服务能力提供思路与路径。

从七个角度看供应链采购

任务展示

任务：阅读案例《华为的采购管理理念和实践：采购降本从 1% 到 10%》

请以项目组为单位，认真阅读案例，分别从华为采购的价值分布、华为降低采购成本的传统做法及变革采购流程的步骤等方面进行分析，在空格处填写分析要点，每组最后派 1 名代表上台进行分享。

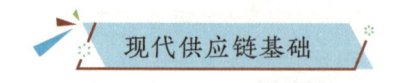

任务准备

知识点1：采购及采购管理的含义

1. 采购的含义

采购是指企业为实现销售目标，在充分了解市场要求的情况下，根据企业的经营能力，运用恰当的采购策略和方法，取得营销对路商品的经营活动过程。采购包含两个基本意思：一是"采"，二是"购"。因此，从学术角度上说，采购比购买的含义更广泛、更复杂，所有的采购都是从资源市场获取资源的过程。采购既是一个商流过程，也是一个物流过程。

2. 采购管理的含义

简单而言，对采购活动进行的领导、组织、计划与控制的总称，就是采购管理。采购管理是物资管理的重要内容之一，它是供应链企业之间及生产、销售各单元活动之间在原材料和半成品生产、成品交换及市场价值实现过程中合作交流的一座桥梁。为使供应链系统实现无缝连接，并提高供应链企业的同步化运作效率，应该加强对采购的管理。采购管理内容结构图如图3-1所示。

图3-1 采购管理内容结构图

知识点2：采购管理的目标与策略

1. 采购管理的目标

采购管理的总的目标用一句话表述为：以最低的总成本为企业提供满足其需要的物料和服务。具体而言，物资采购实现对整个企业的物资供应，有以下基本目标。

（1）节约采购成本。如果批量会影响采购成本（如折扣条件，快递费用），应选择合适的订购数量。

（2）防止资金被套。买了一段时间内用不到的物料，运作资金将长时间被套，而急需的物料却可能没买到。

（3）防止库存积压。买了一段时间内用不到的物料，也会造成库存积压，增加管理成本，形成不良资产，物料变为呆料，最后可能因时间太长而变质报废。

（4）防止库存爆仓。对于采购批量大，仓库存放空间有限，采购周期稳定的物料，应分批制订采购计划，防止库存爆仓，也可以减少对周转资金的占用。

（5）防止生产缺料。制订采购计划时，应将生产损耗、有效库存、采购周期考虑在内，防止生产过程中发生缺料现象，影响生产，导致人力物力浪费，拖延交期。

2. 采购管理策略

采购管理策略旨在确定物资采购及操作执行的管理原则，以提高采购效率、采购操作规范性及采购总成本的控制水平。采购管理策略明细表如表3-1所示。

表3-1 采购管理策略明细表

序号	采购管理策略	策略内容
1	分享合同策略	依据上级部门/单位、母公司已签署的涵盖多项目的战略合作协议、长期合同等合同文件，各项目通过分享，提高采办效率，获得价格优势，稳定与供应商/承包商的合作关系，确保资源的及时可用性，享受更优质、全面的服务
2	战略合作策略	在一定层面与特定对象建立战略合作关系，有利于在保障作业生产需要、技术发展需要的前提下稳定、改善、提升合作关系，降低综合成本，获得超值的服务，使合作的双方达到双赢的目的

续表

序　号	采购管理策略	策　略　内　容
3	长期合作策略	与特定的供应商/承包商建立长期合作关系。有利于降低采办工作量，提高采办效率，发挥规模效应，降低采办成本，降低维护成本，稳定供需关系，建立长期的合作关系，确保供应/服务资源
4	横向打包策略	有利于减少合同数量，提高采办效率，减少供应商/承包商数量，便于供应/承包商队伍管理，降低管理难度，降低配套、协调难度。确保作业生产顺利进行，降低作业生产成本
5	综合成本策略	有利于降低产品/服务全生命周期成本，从而真正降低作业成本。提高作业、生产时效，降低作业风险，便于作业生产管理，促进技术进步
6	工作订单策略	有利于带动关联公司协调发展，降低采办风险，便于供应商/承包商队伍管理，增强服务可靠性、可协调性
7	竞争策略	在供应市场/服务市场条件成熟、竞争激烈时，采用招标、询价等采办方式，引发市场竞争，从而获得最大让利、降低采办成本
8	备份合同策略	采办过程中，为了规避某个供应商/承包商的执行能力、效果对作业进度、作业保障等的影响，在签订合同时同时与一家以上的供应商/承包商为同一个采办项签订合同的行为。这样，在第一选择的合同执行中一旦有偏差，必要时可以废除第一合同的继续履行，而启动备份的第二合同
9	鲶鱼策略	为了避免一定市场环境下供应方形成联盟而损害我方的利益，适时引进陌生的供应商/承包商，激化竞争，从而获得更多的让利和更好的服务

采购管理策略不胜枚举，并可以不断创新。在实际工作中，要审时度势，因地制宜，灵活机智、准确地运用最恰当的采购管理策略，从而达到我们的既提高采办效率又最大化地降低成本、满足作业生产需要的目的。

知识点3：采购的一般业务流程

无论采购管理策略如何，我们都可以给出采购的一般业务流程所包括的基本活动，这些活动对于货物与服务的采购来说都是适用的。这些活动通常跨越企业内部的功能边界，如果在交易中不是所有职能部门均投入，就不能有效地完成采购流程。成功地实施这些活动，买卖双方都能取得尽量大的价值，也有助于供应链的价值最大化。采购的一般业务流程如下。

（1）确定需求。采购活动是为了满足客户需求而进行的。客户需求可以来源于订单，也可以来源于企业对市场需求的预测。在任何情况下，一旦需求被确认，采购过程就可以开始了。

（2）制定采购决策。企业在确定外部需求订单之后，应决定是由自己来制造产品或提供服务还是通过购买产品或服务来满足客户，即决定是自制还是外购。目前，这一步骤越来越重要，因为越来越多的企业做出外包的决策，以便集中精力于自己的核心业务。

（3）确定采购类型。采购的类型将决定采购过程的复杂性和所需的时间。按照时间和复杂程度不同，采购可以分为3种类型：其一，直接按照惯例采购或重新采购；其二，修正采购；其三，全新采购，由全新的客户需求引起的采购。

（4）选择供应商，确定货源。供应商的选择决定了买卖双方将建立的关系，这一活动也决定了企业如何维持与未被选上的供应商之间的关系，实际选择将依据质量、可靠性、服务水平及报价等展开。

（5）订单处理。选择好供应商之后，企业下达采购订单，供应商进行订单处理。

（6）物料接收。通过订单跟踪与信息查询，实时动态跟踪订单状态，做好物料接收准备。

（7）采购执行的评价。通过对采购流程进行评价汇总，进一步优化流程和简化手续，提升采购效率，降低采购成本。

（8）优化流程。优化采购流程能够降低企业生产的成本，精简企业生产和经营的环节，从而获得更优的产品，更好地满足客户需求。

采购的一般业务流程如图 3-2 所示。

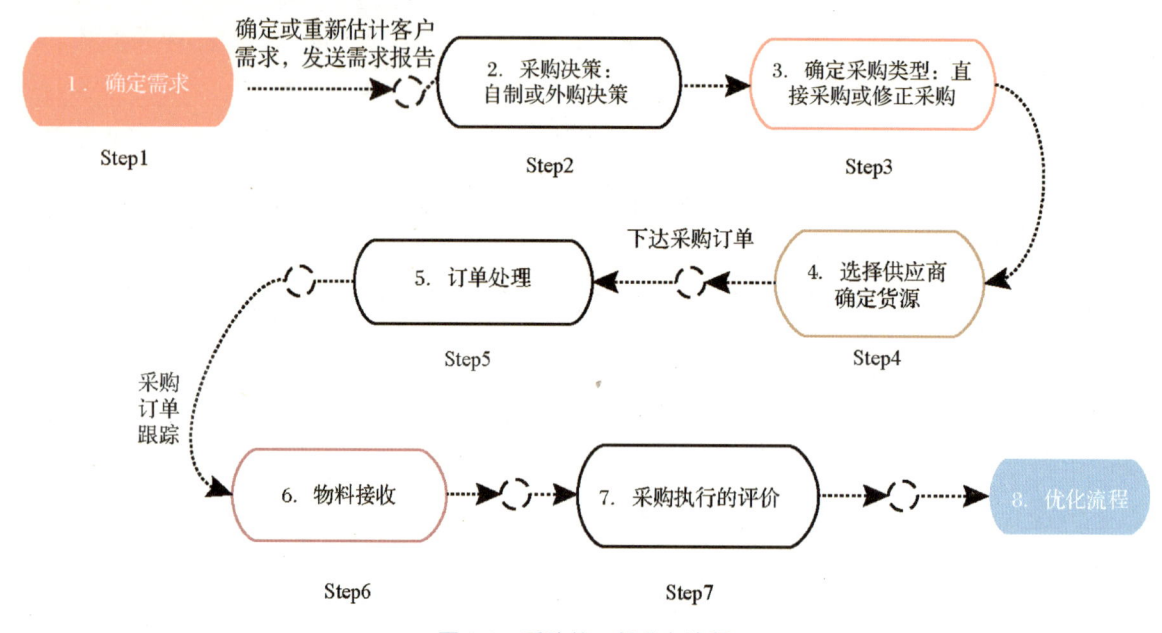

图 3-2 采购的一般业务流程

小 贴 士

《政府采购框架协议采购方式管理暂行办法》

任务执行

华为的采购管理理念和实践：采购降本从 1% 到 10%

如果让各位同学自由选择在公司的就业岗位，很多同学是不是会选择采购部门？在很多人的心目中，采购部门不就是"买买买"吗？经过多年的熏陶，无论是线上还是线下，谁还不会买啊，对吗？而且，很多人觉得采购部门都是非常强势的，面对无数供应商期盼的眼光，采购部门是"花钱的主"，说不定还会有其他的好处呢！下面让我们一起来深入认识这个岗位。

实际上的采购部门是怎样的呢？采购部门对内对外都不好做，都承担着巨大的压力。对内，第一，老板要求采购部门全力降本，很多采购部长的年度绩效指标都有采购降本这一条，而且权重还不低；第二，业务部门天天催着要货，而且要求质量、交期都要有保证。对外，供应商面对很强势、很大的企业时，有的时候会服务不到位，不与企业及时沟通，甚至会在企业遇到供货紧张的时候断它们的货。当然，这里说的是大多数民营企业或竞争激烈的行业中的企业的采购部门的现状。

采购部门要改变自身在企业中的地位，对内对外都能挺直腰杆"做人"，需要有正确的采购理念和做法，不仅要会砍价，还要会开发供应商，更要能搞得定业务部门和老板。

现在我们来学习和了解华为的采购管理是怎么做的，来解读华为是如何通过正确的采购管理理念和实践为公司的发展助力，帮助公司进一步实现采购降本从1%降到10%，为公司赢得实实在在的现金流的。

1. 华为一年的采购规模有多大

我们先来分析，以华为现在的体量，其一年要采购多少金额的物品，从而了解华为的采购部门处于什么地位。

华为公司2020年年度报告的经营数据显示，华为2020年的销售收入为8914亿元人民币。华为在其2020年年度报告中未公布毛利率，根据之前发布的数据分析，过去10余年，华为的销售毛利率非常稳定，其中最高的年份为2014年，达到44.22%，最低的年份为2011年，为37.49%，近10年来的加权平均销售毛利率为40.69%。这对于制造业来说是非常可观的毛利率。

根据这个推测，华为一年的采购金额大概为8941亿元×60%=5364.6亿元，取个整数按5000亿元人民币算，是一个非常惊人的采购规模。这是一个很粗糙的算法，但是根据经验，仅生产直接相关的物料采购规模应该为4000亿～5000亿元人民币。按采购的成本占比60%算，采购每降本1%，则公司净利润将提高5%～10%，这是非常可观的数字！

看到华为这么惊人的采购规模，大家会不会觉得华为的采购部门非常强势，其地位非常高呢？实际上并不是，一是华为采购部门的标准很高，对供应商的要求很高；二是华为的供应商非常多，对部分供应商的采购量也很少；三是华为对内部管理的要求很高，持续要求采购降本。这些都决定了华为的采购部门绝对不能"躺平"了过好日子，采购部门需要不断地探索新的方法，以支撑公司快速发展的要求。华为的大部分业绩增长来自国内，不断开发新产品对采购部门提出了新的、更高的要求。

2. 华为总结出来的采购降本的误区

一提到降本，很多企业的老板、财务总监就想到了采购降本，毕竟，对于制造业来说，每年最大的成本就是采购成本。毕竟采购金额大，同质化供应商又多（俗称"内卷"），感觉采购降本会很容易。

但是很多企业的采购部门都会说"采购降本，想说爱你不容易"，每年都要持续降本，"真的做不到啊"。

华为也是如此。今天，我们看到的5000多亿元采购金额的华为也不是一天建成的，在发展的过程中，华为在采购方面走了很多的弯路，也有过以下采购降本的误区。

（1）降本就是采购部门的事情，采购部门负责"花钱"，降本不就是分内事嘛。有些企业的采购部门甚至自己也这么认为。

（2）降本就是降低采购的价格，反复对比一个个元器件，反复谈判降低单价，而不考虑质量、交期、可持续等问题。

（3）过度关注最低价，每一次招标都是最低价中标，总认为价格最低的就是好的，一旦达不成目标就换一家供应商。结果是供应商在这个项目上赔本赚吆喝，就要在下一个项目上赚回来，采购的成本又涨上去了。

（4）把降本当作一场运动，平时不做积累，没有相关的动作，有KPI指标时就压一压，没有KPI指标时就不管。

（5）在降本的过程中只关注动作，达不成目标就采取循环谈判、招标、反复压价、集中采购等手段，但是降本手段如果太多，供应商就不乐意了。

3. 华为如何破解采购降本难的误区：理念和实践

在向 IBM 公司等学习的过程中，华为总结出来，发现采购的价格最优并不等于成本最优，而是要考虑 TCO，如图 3-3 所示。

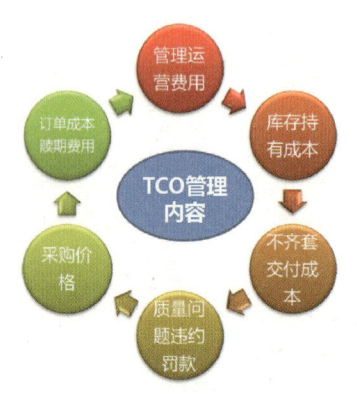

图 3-3 TCO 管理内容

TCO，英文全称是 Total Cost of Ownership，中文译作"总体拥有成本"，为了强调采购的主体地位，有时也译作"采购综合成本"。TCO 首先是一种理念，然后才是一种工具。使用 TCO 的视角来看采购成本，会发现采购成本往往只占整体拥有成本的 20%。

案例来源：搜狐网，《华为的采购管理理念和实践：采购降本从 1%到 10%》。

步骤 1：阅读案例，分析材料中华为的采购规模。

_____
_____
_____

步骤 2：阅读案例，分析华为为了降低采购成本而走过的弯路。

_____
_____
_____

步骤 3：阅读案例，分析 TCO 带给华为的价值。

_____
_____
_____

步骤 4：阅读案例，分析 TCO 的主要内涵与价值。

_____
_____
_____

步骤 5：各组派 1 名代表上台进行分享。

各组派 1 名代表上台分享本组分析的结果。

任务评价

在完成上述任务后，教师组织进行三方评价，并对学生任务执行情况进行点评。学生完成表 3-2 任务评价表的填写。

表 3-2　任务评价表

项目组：　　　　　　　　　　　　　　　　　成员：

评价标准	分值（分）	自我评价（30%）	他组评价（30%）	教师评价（40%）	合计（100%）
对采购规模要点分析准确	25				
对降低采购成本的误区分析准确	25				
对 TCO 采购成本分析准确	25				
语言表达流畅	25				
合计	100				

任务二　现代供应链下的采购管理策略

思政活动

万事开头难，良好的开始是成功的基石。采购是一切生产生活活动的开始，有效的采购无疑成为企业效益的制约因素，越来越多的企业开始加强采购管理。尤其是在供应链管理环境下，虽然采购的基本业务过程是一致的，但是基于供应链的采购模式与传统的采购模式存在很大的差别。在供应链管理环境下，采购模式重视从采购管理向外部资源整合管理的转变，强调从一般买卖关系向战略合作伙伴关系的转变。这些转变强调企业之间对市场需求的快速响应，准时采购所强调的在恰当的时间、恰当的地点，以恰当的数量、恰当的质量提供恰当的物品的思想，可以保证供应链运作的柔性和敏捷性，不但可以减少库存，还可以加快库存周转速度，缩短提前期，提高购物的质量，实现满意交货等，体现了供应链管理的协调性、同步性和集成性。供应链管理需要准时采购来保证供应链的整体同步化运作，以实现"多赢"。

通过本章的学习，学生能够认识传统采购管理的不足，了解供应链管理环境下采购管理的特点、意义与价值，掌握准时采购的基本概念、原则与方法，学生明晰采购岗位职责及数字化采购岗位的基本素质与要求，树立与时俱进的学习理念，理论联系实际的扎实学风及构建合作共赢的战略合作思维。

供应链管理和采购的关系

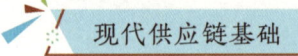

📖 任务展示

任务：阅读案例《沃尔玛的采购秘密》

请以项目组为单位，认真阅读案例，分别从沃尔玛全球采购的成功经验、沃尔玛全球采购的业务流程及沃尔玛供应商伙伴关系管理经验等方面进行分析，在空格处填写分析要点，每组最后派 1 名代表上台进行分享。

⏰ 任务准备

🔔 知识点 1：传统采购模式及存在的问题

1. 传统采购模式的内涵

传统采购是企业一种常规的业务活动过程，即企业根据生产需要，首先由各需要单位在月末、季末或年末编制需要采购物资的申请计划；然后由采购供应部门汇总成企业物资计划采购表，报经主管领导审批后，组织具体实施；最后，所需物资采购回来后验收入库，以满足企业生产的需要。传统采购业务流程如图 3-4 所示。

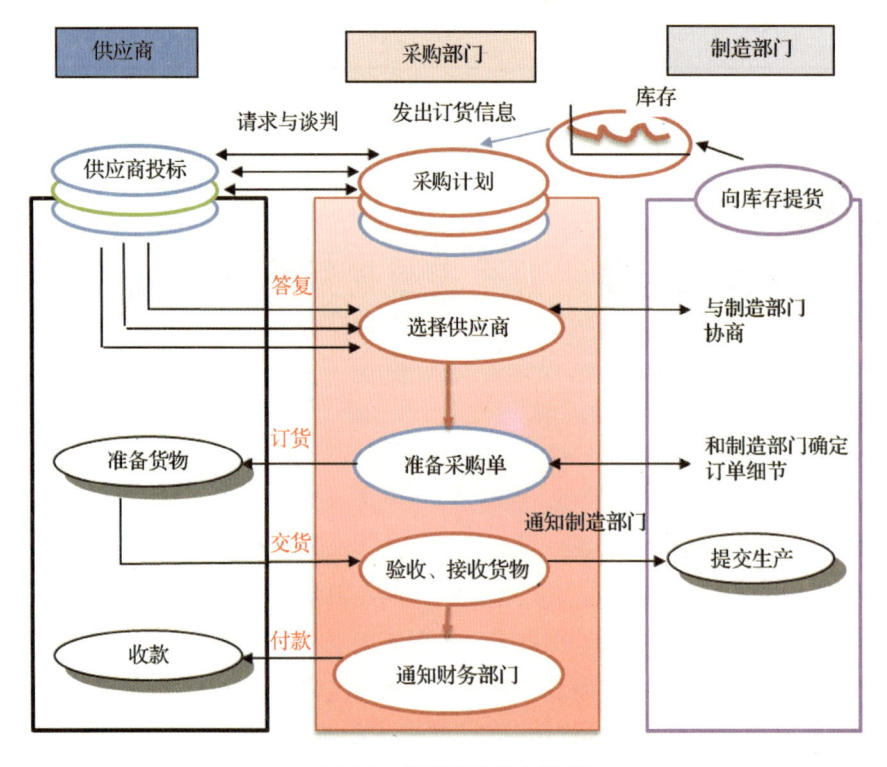

图 3-4 传统采购业务流程

2. 传统采购模式的不足

传统采购模式存在市场信息不灵、库存量大、资金占用多、库存风险大的不足，可能经常出现供不应求的现象，影响企业生产经营活动正常进行，或者出现库存积压、成本居高不下等问题，影响企业的经济效益。传统采购模式的弊端主要包括以下内容。

（1）物料采购与物料管理为一体。绝大多数企业行使采购管理的职能部门为供应部(科)，也有企业将销售职能与采购职能并在一起，称为供销科。在这种模式下，其管理流程是：先由需求部门提出采购要求，然后由采购部门制定采购计划/定单、询价、处理报价、下发运输通知、检验入库、通知财务付款。物料管理、采购管理、供应商管理由一个职能部门来完成，缺乏必要的监督和控制机制。

（2）业务信息共享程度弱。由于大部分的采购操作和与供应商的谈判是通过电话来完成，没有必要的文字记录，采购信息和供应商信息基本上由每个业务人员自己掌握，信息没有共享。同时，业务的可追溯性弱，一旦出了问题，难以调查；此外，采购任务的执行优劣在相当程度上取决于人，人员的岗位变动对业务的影响大。

（3）采购控制通常是事后控制。其实不仅是采购环节，许多企业对大部分业务环节基本上都是事后控制，无法在事前进行监控。虽然事后控制也能带来一定的效果，但是事前控制毕竟能够为企业减少许多不必要的损失，尤其是如果一个企业横跨多个区域，其事前控制的意义将更为明显。

知识点 2：采购管理策略

基于采购管理的"低成本、高服务"总目标，传统采购管理易产生资金占压、缺货风险及信息闭塞等问题，基于供应链管理环境下的采购管理策略逐渐引起行业的重视。

1. 准时采购的基本思想

准时采购的基本思想是：把合适数量、合适质量的物品，在合适的时间供应到合适的地点，最好地满足客户需要，极大地减少库存、最大限度地消除浪费。其核心要素在于：减少批量，频繁而可靠地送货，提供高质量的物料。

准时采购实施的前提是各部门分工明确，其中采购部门负责对整个采购过程进行组织、控制、协调；生产和技术部门通过企业内部的管理信息系统根据订单编制生产计划和物资需求计划；供应商通过信息交流，处理来自企业的信息，预测企业需求以便备货，当订单到达时按时发货，货物质量由供应商自己控制；实现准时采购的关键是畅通无阻的信息交流和企业与供应商制定的长期合作契约。准时采购基本流程如图 3-5 所示。

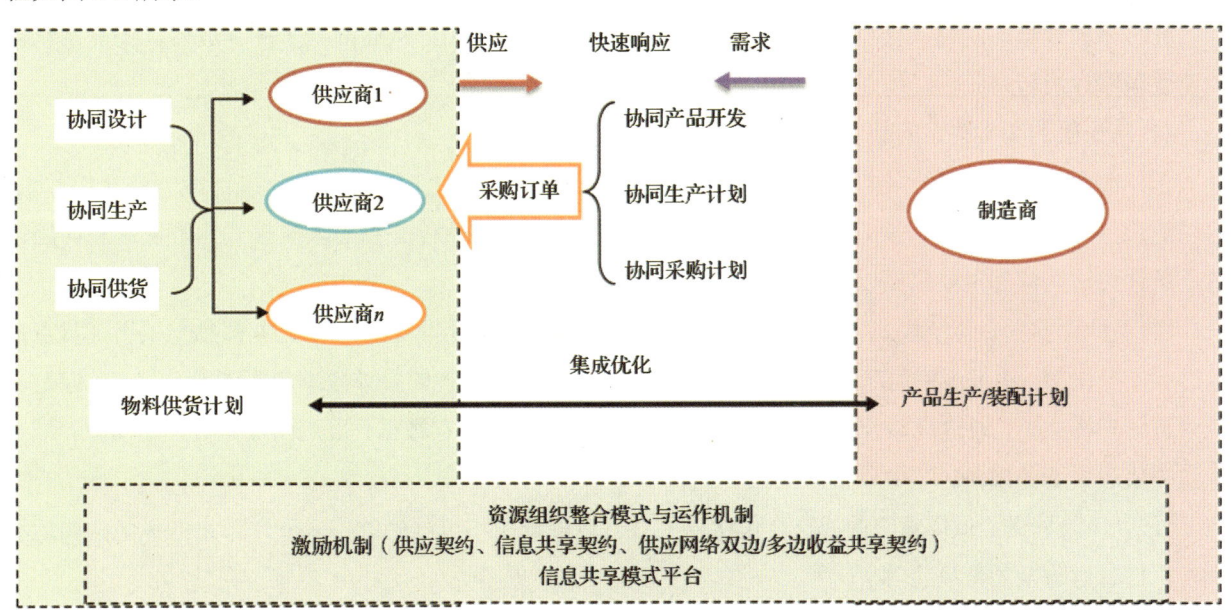

图 3-5 准时采购实施的基本流程

准时采购对于提高企业经济效益而言有着显著的效果，20 世纪 80 年代以来，西方经济发达国家非常重视对准时采购的研究与应用。由于实施准时采购对企业的基础工作、人员素质、管理水平等要求较高，在我国实施准时采购的企业数量还不太多，主要集中在汽车、电子等行业，应用水平也有待进一步提高。

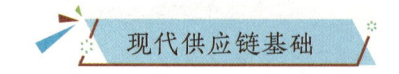

2. 准时采购的特点

在供应链管理环境下，准时采购活动的组织和管理更多的是从整个供应链最优的目标出发的，供应商也从被压榨的对象转换为合作伙伴。订单驱动的采购业务原理如图 3-6 所示。准时采购与传统采购存在很大的差异，这些差异主要体现以下方面。

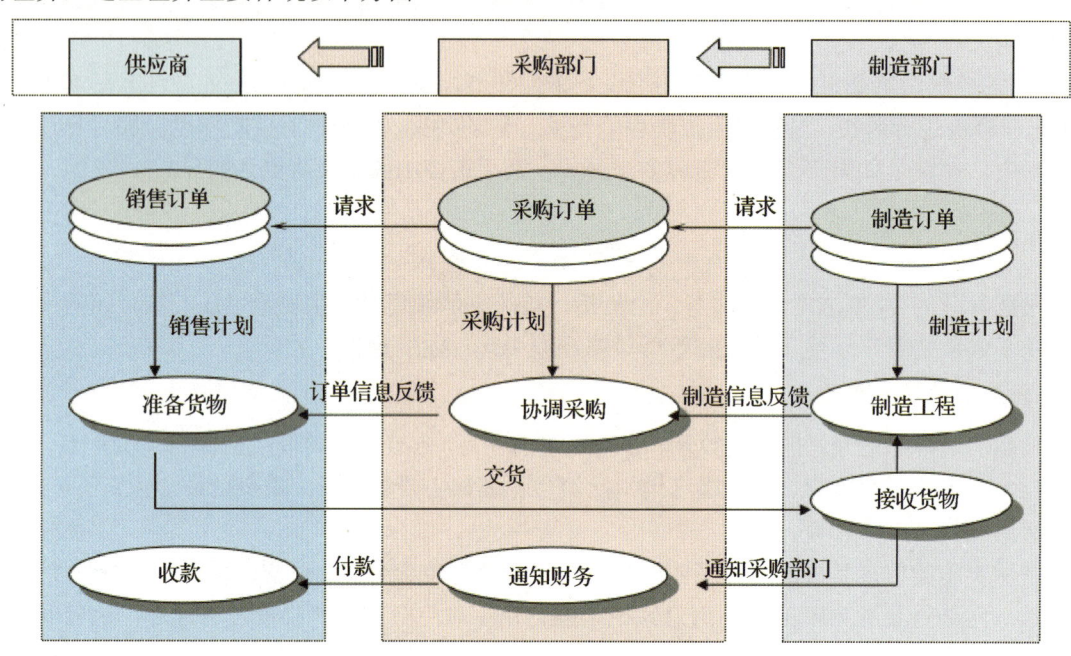

图 3-6 订单驱动的采购业务原理

1) 从为库存而采购到为订单而采购的转变

准时化的订单驱动模式使供应链系统得以准时响应客户的需求，从而降低了库存成本，提高了物流的速度和库存周转率。

2) 从一般的买卖关系向战略合作伙伴关系转变

正如前面指出的，传统采购管理的不足之处就是企业与供应商之间缺乏合作，缺乏战略性合作意识，无法解决一些涉及全局性、战略性的供应链问题。基于战略合作伙伴关系的采购模式为解决这些问题创造了条件，这些问题主要包括以下内容。

（1）库存问题。传统模式下，供应链的各级企业无法共享库存信息，各级企业都独立采用订货点技术进行库存决策，不可避免地产生需求信息的扭曲现象，因此供应链的整体效率得不到充分提高。但是在供应链管理模式下，通过战略合作伙伴关系，供需双方可以共享库存数据，采购的决策过程透明化，减少了供需信息失真的现象。

（2）风险问题。供需双方的战略合作伙伴关系可以降低由不可预测的需求变化带来的风险，如运输风险、信息风险及质量风险等。

（3）合作问题。供需双方可以为制订战略性的采购供应计划共同协商，共同解决问题。

（4）采购成本问题。通过战略合作伙伴关系，供需双方可以降低交易成本，避免了信息不对称决策可能造成的成本损失。

（5）组织障碍。战略合作伙伴关系消除了组织间的隔阂和障碍，为实现采购管理优化创造了条件。

综合而言，准时采购和传统采购有许多不同之处，如表 3-3 所示。

表 3-3 准时采购和传统采购的区别

项　　目	准 时 采 购	传 统 采 购
采购批量	小批量、多频次	大批量、少频次
供应商选择	长期合作，单元供应	短期合作，多源供应
供应商评价	质量＞交货期＞价格	质量＞价格＞交货期
检查工作	事前控制为主	事后控制为主
协商内容	战略性合作、质量和价格合理	追求低成本
运输	时效性，以买方负责为主	低成本，以卖方负责为主
信息传递	信息共享，快速、可靠	共享信息程度不高，意识不强

3. 准时采购的基本原则

在供应链管理模式下，准时采购工作的基本原则就是要做到 5 个恰当，即 5R 原则：恰当的数量、恰当的质量、恰当的时间、恰当的地点、恰当的价格。

1）恰当的数量

恰当的数量是指采购物料的数量应是适当的，对需求方来说是经济的订货数量，对供货方来说是经济的受订数量。企业在确定订货数量时应考虑以下 3 项内容。

（1）价格随订货数量多少而变化的幅度。

（2）订货次数和采购费用的变化关系。

（3）库存维持费用和库存投资的利息。

2）恰当的质量

恰当的质量是指供应商送来的物料和仓库发到生产现场的物料的质量应符合生产技术要求。保证物料质量的方法有以下 7 种。

（1）企业应与供应商签订质量保证协议。

（2）设立来料检查职能，对物料质量进行确认和控制。

（3）必要时，企业可派检验人员入驻供应商工厂。

（4）必要时或定期对供应商质量体系进行审查。

（5）定期对供应商进行评比，以促进供应商之间形成良性的竞争机制。

（6）对低价位、中低质量水平的供应商制订质量扶持计划。

（7）必要时，邀请第三方权威机构进行质量验证。

3）恰当的时间

恰当的时间是指要求供应商按规定的时间准时交货，防止交货延迟和提前交货。供应商延迟交货会导致生产成本增加和效率降低。供应商提前交货则可能增加企业经营成本，比如会增加仓储空间资源、库存占用资金和物料搬运成本，从而导致企业在物料仓储管理方面的效率下降。

4）恰当的地点

恰当的地点是指物料原产地的地点应适当，采购的物资与使用地之间的距离越近越好，如果距离相隔太远会对企业生产有一定的影响，比如会导致运输成本上升，影响物资最终的成本价格；双方沟通协调、处理问题不方便，容易导致供应商交货延迟等。

5）恰当的价格

恰当的价格是指物料的采购价格直接关系最终产品或服务的价格，在确保满足其他条件的情况下力争最低的采购价格，这是采购精益管理中采购人员最重要的工作。为了达到这一目标，企业采购部门应注意以下 4 点。

（1）选择和确定合适的供应商。

（2）使用任何一种合适的定价方法。

（3）企业采购部门通常需要关注目前在用物料的替代品，而且也有责任提请使用者和申请采购者关注这些替代品。

（4）企业采购部门必须和潜在的供应商保持联络。

4. 准时采购的方法

前面分析了准时采购的特点和优点，从中我们看到准时采购方法和传统采购方法的一些显著差别。要实施准时采购方法，以下3点是十分重要的。

（1）选择最专业的供应商，并对供应商进行有效的管理是准时采购成功的基石。

（2）供应商与用户的紧密合作是准时采购成功的钥匙。

（3）卓有成效的采购过程质量控制是准时采购成功的保证。

那么，如何有效地实施准时采购方法呢？下面的几个方法可以作为参考。

（1）创建准时采购班组。

世界一流企业的专业采购人员有3个责任：寻找货源、商定价格、发展与供应商的协作关系并不断改进。因此，专业化的高素质采购队伍对实施准时采购而言至关重要。

为此，首先应成立2个班组，一个是专门处理供应商事务的班组，该班组的任务是认定和评估供应商的信誉、能力或与供应商谈判签订准时化供货合同、向供应商发放免检签证等，同时要负责供应商的培训与教育。另外一个是专门从事消除采购过程中的浪费的班组。这些班组人员对准时采购应有充分的了解和认识，必要时要进行培训。如果这些人员本身对准时采购的认识和了解不彻底，就不可能指望他们与供应商的合作了。

（2）制订计划，确保准时采购策略有计划、有步骤地实施。

企业要制定采购策略，以及改进当前的采购方式，比如减少供应商的数量、正确评价供应商、向供应商发放签证等。在这个过程中，企业要与供应商一起商定准时采购的目标和有关措施，保持经常性的信息沟通。

（3）精选少数供应商，建立伙伴关系。

选择供应商应从这几个方面考虑：产品质量、供货情况、应变能力、地理位置、企业规模、财务状况、技术能力、价格、与其他供应商的可替代性等。

（4）进行试点。

采购部门从某种产品或某条生产线试点开始，进行零部件或原材料的准时化供应试点。在试点过程中，取得企业各个部门的支持是很重要的，特别是生产部门的支持。通过试点，总结经验，为正式实施准时采购打下基础。

（5）做好供应商的培训，确定共同目标。

准时采购是供需双方共同的业务活动，单靠采购部门的努力是不够的，还需要供应商的配合，只有供应商也对准时采购的策略和运作方法有了足够的认识和理解，企业才能获得供应商的支持和配合，因此需要对供应商进行培训。通过培训，大家取得一致的目标，相互之间就能够很好地协调采购的准时化工作。

（6）向供应商颁发产品免检合格证书。

准时采购与传统采购的不同之处在于买方不需要对采购产品发放比较多的检验手续，要做到这一点，需要供应商做到提供百分之百的合格产品。当其做到这点时，就向其发放免检证书。

（7）实现配合准时化生产的交货方式。

准时采购的最终目标是实现企业的生产准时化，为此，要实现从预测的交货方式向准时化的交货方式转变。

（8）继续改进，扩大成果。

准时采购是一个不断完善和改进的过程，需要在实施过程中不断总结经验教训，从降低运输成本、提高交货的准确性和产品的质量、降低供应商库存等各个方面进行改进，不断提高准时采购的运作绩效。

小贴士

国务院办公厅印发《关于积极推进供应链创新与应用的指导意见》

任务执行

沃尔玛的采购秘密

在十多年之前，沃尔玛并没有自己从海外直接采购商品，所有海外商品都由代理商代为采购。沃尔玛要求刚刚加盟的沃尔玛全球副总裁兼全球采购办公室总裁崔仁辅利用半年时间做好准备，在2月1日这一天接过支撑2000多亿美元营业额的全球采购业务。结果，他不但在紧张的时间里在全世界成立了20多个负责采购的分公司，如期完成了全世界同步作业的任务，而且使全球采购业务在1年之后增长了20%，超过了整个沃尔玛营业额12%的增长率。

那么沃尔玛全球采购业务的成功秘密何在？

1. 全球采购的组织

在沃尔玛，全球采购是指某个国家的沃尔玛店铺通过全球采购网络从其他国家的供应商进口商品，而从该国供应商进货则由该国沃尔玛公司的采购部门负责采购。例如，沃尔玛在中国的店铺从中国供应商进货，是由沃尔玛中国公司的采购部门负责的，这是本地采购；沃尔玛在其他国家的店铺从中国供应商进货，就要通过崔仁辅领导的全球采购网络进行，这是全球采购。这样的全球采购要求在组织形式上做出与之相适应的安排。

企业活动的全球布局，当今比较成熟的组织形式有两种：一是按地理布局，二是按业务类别布局。区域事业部有助于公司充分利用该区域的经济、文化、法制、市场等外部环境，不利之处在于各业务要在同一区域实现深耕细作需要付出很大的成本。业务事业部的利弊则与之相反。

崔仁辅的全球采购网络首先由大中华及北亚区、东南亚及印度次大陆区、美洲区、欧洲中东及非洲区4个区域组成。其次在每个区域内按照不同国家或地区设立国别分公司，其下再设立卫星分公司。国别分公司是进行具体采购操作的中坚单位，拥有工厂认证、质量检验、商品采集、运输及人事、行政管理等关系采购业务的全面功能。卫星分公司则根据商品采集量的多少来决定拥有其中哪一项或几项功能。

2. 全球采购流程

沃尔玛的全球采购网络就像一个独立的公司，在沃尔玛的全球店铺买家和全球供应商之间架起买卖之间的桥梁。

"我们的全球采购办公室并不买任何东西。"崔仁辅解释说，全球采购网络相当于一个"内部服务公司"，为沃尔玛在各个零售市场上的店铺买家服务——只要买家提出对商品的需求，全球采购网络就尽可能在全球范围内搜索最好的供应商和最适当的商品。全球采购网络为店铺买家服务还体现在主动向买家推荐新商品。沃尔玛全球采购的流程分为重复采购和新产品采购两种。所谓新产品，就是买家没有进口过的产品。对于这类产品，沃尔玛没有现成的供应商，就需要全球采购网络的业务人员通过参加展会、介绍等途径找到新的供应商和产品。由于沃尔玛的知名度很高，许多厂商也会毛遂自荐，把它们的新产品提供给全球采购网络，全球采购网络就会把这些信息提供给买家。

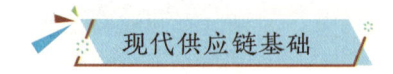

3. 供应商伙伴关系

全球采购网络不仅要服务好国外的买家，还要在供应商的选择和建立伙伴关系等方面投入。"不管是哪个国家的厂商，我们挑选供应商的标准都是一样的。"崔仁辅介绍说，第一个标准是物美价廉，产品价格要有竞争力，质量要好，要能够准时交货。

第二个标准是供应商要遵纪守法。"沃尔玛非常重视社会，所以我们希望供应商能够像我们一样守法，我们要确定他们按照法律的要求向工人提供加班费、福利等应有的保障。"

第三个标准是供应商要达到一定规模。"我们有一个原则，就是我们的采购不要超过任何一个供应商50%的生意。"崔仁辅解释说，虽然从同一个供应商采购的量越大，关于价格的谈判能力就越强，但是供应商对采购商过分信赖也不完全是好事。如果供应商能够持续管理和经营，那还可以；如果供应商在管理和经营上出现波动，那就不仅仅是采购商货源短缺的问题了，一旦采购商终止向该供应商采购，该供应商就会面临倒闭的风险，由此也会产生较大的社会问题。"这是我们不愿意看到的。"

4. 采购流程

（1）采购流程基本程序：沃尔玛的商品采购是为保证销售需要，通过等价交换取得商品资源的一系列活动过程，大体上包括搜索信息、确定计划、选择供应商、谈判等。它的具体流程如图3-7所示。

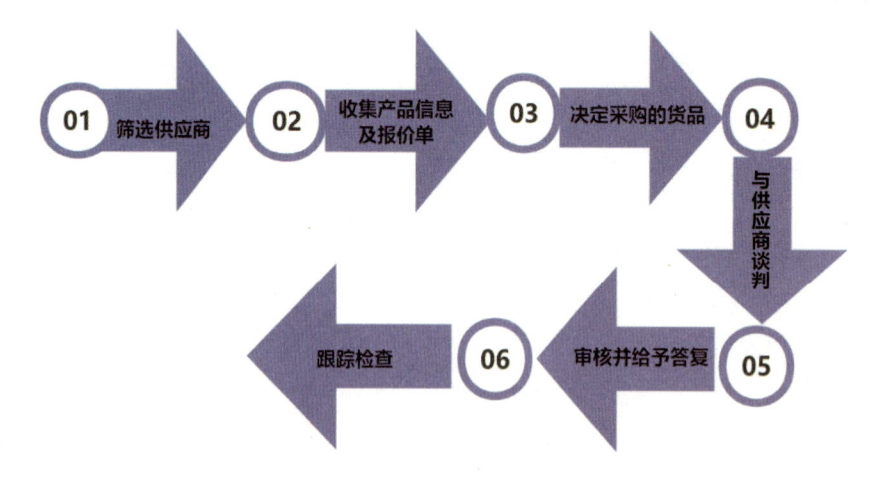

图 3-7 采购流程基本程序的具体流程

（2）采购计划的编制：首先，每月底由各部门（经理）根据生产计划、工作安排、设备情况和库存量等做出必须领用物资材料或备品备件的采购计划，要写准确物资的品名、型号、规格、数量及用途和使用的具体时间，经主管领导审批、总经理批准后报综合部汇总。

其次，根据下发的《采购信息库》计算需要领用物资的费用合计，作为部门成本核算的依据。

5. 采购计划的汇总及采购款项的预算

（1）采购员汇总采购计划并计算采购费用总额。

（2）采购员根据批准后的采购计划表借支采购资金。

6. 采购计划的批准与实施

（1）采购计划应在每月总经理办公会上批准后实施。

（2）批准后的采购计划一式四份，总经理、综合部、保管员、采购员各留存一份。

（3）采购员根据批准后的采购计划实施采购。

① 及时采购不得影响生产及各部门使用。

② 货比三家确保质量，价格不高于《采购信息库》的物资价格。

③ 大宗设备物资必须签订供货，财务部、综合部、保管员、采购员各留存一份。

④ 采购员不得随意采购非计划内或未经总经理批准的各项物资，否则财务部不予入库、报销。

7. 验收入库

（1）保管员根据公司批准的采购计划实施验收入库。

（2）保管员对入库物资的品名、型号、规格、数量进行核对，做到票物相符。计划已批准但发票未到的物资以暂估入库方式处理。

（3）入库物资要由采购员会同保管员通过当场点数、过磅、检尺、抽查单重等方法验收。

（4）必须有质量证书的物资（如钢材）必须有材质单。凡与计划不符，数量、质量、包装、单据等不符合要求的物资不予入库。符合要求的物资，则开具出入库验收单作为报销凭证。

8. 责任划分

（1）物资验收前质量、数量、票据等均由采购员负责，一旦验收入库，采购的物资数量、质量、包装等均由保管员负责。

（2）物资入库后要确保物资安全，要防潮、防霉变、防损坏丢失等。

9. 财务报销

（1）采购物资时每借支一笔资金必须及时报销，凭审批过的报销手续到财务部冲账后方可借支下笔物资采购资金。

（2）采购员凭入库单、发票等报销手续交由会计审核后，再由部门经理审核、总经理批准，交由出纳员根据每月做出的费用控制计划控制报销金额，出纳员在费用控制本签字后，方可报销。

（3）按公司规定使用银行付款方式时，由采购员填写《汇款通知单》并经部门经理审核、总经理批准后，交由财务部办理付款事宜。

（4）采购物资时需要的预付款、质保金及押金等预先支付或者事后定期支付的资金由财务部按相关规定负责协助处理。

（5）其他事宜由财务部与综合部协商后上报总经理，获批准后实施批准意见。

案例来源：搜狐网，《沃尔玛的采购秘密》，有改动。

步骤1：阅读案例，分析材料中沃尔玛全球采购成功的经验有哪些。

步骤2：阅读案例，分析沃尔玛全球采购的业务流程，并简要画出流程图。

步骤3：阅读案例，分析沃尔玛供应商伙伴关系管理的可借鉴之处。

步骤4：阅读案例，分析沃尔玛采购岗位的职责要领有哪些。

_____

_____

_____

步骤5：各组派1名代表上台进行分享。

各组派1名代表上台分享本组分析的结果。

任务评价

在完成上述任务后，教师组织进行三方评价，并对学生任务执行情况进行点评。学生完成表3-4任务评价表的填写。

表3-4 任务评价表

项目组： 　　　　　　　　　　　　　　成员：

评价标准	评价项目				
	分值（分）	自我评价（30%）	他组评价（30%）	教师评价（40%）	合计（100%）
对沃尔玛全球采购成功的要点分析准确	25				
对沃尔玛采购业务流程的要点分析准确	25				
对沃尔玛采购供应商伙伴关系管理的要点分析准确	25				
语言表达流畅	25				
合计	100				

任务巩固

一、判断题（共10题）

1．在供应链管理环境下，采购部门的主要工作是将生产计划系统的采购计划转换为需求信息，以电子订单的形式传达给下游企业。（　　）

2．准时采购也叫订货点采购法，是一种先进的采购模式。（　　）

3．采购计划是指根据生产部门或其他使用部门的需求计划制定的包括采购物料、采购数量、需求日期等内容的计划表格。（　　）

4．延迟策略是指为了降低供应链的整体风险，有效地满足客户个性化的需求，将最后的生产环节或物流环节推迟到客户提供订单以后进行的一种经营战略。可以降低库存和物流成本，缩短交货提前期。（　　）

5．准时采购只有好处，没有害处。（　　）

6．准时采购最早是美国提出的。（　　）

7．从企业的角度看，准时采购只是对单个企业有利。（　　）

8. "牛鞭效应"产生的原因是需求信息沿着供应链向上传递的过程中被不断曲解。（　　）

9. 客户满意的服务理念是准时采购的工作中心。（　　）

10. 全球化采购必须采用准时采购。（　　）

二、单选题（共 10 题）

1. 供应链管理的基本观点，即企业应从（　　）角度考察企业的经营效果，而不是片面地追求诸如采购、生产和分销等单个功能的优化。

   A．财务　　　　B．集成　　　　C．总成本　　　　D．经营

2. 采购管理的总目标是（　　）。

   A．最低的总成本为企业提供满足其需要的物料和服务

   B．总成本最低

   C．采购时间最短

   D．服务水平最高

3. （　　）在一定层面与特定对象建立战略合作关系，有利于在保障作业生产需要、技术发展需要的前提下稳定、改善、提升合作关系，降低综合成本，获得超值的服务，使合作的双方达到双赢的目的。

   A．战略合作策略　　　　　　B．分享合同策略

   C．长期合作策略　　　　　　D．横向打包策略

4. 准时采购，亦称（　　）

   A．JIT 采购　　　　　　　　B．传统采购

   C．原材料采购　　　　　　　D．成品采购

5. 准时采购基本思想不包括（　　）。

   A．合适的数量　　　　　　　B．合适质量的物品

   C．高成本　　　　　　　　　D．合适的时间

6. （　　）是指采购物料的数量应是适当的，即对需求方来说是经济的订货数量，对供货方而言就是经济的受订数量。

   A．恰当的数量　　B．恰当的质量　　C．恰当的时间　　D．恰当的地点

7. （　　）是指供应商送来的物料和仓库发到生产现场的物料的质量应符合生产技术要求。

   A．恰当的数量　　B．恰当的质量　　C．恰当的时间　　D．恰当的地点

8. （　　）是指要求供应商按规定的时间准时交货，防止交货延迟和提前交货。

   A．恰当的数量　　B．恰当的质量　　C．恰当的时间　　D．恰当的地点

9. （　　）是指物料原产地的地点应适当，采购的物资与使用地之间的距离越近越好。

   A．恰当的数量　　B．恰当的质量　　C．恰当的时间　　D．恰当的地点

10. （　　）是指物料的采购价格直接关系到最终产品或服务的价格，在确保满足其他条件的情况下力争最低的采购价格，这是采购精益管理中采购人员最重要的工作。

    A．恰当的价格　　B．恰当的质量　　C．恰当的时间　　D．恰当的地点

三、多选题（共 10 题）

1. 通过采购需求分析，把所有采购需求分成（　　）类型。

   A．独立需求　　　B．生产需求　　　C．相关需求　　　D．客户需求

2. 按采购主体分类的采购战略有（　　）。

   A．合作采购　　　B．自行采购　　　C．代理采购　　　D．委托采购

3. 准时采购的基本原则包括（　　）。

   A．恰当的价格　　B．恰当的质量　　C．恰当的时间　　D．恰当的地点

4. 为了达到"恰当的价格"这一目标，企业采购部应注意以下方面（   ）
   A. 选择和确定合适的供应商
   B. 使用任何一种合适的定价方法
   C. 企业采购部通常需要关注目前在用物料的替代品，而且也有责任提请使用者和申请采购者关注这些替代品
   D. 企业采购部必须和潜在的供应商保持联络
5. 要实施准时采购法，以下做法正确的有（   ）。
   A. 选择最专业的供应商   B. 供应商与用户的紧密合作
   C. 对供应商进行有效的管理   D. 卓有成效的采购过程质量控制
6. 世界一流企业的专业采购人员有3个责任（   ）。
   A. 寻找货源
   B. 商定价格
   C. 发展与供应商的协作关系并不断改进
   D. 简短利益关系
7. 传统采购模式不足之处包括（   ）。
   A. 市场信息不灵   B. 库存量大
   C. 资金占用多   D. 库存风险大绳状
8. 准时采购的特点包括（   ）。
   A. 从为库存而采购到为订单而采购的转变
   B. 从一般的买卖关系向战略合作伙伴关系转变
9. 以下属于准时采购的特点有（   ）。
   A. 小批量、多频次   B. 长期合作，单元供应
   C. 质量＞交货期＞价格   D. 事前控制为主
10. 供应链管理主要涉及的领域为（   ）。
    A. 物流   B. 生产计划   C. 供应   D. 需求   E. 财务

四、案例分析题（共1题）

大数据驱动联合利华供应链

消费者从超市货架上取走一瓶联合利生产的洗发水对联合利华（中国）来说，就意味着它的1500家供应商、25.3万平方米的生产基地、9个区域分仓、300个超商和经销商都因此而受到牵动。

这是构成公司供应链体系的一些基本节点。它的一头连接着来自全球的1500家供应商，另一头则是包括沃尔玛、乐购、屈臣氏和麦德龙等在内的总共约300个零售商与经销商所提供的超过8万个销售终端。此外是：清扬洗发水、力士香皂、中华牙膏、奥妙洗衣粉等16个品牌将近3000多种规格（SKU）的产品，以及在中国超过100亿元人民币的年销售额。每当消费者买走一件产品，联合利华整条供应链的组织运转就会受到影响。

1. 深度数据挖掘与需求分析

不同于家电、汽车等耐用消费品比较容易预测消费趋势和周期，快速消费品行业由于其消费者的购买频次更高，消费结构更为复杂，以及销售过程中充满许多不确定性，企业较难对它做出需求预测。最头疼的情况是大客户采购，这种情况可能使超市的现有库存顷刻间耗尽。为了避免类似的手忙脚乱，又不想增加库存加大成本，更不想丢失客户，联合利华需要准确地预测未来的销售情况。每天，分散在全国各地的业务人员巡店后，将销售数据输入到一个手持终端，源源不断地把销售情况汇总到公司的中心数据库

里。与此同时，直接与公司总部数据库对接的诸如沃尔玛POS机系统和经销商的库存系统等，将店里的销售和库存数据及时反映到公司的中心数据库中，使不论上海中国总部还是伦敦全球总部的管理人员，都能了解到中国超过1万家的零售门店在任何一天内的销售情况和业务数据。其余还有7万多个销售终端，数据更新以周为单位，这些大样本的数据来源，可以保证销售预测的波动（例如令人头疼和难以预料的团购情况）能被控制在合理的范围水平内。

但仅仅通过汇总购买行为这类数据，还不足以准确预测出未来一段时间内的需求，那些代表预测销量和实际销量的分析曲线，只是依赖数学模型和复杂的计算完成了理论上的工作，还需要做进一步的分析。这就需要其他的业务数据，例如对某产品制定的促销方案是降价还是买赠、在某时段内投入了多少宣传力度、覆盖了多少区域或渠道等，都会影响到该产品最终增加的销量，同时还要与其他业务部门如生产、采购、财务、市场等团队进行协同，共同利用这些数据，预测和分析结果。

联合利华按照16个品牌的产品形态划分出四大业务类别，每个品类都有一个团队来预测产品的销售情况，并分析进一步影响采购、生产环节的实际运作。当洗发水以瓶为单位售出后，采购部门得到的信息则是原材料A和包装材料B又将会有新的需求，在系统里一瓶洗发水会被分解成40多种原材料，这些数据会落实在其物料清单BOM上。

2. 全球协同采购

按照公司实行的全球化范围的采购与生产体系，消费者购买行为对采购、生产的影响就是全球性的。目前，公司旗下400多个品牌的产品在六大洲270个生产基地生产，所有涉及原料和包装材料的采购问题，包括采购地和供应商的选择，以及采购规模与频次的安排，都由全球统一进行调配。这种全球化的操作将在成本集约上体现出规模效应，但同时也对公司的供应商管理水平提出了挑战。

2002年，公司在上海成立了全球采购中心，从中国向全球出口原料及成品，这里生产的牙膏最远销售到智利，中国的供应商总数规模在1500家左右。利用大数据与业务分析，一些能够同时提高合作方效率的合作会在这里开展：一些在内部被评定为A级的供应商被视作战略合作伙伴，它们会为生产提供定制化的材料，而自己的设计与研发人员也会对供应商的设备、流程等十分熟悉，双方会针对一款新产品在早期就开始合作，联合利华会从技术方面对供应商提供指导。

联合利华利用大数据对供应商进行管理，有一套全球共同执行的标准。一个跨部门的管理团队每年会重新审核供应商等级，对A级供应商更是到场审计两次，不仅是技术水平、产品质量、资金规模等常规指标，还包括绿色、环保、用工条件等社会责任方面的情况，如果在其中哪个方面没能达到要求，就将面临从采购名单里消失的风险。

3. 高效协同生产

每当商品售出时，生产部门就要和计划部门对接对售出产品的数据做出响应。根据售出产品的相关数据，生产计划经理进行分析并做出决策。除了通过需求计划经理得到需求预测，他还必须获得其他业务信息，例如通过采购团队掌握所有供应商的交货能力，通过工厂负责人了解目前生产线上的实际产能，等等。然后，将这些信息汇聚在一起统筹分析，做出下一段时期内的产能供应水平。

根据这些大数据，工厂最终制定出生产安排，指挥一个年产值为140亿元的生产系统在每一周、每一天里如何调度它的每一家工厂、每一条生产线、按照速度和专长的不同安排生产（洗发水生产线就有十多条），完成300多个规格(SKU)的洗发水生产，以尽可能达到产能最大化，以满足那些分散在全国各地甚至世界其他地区不断增长的购买需求。关于消费者打算在何时何地购买这瓶洗发水的行为，将给联合利华的分析人员带来一道复杂的统筹学问题。

4. 渠道供应链管理，赢在货架

联合利华在全国设有9个销售大区，成品从合肥生产基地的总仓发往上海、广州、北京、沈阳、成都等9个城市的区域分仓。为了保证这瓶洗发水能够准时到达最终的货架，分销资源计划员既要规划路线，又要考虑库存成本和各条运输线上波动的运输能力。比如，春节将是联合利华产品的销售旺季，而临近春节时往西方向的铁路线会很拥挤，公路运输也比较忙，这还考虑很多发生在路上的临时突发的状况。因此，必须有充足的数据进行详细周密的分析，并与其他业务部门协商，做出例如"规划如何在西区提前建立库存"等的决策。

联合利华用活了数据，从超市货架上每个产品的变化，一直到自己的供应商，这是一条能产生出高价值的数据链路，而利用链路上每一节点的数据来优化和改进业务，使业务运营获得了骄人的好成绩。例如通过对缺货的分析，找出导致一瓶洗发水在货架上缺货的真正原因：是门店方面没有及时下单，还是系统虚库存，又或者是因为库存堆放问题等，找到了真正的原因改进了缺货率，使其重点门店的货架满足率提高到了98%，上升了8%（货架有货率每提高3%，就会带动产品销售提高1%）；又如与超商启动了回程车项目优化，在联合利华合肥总仓、乐购嘉善总仓、乐购合肥门店之间，把双方的取货、发货和运输线路放在一起进行分析和优化设计，减少了返程时的空车率，节约了10%左右的物流成本，同时也完成了公司对碳排放降低的要求；再如，通过分析与优化，提升了服务效率和客户的投资回报率。

资料来源：搜狐网，《大数据对采购与供应链的影响》。

根据案例提供的信息，请回答以下问题：
1. 大数据对联合利华的价值有哪些？
2. 联合利华如何借助大数据进行供应链采购管理？

项目四
现代供应链物流管理

学习目标

知识目标

（1）掌握物流管理的概念。
（2）掌握现代供应链管理环境下物流的特征。
（3）了解物流管理在供应链管理中的地位与意义。
（4）理解物流管理战略的基本框架。
（5）掌握一体化物流管理战略。
（6）掌握物流自营与外包的决策分析。
（7）掌握外包物流的优劣势。
（8）了解外包物流失败的原因。

能力目标

（1）能够对供应链管理环境下物流活动的特征进行分析。
（2）能够借助价值分布衡量物流管理在供应链管理中的重要作用。
（3）能够制定物流自营或外包的决策方案。
（4）能够设计合理的供应链物流服务方案。

思政目标

（1）引导学生树立严谨认真的工作态度，激发学生的奋斗精神。
（2）培养学生精益求精的匠人精神和匠人技能，增强对民族发展进步的自豪感。
（3）培养学生团结协作的社会主义核心价值观，增强学生社会责任感。
（4）培养学生劳模精神和工匠精神，增强劳动意识。
（5）培养学生创新精神，增强创新和绿色发展意识。

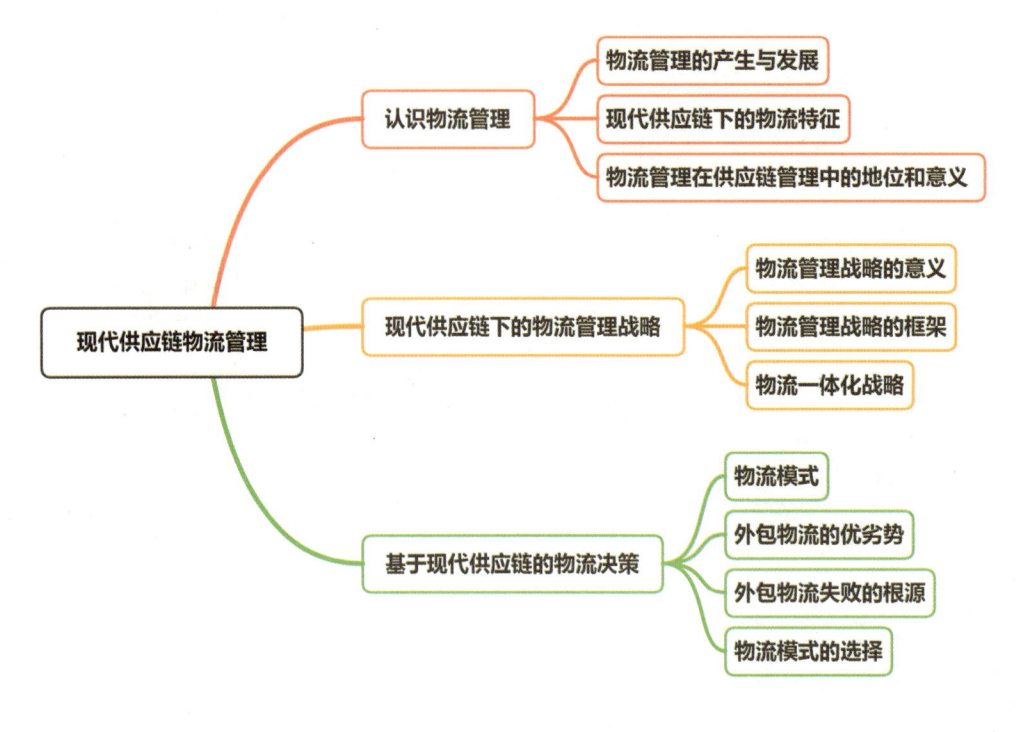

现代供应链基础

思维导图

- 现代供应链物流管理
  - 认识物流管理
    - 物流管理的产生与发展
    - 现代供应链下的物流特征
    - 物流管理在供应链管理中的地位和意义
  - 现代供应链下的物流管理战略
    - 物流管理战略的意义
    - 物流管理战略的框架
    - 物流一体化战略
  - 基于现代供应链的物流决策
    - 物流模式
    - 外包物流的优劣势
    - 外包物流失败的根源
    - 物流模式的选择

任务一 认识物流管理

思政活动

物流贯穿整个供应链，它连接着供应链中的各个企业，是企业间相互合作的纽带。有别于企业框架下的物流管理，供应链管理框架下的物流管理被赋予了新的意义和作用。如何有效地管理供应链环境下的物流活动，使物流能与供应链中的信息流、资金流有效集成并保持高效运作，是供应链管理要解决的一个核心问题。

物流和供应链管理

2017年10月13日，国务院办公厅发布《国务院办公厅关于积极推进供应链创新与应用的指导意见》（国办发〔2017〕84号）。这是我国首次发布的关于供应链建设和发展的政策指导意见，也是第一次将供应链上升到国家战略层面作为促进产业组织方式、商业模式和政府治理方式创新，特别是供给侧结构性转型的重要举措之一。2022年12月15日，国务院办公厅印发"十四五"现代物流发展规划》（以下简称《规划》）。由此可见，供应链物流管理已上升至国家战略地位。

观看《疫情多点频发，物流运输不畅，多措施保产业链供应链稳定|新闻1+1》微视频，感受国际和国内市场多艰多难下的保供应链产业链稳定的情况下，促进国民经济复苏和发展等的震撼影像。该微视频在彰显国家实力的同时，也体现了疫情下党和政府的责任与担当，激励我们为实现中华民族伟大复兴的中国梦不断前进。

项目四 现代供应链物流管理

📖 任务展示

任务：阅读案例《海尔的供应链物流运作模式》

请以项目组为单位，认真阅读案例，分别从海尔物流典型特征、物流运作模式及供应链管理等角度进行分析，在空格处填写分析要点，每组最后派 1 名代表上台进行分享。

⏰ 任务准备

🔔 知识点 1：物流管理的产生与发展

物流的英文单词 Logistics 最早起源于军事后勤，在第二次世界大战之后逐渐形成了一个独立的学科。到了 20 世纪 60 年代，源于军事的后勤管理较为广泛地应用于企业管理之中，先后出现了物流工程、企业物流管理、物流配送等管理方法，直到形成了今天的"物流管理"概念，即 Logistics Management。

1998 年，美国物流管理协会（CLM）对物流的定义是：物流是供应链过程的一部分，是以满足客户需求为目的，以高效和经济的手段来组织产品、服务相关信息从供应到消费的运动及存储的计划、执行与控制的过程。

我国国家标准《物流术语》（GB/T 18354-2021）将物流定义为：根据实际需要，将运输、储存、装卸、搬运、包装、流通加工、配送、信息处理等基本功能实施有机结合，使物品从供应地向接收地进行实体流动的过程。对物流管理的定义为：为达到既定的目标，从物流全过程出发，对相关物流活动进行的计划、组织、协调与控制。

物流管理基本活动如图 4-1 所示。

本书采用华中科技大学管理学院马士华教授对物流管理的定义：物流是供应链的一个组成部分，物流管理是对供应链上各种材料（包括原材料、零部件、产成品）、服务及信息从出发点到接收点的流动过程实施计划、组织和控制的活动的总称。物流管理充分运用信息技术，将运输、仓储、装卸、加工、整理、配送等活动有机结合，为供应链的运作管理提供支持，为客户提供一体化的综合物流服务。供应链下的物流管理一体化运作如图 4-2 所示。

图 4-1 物流管理基本活动

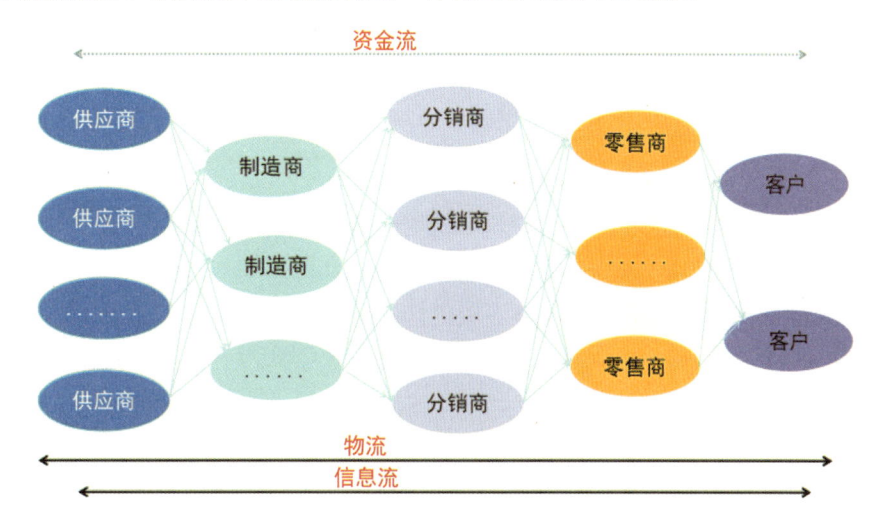

图 4-2 供应链下的物流管理一体化运作

知识点 2：现代供应链下的物流特征

21 世纪以来，随着个性化需求的增加，市场竞争的日益加剧，产品交付期日渐缩短，企业必须在实时的需求信息下快速组织生产资源，把产品送到客户手中，并提高产品的客户满意度。供应链管理实质上是一个扩展了的企业概念，基本原理和思想体现在以下几个方面。

（1）横向思维模式（战略联盟）。
（2）强调核心能力。
（3）资源扩展/共享。
（4）群件与工作流（团队管理）。
（5）竞争性合作。
（6）同步化运作。
（7）客户需求驱动。

上述几个方面的内容不可避免地影响物流环境。归纳起来，现代供应链下的竞争的需求、竞争特征和物流运作策略如表 4-1 所示。

表 4-1 现代供应链下的竞争的需求、竞争特征和物流运作策略

竞争的需求	竞争特征	物流运作策略
对定制化产品的开发、制造和交货速度	敏捷性	通过畅通的运输通道快速交货
资源动态重组能力	合作性	通过基于互联网/物联网的信息网络获得信息共享、知识资源和资金资源支持
物流系统对变化的实时响应能力	柔性	多种形式的运输网络、多源信息获取途径、敏捷的供应链系统
对客户服务能力的要求	满意度	多样化产品、亲和的服务、质量可靠

将以上内容进行整合，形成一体化物流系统，如图 4-3 所示。

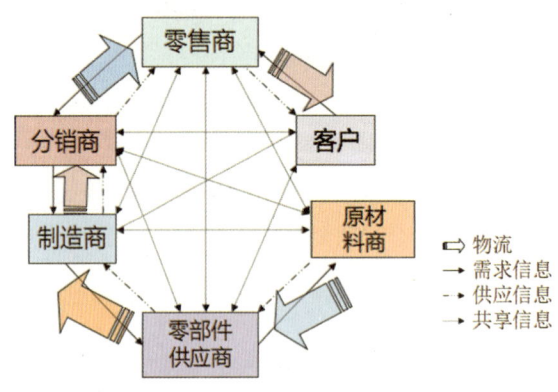

图 4-3 一体化物流系统

在现代供应链下，提高信息的共享程度对供应链管理是非常重要的。由于每个环节的物流信息都能透明地与其他环节进行交流与共享，因此避免了需求信息的失真现象。

归纳起来，现代供应链下的物流特征概括为如下几个词。

（1）信息——共享。
（2）过程——同步。
（3）合作——互利。
（4）交货——准时。
（5）响应——敏捷。
（6）服务——满意。

知识点 3：物流管理在供应链管理中的地位和意义

供应链是物流、信息流、资金流的统一。物流管理很自然地成为供应链管理体系的重要组成部分。在企业供应链的运作活动中，物流是渗透到各项经营活动之中的活动，贯穿整个供应链系统，如图 4-4 所示。

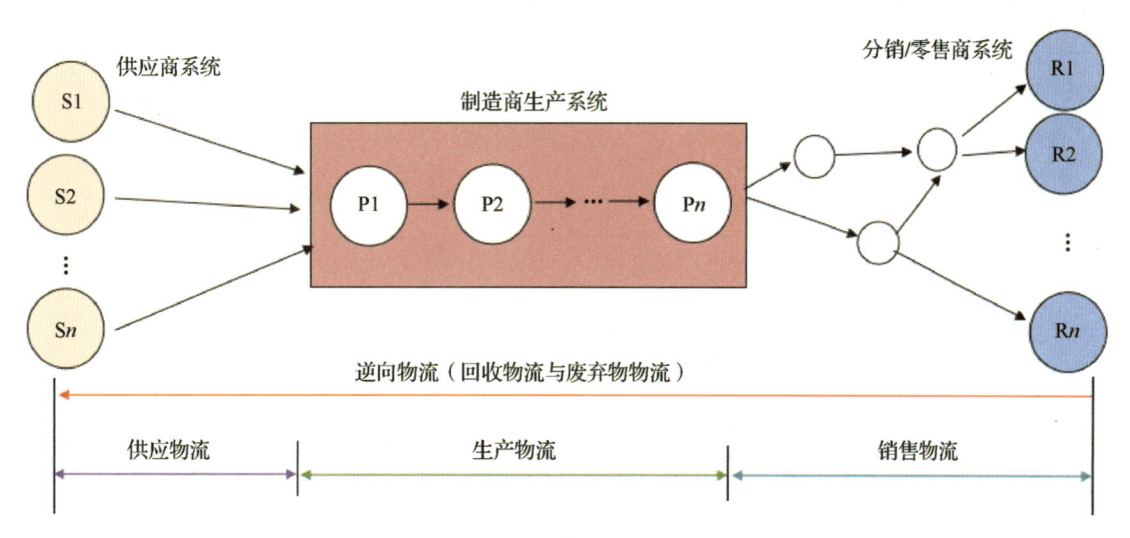

图 4-4　企业供应链运作活动中的几种物流形态

具体而言，供应链上的物流包括以下几个方面的内容。

（1）供应物流，即组织原料、辅料供应的物流活动。关注如何降低物流过程的成本，解决有效的供应网络、供应方式及库存控制等问题。

（2）生产物流，即原料及辅料从企业仓库或企业"门口"进入生产线的开端，随生产加工过程流过各个环节，直到生产加工终结，再流至生产成品仓库。

（3）销售物流，即伴随销售活动，将产品所有权转给客户的物流活动。特点是通过包装、送货、配送等一系列物流活动实现销售，这需要研究配送方式、包装技术、运输路线优化等问题，并通过采取各种物流方式（如少批量、多批次、定时、定量配送等）达到目的。

（4）回收物流，企业在生产、供应、销售活动中总会产生各种余料和废料、循环包装材料等，对这些物品的回收是需要伴随物流活动的。如果物品回收处理不当，往往会影响整个生产环境，占用很大空间，造成浪费，甚至影响产品的质量。

（5）废弃物物流，它是指对企业排放的无用物进行运输、装卸、处理等的物流活动，从环保的角度对包装、流通加工等过程产生的废弃物进行回收再利用。

物流管理在供应链管理中的重要作用可以通过价值分布来衡量。表 4-2 为供应链上的价值分布。行业和产品类型不同，在供应链上的价值分布也不同，我们可以看出，物流价值（采购与分销之和）在各种类型的行业和产品中都占到了整个供应链价值的 1/2 以上，制造价值的占比则不到 1/2。在易耗消费品和耐用消费品中，物流价值的占比更大，可达到 80% 以上，充分说明了物流管理的价值。

表 4-2　供应链上的价值分布

产　品	采　购	制　造	分　销
易耗消费品（如肥皂、香精）	30%~50%	5%~10%	30%~50%
耐用消费品（如轿车、洗衣机）	50%~60%	10%~15%	20%~30%
重工业品（如工业设备、飞机）	30%~50%	30%~50%	5%~10%

显而易见，抓好物流管理，对于提高企业及整个供应链在市场上的竞争力具有十分重要的意义。

另外，提高物流管理水平不仅有助于减少或消除"长鞭效应"，而且可以降低各种与此相关的费用。

根据某项研究结果，供应链上的库存周转次数每提高 1 次，可以产生如表 4-3 所示的效益。

表 4-3　库存周转次数每提高 1 次的效益

项　　目	节省存储费用	节省库存维持费用	节省运输费用
金额（万美元）	65.5	100.3	33.7

由此可见，物流管理水平的高低和物流能力的强弱直接影响供应链的整体竞争力及其绩效。但是，传统的物流管理理念难以完全满足以上要求，因而必须建立在供应链框架下的现代物流管理理念。

小贴士

中共中央　国务院印发《质量强国建设纲要》

任务执行

海尔的供应链物流运作模式

1. 海尔对整个集团物流业务进行了重新组合

海尔物流率先提出了三个 JIT 的管理，即 JIT 采购、JIT 原材料配送、JIT 成品分拨物流。

首先，JIT 采购。采购是物流活动中重要的一环，海尔为推进物流重组，将集团的采购活动全部集中，规模化经营，全球化采购。集团通过以 ERP 为后台的 B2B 网上采购、网上支付、网上招标，实施客户关系管理，实现集团内部与外部供应商的信息共享与共同计划、共同开发，所有的供应商均在网上接受订单，并通过网上查询计划与库存，及时补货，实现 JIT 采购。

其次，JIT 原材料配送。企业内部的配送管理实施 JIT 管理，增加批次减少批量，以库存速度提升库存水平。配送事业部承担降低库存成本并对制造系统进行物流保障的重要作用，实现 JIT 送料，一方面使工厂现场整洁明亮，另一方面使库存水平大幅度降低，库存面积减少了三分之一，库存资金减少了一半。

第三，是 JIT 成品分拨物流。通过对集团各企业内部的运输资源进行整合重组，按照物流一体化的策略构建储运事业部，统一协调及控制运输业务，整合社会仓储、运输网络资源，建立起覆盖全国的网络配送体系，为零距离销售提供物流配送的保障。这样，以海尔集团为核心企业，与供应商、分销商用户形成的供应链网络，通过实施物流管理，在缩短提前期，降低库存，加快资金周转、提高响应市场应变能力方面，发挥了巨大的作用。海尔集团 JIT 的流程速度消灭了库存空间，使库存成为一条流动的河，传统意义上的仓库变成了配送中心，实现了"以时间消灭空间"，通过对集团 28 个产品事业部的采购资源、原材料配送资源、成品配送资源整合，获取了更优的外部资源。

2. 海尔在物流运作中实施了供应链管理

现代物流区别于传统物流的两大特点：第一是信息化，第二是网络化。富有海尔特色的"一流三网"充分体现了这两大特点，为海尔实现现代的物流管理奠定了软的技术基础。"一流"是订单信息流，海尔以订单信息流为中心提高企业的市场响应速度，快速获取订单与满足订单；"三网"分别是全球供应链资源网络、全球用户资源网络、计算机信息网络。"三网"同步运行，将企业内部资源与外部资源有机连接为一体。海尔使用世界一流 ERP 软件供应商 SAP 的产品，完成了物流、信息流与资金流的统一，整个集团内部实施了 ERP 管理系统，以此系统为基础，搭建一个面对供应商的 BBP 采购平台（企业间采购平台），实现集团供应商之间的网上采购业务管理，包括网上招标、网上采购、网上支付。降低采购成本，优化供应商，订单处理的时间由原来的 5~7 天缩短至目前不到 1 天。在企业内部，计算机管理信息系统搭建了海尔集团内部的信息高速公路，能将电子商务平台上获得的信息迅速转化为企业内部的信息，以信息代替库存，达到零运营成本的目的。

3. 物流产业化

所谓物流产业化，是将物流资料产业化而形成的一种复合型或聚合型产业。海尔通过对本企业原有物流功能的破坏性重组，整合了企业原有的资源、扩展了物流规模化经营、构筑了现代的物流体系，增强了物流的核心竞争力，形成了社会普遍承认的规模化程度，拥有了优质的全球供应商资源，积累了丰富的实践经验，运用了世界上最先进的信息技术与物流技术，使海尔物流具备了联合采购、第三方物流（Third Party Logistics，3PL）与第四方物流（Fourth Party Logistics，4PL）的能力。

4. 海尔选择自营物流模式的必要性与重要性

1）必要性

（1）海尔在物流改革前有较多的外租仓库，物流格局不清晰，中心仓库不明确，功能单一、分装、拣选、配送、信息管理能力等均不具备，各外租仓库分散于各处，生产节奏难以调整，不便于集中管理。

（2）海尔家电产品种类多，各产品的物流运作都不同程度地存在问题，且库位利用率不高，供方供货周期长，验货时间也较长，从而导致库存量比较大，物流成本过高。

（3）物流管理的最基本工作——容器的单元化、标准化、通用化没有完全做到。

2）重要性

（1）海尔选择自营物流模式，在改造企业经营管理结构和机制的基础上使原有物流资源得到充分的利用，为企业创造利润空间，可以使海尔实现"三个零"的目标（即：信息流的零距离、物流的零库存、资金流的零营运资本），整合了内部，协同了供货商，提高了企业效益和生产力，方便了使用者。

（2）海尔自营物流掌握物流控制权，可以对物流活动的各个环节进行有效的调节，能够迅速取得供应商、销售商及最终客户的第一手信息，使供应链上的信息同步传递，解决管理物流活动的过程中出现的问题，也不必对相关的运输、仓储、配送和售后服务的费用问题与物流企业进行谈判，避免了交易结果的不确定性，降低了交易风险，减少了交易费用，提高了企业品牌价值。海尔自营物流能够更好地控制市场营销活动，随时调整经营策略，可以全过程地有效控制物流系统的运作，能够提升海尔在市场竞争中取胜的核心竞争力。

案例来源：作者自编。

步骤 1：阅读案例，分析海尔物流的 3 个 JIT 运作模式。

步骤 2：阅读案例，分析海尔物流中的供应链管理模式。

现代供应链基础

步骤3：阅读案例，分析海尔物流产业化过程给海尔集团带来的价值。

_____

_____

_____

步骤4：阅读案例，分析海尔物流如何决策物流运作模式？选择自营物流的原因有哪些？

_____

_____

_____

步骤5：各组派1名代表上台进行分享。

各组派1名代表上台将本组分析的结果进行分享。

任务评价

在完成上述任务后，教师组织进行三方评价，并对学生任务执行情况进行点评。学生完成表4-4任务评价表的填写。

表4-4 任务评价表

项目组： 　　　　　　　　　　　　　　成员：

评价标准	评价项目			
	分值（分）	自我评价（30%）	他组评价（30%）	教师评价（40%）	合计（100%）
对海尔物流3个JIT要点分析准确	25				
对海尔物流供应链管理分析准确	25				
对海尔物流运作模式分析准确	25				
语言表达流畅	25				
合计	100				

任务二　现代供应链下的物流管理战略

思政活动

古人云，"兵马未动，粮草先行"。物流系统为企业产品打入市场架桥铺路，为生产源源不断地输送原材料。21世纪，企业面临着日益复杂的市场竞争环境，现代物流管理系统同样处于复杂多变的供应链环境之中，物流管理需要运筹与决策，要为提高供应链的竞争力提供有力保证，正确、合理的物流管理战略在供应链管理中有着非常重要的指导意义和作用。

观看《京东物流：速度与温度》微视频，感受京东集团自营物流战略后的速度与温度，体验身边"小快递，大物流"的企业战略。引导学生树立"民族企业家"的民生情怀，拓宽学生对企业运营决策的认知范畴，并从日常学习的短期、中期、长期规划做起，帮助学生学有所成，以专业的力量建设祖国。

供应链与物流战略：企业成功的关键因素

📖 任务展示

任务：阅读案例《京东——自建仓配一体的物流体系》

请以项目组为单位，认真阅读案例，分别从京东自营物流背后的环境因素、京东自营物流的价值、自营物流与第三方物流的区别等角度进行分析，在空格处填写分析要点，每组最后派 1 名代表上台进行分享。

⏰ 任务准备

🔔 知识点 1：物流管理战略的意义

在传统的企业管理体系中，物流被看作企业经营活动中的辅助内容，许多企业并不关注物流管理战略，缺乏战略性的物流规划和运筹。有的企业虽然生产管理做得很好，产品研究开发也很有水平，但是客户满意度就是上不去。原因是多方面的，比如物流体系不畅通导致产品分销受阻，影响了产品的准时交货；或者有的企业由于没有解决好原材料的供应问题，没有建立良好的原材料供应渠道，影响了产品的生产，同样制约了企业经营战略的实现；或者有的企业在逆向物流或售后服务等方面缺乏信息反馈机制，企业的经营战略未能及时响应客户需求，缺乏敏捷性，最终丧失市场份额。

现代供应链下物流管理的战略思想就是要通过企业与企业之间的有效合作，以"战略合作伙伴关系"为导向，建立一种低成本、高效率、响应性好、具有敏捷性的企业经营机制，产生一种超常的"多赢"竞争优势。对于企业而言，明确企业的总体战略目标至关重要，一般而言，企业战略是由物流战略、制造战略（生产战略）、营销战略（销售战略）、财务战略共同构成的，物流战略作为企业战略的重要组成部分，已被越来越多的企业所重视。重视物流战略问题是供应链管理区别于传统的物流管理的一个重要标志。物流战略在企业战略中的地位与价值如图 4-5 所示。

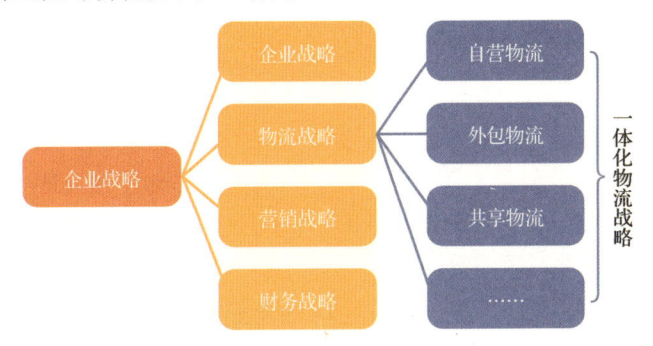

图 4-5 物流战略在企业战略中的地位与价值

🔔 知识点 2：物流管理战略的框架

图 4-6 所示为物流管理战略的框架结构，可见物流管理战略分为四大层次，分别为全局性战略、结构性战略、功能性战略、基础性战略。

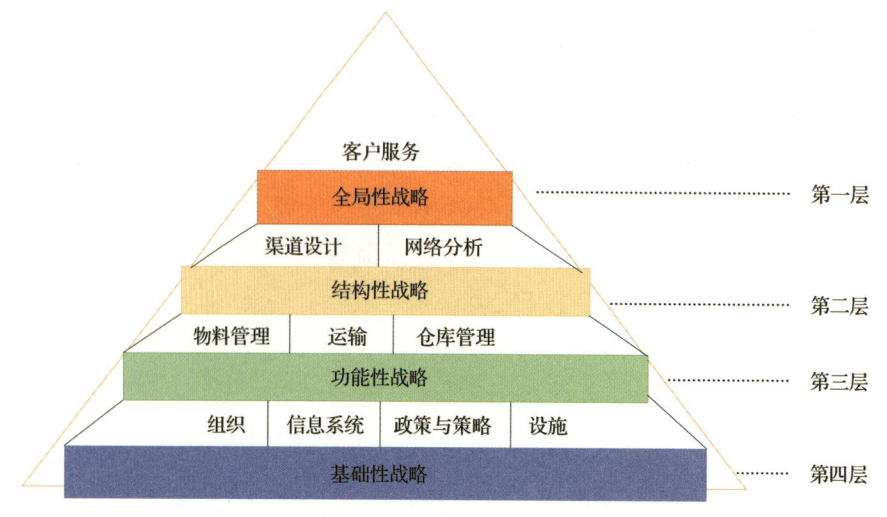

图 4-6 物流管理战略的框架结构

1. 全局性战略

全局性战略又称"顶层设计",是物流管理战略的第一个层级。物流管理的终极目标是满足客户需求,因此客户服务成为全局性战略目标。对全局性战略建立客户服务的评价指标体系,实施客户满意工程是战略实施的关键措施,比如订单响应时间、订单满足率、供应率及平均缺货时间等。

2. 结构性战略

物流管理战略的第二个层级是结构性战略,包括渠道设计与网络分析。其主要目标是不断减少或优化物流环节,消除供应链运作过程中无效、无价值的活动,提高物流系统的效率,即"降本增效"。

(1) 渠道设计:主要通过优化物流渠道、重构物流系统提高物流系统的敏捷性和适应性,使供应链企业降低物流成本。这是供应链设计方面的重要内容。

(2) 网络分析:这是物流管理中的另一项很重要的战略工作,通过物流库存分析、用户调查与分析、运输方式分析、信息及系统状况分析、合作伙伴绩效评价等方面为物流系统的优化设计提供数据参考依据。

常用的网络分析方法有标杆分析法、调查分析法、多目标综合评价法等。

3. 功能性战略

物流管理战略的第三个层级是功能性战略。此战略主要通过加强物流、运输、仓储等物流功能环节的管理实现物流过程的适时、适量、适地的高效运作。其主要内容有运输工具的使用与调度优化、采购与供应方法策略的采用、库存控制及其仓储管理。

4. 基础性战略

基础性战略是物流管理战略的第四个层级的战略,主要作用是为保证物流系统的正常运行提供基础性保障,内容包括组织系统管理、信息系统管理、政策与策略、基础设施管理等。该战略的典型应用如仓库管理系统(Warehouse Management System,WMS)、运输管理系统(Transportation Management System,TMS)、财务系统管理(如金蝶系统)等。

全局性战略、结构性战略、功能性战略及基础性战略是物流战略的基本框架,是供应链环境下物流系统成功与否的基础设施,而加强物流系统内外部资源的有效整合与配置,保证供应链实时的物料供应、同步化的运作,是供应链环境下物流系统成功的重要标志。

知识点 3:物流一体化战略

现代物流被称为继劳动力、自然资源之后的"第三利润源泉",而保证这一利润源泉实现的关键是降低企业物流成本。物流一体化是"降本增效"的有效途径与措施,其通过优化、组合资源提高整个社会的经济效益。因此,在企业还有增长潜力空间时,实行物流一体化战略是十分必要的。其主要形式如下。

1. 纵向一体化

纵向一体化又称"垂直一体化",也称"一条龙体系",是企业将生产与原材料供应,或者生产与产品销售联合在一起的一种战略形式,是企业在两个可能的方向上扩展现有经营业务的一种发展战略,是将企业的经营活动向后扩展到原材料供应或向前扩展到销售终端的一种战略体系,包括后向一体化战略和前向一体化战略。纵向一体化可以引导经营领域向深度发展。

纵向一体化的主要目的是加强核心企业对原材料供应、产品制造、分销和销售全过程的控制,使企业能在市场竞争中掌握主动,从而增加各个业务活动阶段的利润。纵向一体化是企业经常选择的战略,但是任何战略都不可避免地存在风险和不足,纵向一体化的初衷是建立起强大的规模生产能力来获得更高的回报,并通过面向销售终端的方式获得来自市场各种信息的直接反馈,从而不断改进产品和服务,降低成本,取得竞争优势。其优势与不足如表 4-5 所示。

表 4-5 纵向一体化的优势与不足

项 目	主 要 内 容
纵向一体化的优势	控制原料生产的成本、质量和数量,节约成本。 将供应商的利润转化为自己的利润。 确保供给和需求,降低上下游企业随意中止交易的不确定性。 控制产品的分销渠道,减少产品的库存积压。 提高差异化能力,即保持自身的核心竞争力,不断创新。 提高进入壁垒,即企业实行纵向一体化战略,可以使关键的投入资源和销售渠道控制在自己的手中,从而使行业的新进入者望而却步,防止竞争对手进入本企业的经营领域。 进入高回报产业,即企业实行纵向一体化战略,可以提高总资产回报率,并可以制定更有竞争力的价格。 扩大企业在特定市场和行业内的规模和竞争力,防止被排斥
纵向一体化的不足	增加企业投资负担。 承担丧失市场时机的危险。 迫使企业从事不擅长的业务活动。 在每个业务领域都直接面临竞争对手。 企业的行业风险增加

2. 横向一体化

横向一体化又称"水平一体化",是指企业为了扩大生产规模、降低成本、巩固企业的市场地位、提高企业竞争优势、增强企业实力而与同行业企业进行联合的一种战略,以实现规模经济效益和提高物流效率。国际化经营是横向一体化的一种形式。例如,不同的企业可以用同样的装运方式进行不同类型商品的共同运输。当物流范围相近,而某个时间内物流量较少时,几家企业同时分别进行物流操作显然不经济。于是出现了一家企业在装运本企业商品的同时也装运其他企业商品的物流现象。从企业经济效益上看,它降低了企业物流成本;从社会效益上来看,它减少了社会物流过程的重复劳动。显然,不同商品的物流过程不仅在空间上是矛盾的,而且在时间上也是有差异的。要解决这些矛盾和差异,就要依靠掌握大量物流需求和物流供应信息的信息中心。此外,实现横向一体化的另外一个重要条件就是要有大量的企业参与,并且有大量的商品存在,这时企业间的合作才能提高物流效益。当然,产品配送方式的集成化和标准化等问题也是不能忽视的。

综合而言,横向一体化的优势与不足如表 4-6 所示。

表4-6 横向一体化的优势与不足

项　目	主　要　内　容
横向一体化的优势	规模优势，强强联合。聚焦核心业务，将非核心业务外包。 降低行业竞争的激烈程度和由于竞争带来的不确定性。 有利于企业把握消费者需求变化的规律，加强企业对市场的控制力。 企业可以有效实现规模经济，快速获得具有互补性的资源和能力。 通过收购或合作的方法，企业可以有效建立与客户之间的固定关系，遏制竞争对手的扩张意图，维持自身的竞争地位和竞争优势
横向一体化的不足	规模过大可能导致规模不经济。 企业抵御风险的能力降低。 管理难度增大。 技术扩散风险加大

3. 物流网络

物流网络是纵向一体化物流与横向一体化物流的综合体。当一体化物流的每个环节同时又是其他一体化物流系统的组成部分时，以物流为联系的企业关系就会形成一个网络关系，即物流网络。这是一个开放的系统，企业可自由加入或退出，尤其是在业务繁忙的季节，物流网络的利用率更高。因为，在业务繁忙的季节，生产企业原有供应链的物流体系仍然存在，同时还必须增强业务外包，这样以物流企业为节点的物流网络就显得尤为重要。物流网络能发挥规模经济作用的条件就是一体化、标准化、模块化。

建设物流网络首先要有一批优势物流企业率先与生产企业结成共享市场的同盟，把过去那种直接分享利润的联合发展成优势联盟，共享市场，进而分享更大份额的利润。同时，优势物流企业要与中小型物流企业结成市场开拓的同盟，利用相对稳定和完整的营销体系帮助生产企业开拓销售市场。这样，竞争对手成了同盟军，物流网络就成为一个生产企业和物流企业多方位、纵横交叉、互相渗透的协作有机体。而且，由于先进信息技术的应用，当加入物流网络的企业增多时，物流网络的规模效益就会显现出来，这也促进了社会分工的深化，第三方物流的发展也就有了动因，整个社会的物流成本会因此大幅度地下降。物流一体化是物流产业化的发展形式，它必须以第三方物流充分发育和完善为基础。物流一体化的实质是一个物流管理的问题，即专业化物流管理人员和技术人员充分利用专业化物流设备、设施，发挥专业化物流运作的管理经验，以求取得整体最优的效果。同时，物流一体化的趋势为第三方物流的发展提供了良好环境和巨大的市场需求。

小贴士

《国务院办公厅关于印发"十四五"现代物流发展规划的通知》

任务执行

京东——自建仓配一体的物流体系

1. 企业概况

1998年，刘强东创办京东多媒体，进行典型的线下渠道生意，主要销售光磁产品、刻录机等，先做批发后转为零售；后经历"非典"时期，转战电商行业；2007年获得第一笔融资，并正式更名为"京东商城"，后进行了品类扩张：先IT产品，再数码通信、小家电、大家电、日用百货、图书等，而且自建仓配一体的物流体系。2014年，京东在纽约纳斯达克证券交易所上市，现在京东（JD.com）是中国最大的自营式电商企业。

《创京东》将京东的历史分成3个阶段：第一阶段是1998—2006年，是京东的草创阶段，在这一阶段，刘强东完成了用户、资本、团队的原始积累，线下渠道生意转为线上零售，并且在电商行业崭露头角；第二个阶段是2007—2010年，从拿到第一次风险投资（融资）开始，资本为刘强东打开了互联网的新世界，京东进入了快速成长的时期，第一批职业经理人开始加入这个草根公司，扩张全品类和自建仓配一体的物流体系两大战略就是在这一阶段确立并坚定不移地执行下去的；第三阶段是2011年至今，在这个阶段，京东继续保持快速扩张，业务变得多元化，不再局限于中国市场，而是放眼全球。

从中关村的小小柜台，到成为中国最大的自营式电商企业，京东的崛起源于3次战略决策。第一次，2004年转型做电商，京东预测并紧跟消费发展趋势，及时采取行动；第二次，2007年决定增加消费品类，不只做3C产品，转战全品类；第三次也是2007年，决定建设自己的物流体系——仓配一体。本文主要介绍自营物流这一战略。

2. 战略分析

1）外部环境分析

B2C已进入"物流为王"时代，但是在最初阶段，很多电商企业并没有意识到物流的重要性，它们会从成本控制、人力节省方面出发把物流承包给第三方公司。但是当时服务落后的中国物流行业会因为配送延误、信息泄露等问题招致很多顾客投诉，这种状况影响了电商企业美好的发展前景。那个时候，物流问题亟待解决。这里利用五力模型（原定义包括潜在的进入者、替代品的威胁、购买者的议价能力、供应者的议价能力、现有竞争者，这里引申为以下5点）来分析当时京东所处的外包物流的运营环境。

（1）供应商

这里的供应商是指各大物流公司，当时中国的快递尚未形成行业规范、市场门槛低，很多创业者纷纷进入。除了中国邮政，各家快递公司的市场渗透率和区域覆盖率都很低，所有快递公司都在迅速扩张地盘，随之而来的就是服务质量问题：商品到货慢、破损、丢失等，因为缺少法律管制，甚至出现监守自盗的严重问题。

（2）消费者

物流体系不完善，消费者体验差。商品破损、丢失等问题直接导致消费者投诉，其中物流原因占到一半比例。虽然物流行业"暴力"卸货、装货的现象现在依然存在，但是在缺少监管的当时确实更加严重。京东当时经营的多是3C产品，大多数经不起震动，带来的损失可想而知。

（3）产业内的竞争者

电商企业之间存在"最后一公里"的激烈竞争。物流的服务水平体现一家电商平台的优劣，这就促使物流行业走向"没有最快，只有更快"的极致；在全品类扩张的基础上，产品同质化，随之是价格战；继信息流、资金流之后，物流会成为电商行业的又一大核心业务。

（4）潜在的进入者

面对2008年金融危机的挑战，我国经济注重靠内需来拉动增长，当时电商行业的前景一片光明，短期内发展趋势是相同的。所以对于新兴公司来说，最好的选择就是走"电子商务"之路，这导致电商行业的竞争者会非常多。

（5）替代品

在信息时代，各大购物网站纷纷成长起来，良好的消费者体验也可以是替代品，各大网站力求增强消费者体验来提高消费者的忠诚度。

基于这些情况，2007年，刘强东决定自营物流，实现仓库和配送一体化。2009年，新蛋网在中国的首席执行官嘲笑京东：我们永远不做物流，应该和第三方合作。但是现在新蛋网在中国几乎销声匿迹，自

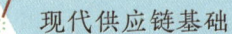

营物流却成了京东的核心竞争力。

2）内部环境分析

企业能力是企业在特定的社会条件下具备的生存和应变市场的能力，是企业整体的经营能力。下面分析京东具有的企业能力。

（1）产品竞争力

① 正品：从柜台做起的时候，刘强东就开始开发票。开发票是在宣示"我卖的是正品"，京东坚决不做山寨货，坚持按较低利润的价格售卖。

② 低价：薄利多销，京东从创业开始到现在都是薄利多销，规模为首。在光磁产品这一领域，京东最高曾占据全国 60%的市场份额。这个市场份额是靠低价拿下来的，价格战始终是京东最直接也是最血腥的竞争方式。

③ 好服务：创业初期，京东会面对一些不懂 IT 硬件和技术的客户。京东除了提供产品，还负责提供技术培训。当时还没有"用户体验"这个概念，还是最朴素的观念：我把客户服务好，他们会成为回头客。10 多年后，京东成为一家年交易额 3000 多亿元的电商企业，其价值观里的"客户为先"的源头就是 1988 年中关村的一个小小的柜台。

（2）管理者的能力

① 学习能力：刘强东从小养成了寻找唯一答案的思维方式：黑与白、对与错。

② 管理能力：在 2009 年年会上，刘强东提出了五星管理法，在拼搏、价值、欲望、诚信、感恩、坚持等方面进行五星评价，如图 4-7 五星管理法所示。他用人大胆、敢于授权，坚持在公司内部培养团队。采购、决策都是以京东内部团队为主的，由外面的咨询方和监理方辅助。他依靠组织的力量管理京东，同时也不失温度。

③ 执行力：早会制度被刘强东引进京东，京东早会短则 5 分钟、10 分钟，长则一个多小时，主要是以最快的速度将公司运营有问题的地方传递给全公司的管理者，再传递给基层员工。早会的快节奏产生的压迫感让所有管理者潜意识里都很注重执行力。

图 4-7　五星管理法

（3）生产经营能力

① 资本：从 2007 年 8 月开始，今日资本、DST 和老虎基金先后注资京东商城，每一轮融资都是京东发展的动力之源。

② 采销团队：为了保证产品质量及遵照公司"必须是正品"的规定，采销团队必须跟随总代理，他们依靠毅力、诚意和身体素质拼下了一个个供应商，又将供应商的支持转为销量。

③ 技术：在京东，虽然研发是第三大投入部门，仅次于物流和市场部门，但是京东的技术贡献是无处不在的，从采销部门的销售预测系统、自动补货系统，到维系仓储配送正常运营的仓库管理系统……技术能记录消费者留下的每一丝痕迹，还支持展开数据分析，有很大的商业价值。

（4）企业的基础能力

① 企业文化：企业文化追溯到企业的创始人。京东最早的企业文化是刘强东自己编写的，包括诚信、合作、交友。京东关注基层员工，依靠激励机制让人获得乐趣，不一定是金钱，也可能是荣誉；员工能够通过自己的努力获得公平的发展机会，进而比拼实力，这是员工激情的根源。

② 价值观：价值观是建立团队的基础，也是团队的准绳，能够清晰体现公司的战略方向，但是绝不能违背员工的根本利益。京东将价值观的考核加入绩效考核中。

③ 团队：从"游击队"到"正规军"。2003 年—2006 年，京东转型电商，快速度过原始积累期，"游击队"有了规模。2007 年开始，第一批职业经理人加入京东，充实了京东中高层管理层，职业经理人的引入使管理流程更加正规。

3）战略的选择与实施

自营物流配送是指物流配送的每个阶段都是企业自己组织、把控的，企业自己来配送自身或者其他企业的货物。这样既利于保证服务质量，也利于企业进行自我管理。但是，自营物流需要企业有自己的运输网、仓储设置及相应的配送体系，这需要充足的资金支持，同时还要有固定、足够的订单来支持物流系统的日常运作。

面对未知的风险，京东建立了自己的物流配送模式："自营物流+第三方物流"，一定程度上既可以规避第三方物流的弊端，也增强了京东对物流配送的可控性，继而提高了配送效率和改善了消费者购物体验。

（1）自营物流模式

从2008年起，京东就开始自营物流配送系统，上海圆迈物流快递公司是京东在2009年投资2000万元成立的，并开始向全国各重点城市扩张。

2010年，京东在上海建立了"华东物流仓储中心"，当时其一半以上销售额的物流配送任务都是从"华东物流仓储中心"发出的。同年，"亚洲一号"一期工程开始筹备，一期工程的面积约为10万平方米，主要处理对象是中件货物（如中型3C产品、小家电等），最多可存储10万件中件单品，可支持430万件商品存储需求，每日可处理10万单普通客户订单，标志着京东物流战略又一重点举措落地。随后"211限时达"、全国上门取件等专业服务也于2010年在各大城市陆续推出。

在京东的物流配送体系中，自营物流占配送份额的30%~40%，自营物流越来越成为京东物流配送的主流，在降低成本、提高运营效率、为客户提供全流程的最佳购物体验方面发挥着至关重要的作用。

（2）第三方物流配送模式

第三方物流配送模式是指企业将配送业务部分或全部外包给专业的物流公司。企业可以根据需求选择合适的第三方物流，灵活性较强，同时也控制了物流成本。

京东根据地理区域和订单量来选择第三方物流或者自营物流。在三四线城市及以下的乡县区域，订单量少，自建配送中心的成本与收益相比入不敷出，所以采用第三方物流，货物到达乡县后，由第三方物流完成配送，既节约成本，又相对高效。京东早期每天只有几万单订单的时候，可以找第三方物流合作；京东向全品类发展后，客户需求爆发，第三方物流无法支撑海量订单，其服务质量也无法保证的时候，就需要自己的物流体系了。

物流的服务水平能体现一家电商平台的优劣，因为消费者会将物流过程中产生的负面影响转嫁到电商平台，所以才会有"得物流者得天下"的共识。快递对速度的过度追求会产生排污、拥堵等一系列问题，也会导致很多社会资源的浪费。这就是中国快递行业要面对的现实。

电子商务的高速发展为快递行业带来新的机遇，但是物流也越来越成为横在电商高速发展路途上的一道鸿沟。

案例来源：作者自编。

步骤1：阅读案例，分析京东自营物流背后的原因有哪些。

_____

_____

_____

步骤2：阅读案例，分析京东电商平台物流模式有哪些种类。

_____

_____

_____

步骤 3：阅读案例，分析京东自营物流给京东集团带来的价值。

_____
_____
_____

步骤 4：阅读案例，分析自营物流与第三方物流之间的区别。

_____
_____
_____

步骤 5：各组派 1 名代表上台进行分享。

各组派 1 名代表上台分享本组分析的结果。

任务评价

在完成上述任务后，教师组织进行三方评价，并对学生任务执行情况进行点评。学生完成表 4-7 任务评价表的填写。

表 4-7 任务评价表

项目组：　　　　　　　　　　　　　　　成员：

评价标准	分值（分）	评价项目			
^	^	自我评价（30%）	他组评价（30%）	教师评价（40%）	合计（100%）
对京东自营物流背后原因、要点分析准确	25				
对京东自营物流价值分析准确	25				
对自营物流与第三方物流之间的区别分析准确	25				
语言表达流畅	25				
合计	100				

任务三　基于现代供应链的物流决策

思政活动

新冠疫情期间，全球经济发展受到影响，特别是国际贸易、国际物流及全球供应链受到较大冲击。美国谋求制造业回流、欧洲落地"碳关税"、地缘政治冲突不断爆发，等等，使国际贸易全球供应链严重受阻。

如何优化供应链中的物流配送

得物流者得天下，国际贸易正方兴未艾地向国际供应链物流管理转型，各行各业也已从一维走向多维……以供应链模式将后端与前端连接起来，是各行各业发展的方向与趋势。

物流如此重要，物流管理对企业而言也显得至关重要。本任务结合时代经济背景，引导学生关心国家政策、民生经济，了解行业发展环境，以解决行业发展困境为目标导向，树立"两个 100 年"的奋斗目标，将个人发展融入国家发展当中，增强时代的担当感。

任务展示

任务：阅读案例《中国物流发展步入重资产时代？》

请以项目组为单位，认真阅读案例，分别围绕轻资产物流特征、重资产物流特征及轻资产与重资产谁优谁劣等角度进行分析，在空格处填写分析要点，每组最后派 1 名代表上台进行分享。

任务准备

在经济全球化的今天，越来越多的企业组织想要在国际市场中分一杯羹，与此同时，随着市场竞争的加剧，企业组织也逐渐意识到全球采购的重要性。为了更好地协调全球资源的配置，企业组织逐渐形成"动态联盟"组织，即外包物流或采取第三方物流（3PL），以此来综合管理自己的原料与产品的流动及传输。许多组织已经与 3PL 公司结成了战略联盟来掌控它们的物流业务网络。这些联盟就是物流或供应链外包和契约物流。在 3PL 加快发展时，第四方物流（4PL）甚至第五方物流（5PL）的外包理念横空出世。那么究竟什么是 3PL 与 4PL？3PL 的优势和劣势是什么？从 3PL 到 4PL 再到 5PL 究竟意味着什么？本任务让我们一起走进相关知识的课堂。

知识点 1：物流模式

物流模式有：第一方物流（卖方物流）、第二方物流（买方物流）、第三方物流（外包物流）、第四方物流（供应链物流）。

1. 第一方物流（卖方物流）

第一方物流模式是指物流配送的任务由生产商或者货物供应商自己来完成。好处是生产商的利润在企业内部流动，而且不会依赖其他物流商，能从整体上保证公司的效益。

2. 第二方物流（买方物流）

第二方物流将生产企业的销售物流转嫁给用户，变成了用户自己组织供应物流的形式，货物在成交时，销售商没有对货物运输的义务。

3. 第三方物流（外包物流）

3PL 是由物资的供给方和需求方以外的第三方专业化的物流企业或配送公司提供物流配送业务的运作方式。

4. 第四方物流（供应链物流）

从概念上讲，4PL 是一个供应链的集成商，对公司内部或行业具有互补性的服务提供商所拥有的不同资源、能力和技术进行整合与管理，提供一整套供应链解决方案，集成了管理咨询和 3PL 服务商的能力。4PL 开始承接多个供应链职能和流程的运作责任，其工作范围包括制造、采购、库存管理、供应链信息技术、需求预测、网络管理、客户服务管理和行政管理。概括来讲，4PL 是为 3PL 服务的。

值得一提的是，从 4PL 到 5PL 甚至第 n 方物流，随着资源整合力度的加强，行业将它们统一概括为"供应链物流"的业态模式。

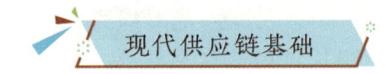

知识点 2：外包物流的优劣势

外包物流与自营物流对应，二者均有利弊之处。自营物流可以更好地掌控物流服务水平，掌握物流运营动态，布局物流网络，但是自营物流成本占用较高，如果没有一定业务量则很难盈利。外包物流在一定程度上利用了社会资源，实现了规模效益，但是同样也有劣势。

1. 外包物流的优势

（1）企业得到更加专业化的服务，从而降低运营成本，提高服务质量。与企业自营物流相比，3PL可以集成小批量送货的要求来获得规模经济效应，在组织企业的物流活动方面更有经验、更专业化，从而降低企业的运营成本，改进服务，提高企业运作的灵活性。

（2）解决本企业资源有限的问题，更专注于核心业务的发展。企业的主要资源包括资金、技术、人力资本、生产设备、销售网络、配套设施等要素。资源的有限性往往是制约企业发展的主要瓶颈，一家企业的资源配置不可能局限于本组织的范围之内。即使对于一个实力非常强大、有着多年经验积累的跨国企业集团来说，仅仅依靠自身的力量也是不经济的。利用外包物流策略，委托企业可以集中资源建立自己的核心能力，并使其不断提升，从而确保委托企业能够长期获得高额利润，并引导行业朝着有利于企业自身的方向发展。

（3）可以提高企业的运作柔性。委托企业选择 3PL 的重要原因之一是提高运作柔性的需要。企业可以更好地控制其经营活动，并在经营活动和物流活动中找到一种平衡，保持两者之间的连续性，提高其运作柔性，使实行外包物流的委托企业因为业务的精简而具有更大的应变空间。

（4）可以降低监督成本，提高效率。委托企业可以利用外包物流策略缩小企业的规模，精简企业的组织，从而减轻由于规模膨胀而产生的组织反应迟钝、缺乏创新精神等问题。

（5）降低风险，同时也可以同合作伙伴分担风险。通过外包物流，委托企业可以与合作企业建立战略联盟，利用其战略合作伙伴们的优势资源缩短产品从开发、设计、生产到销售的时间，降低由于技术和市场需求的变化导致的产品风险。同时，由于战略联盟的各方都发挥了各自的优势，这有利于提高新产品和服务的质量，提高新产品开拓市场的成功率。最后，采用外包物流策略的委托企业在与其战略合作伙伴共同开发新产品时，风险共担，从而降低了新产品开发失败给企业造成巨大损失的可能性。

2. 外包物流的劣势

（1）物流的控制能力减弱。3PL 企业的介入使制造企业自身对物流的控制能力减弱，生产企业要承担物流失控的风险，从而降低了企业的客服水平。另外，当双方协调出现问题时，由于 3PL 企业的存在，双方更容易出现相互推诿的局面，影响物流的效率。

（2）存在客户关系管理的风险。生产企业是通过 3PL 来完成产品的配送与售后服务的，削弱了企业与客户之间的关系，不利于建立稳定、密切的客户关系。而且客户信息是一家企业非常重要的资源，3PL 物流企业有很多客户，它们在为企业的竞争对手提供服务的时候，增加了泄露企业商业秘密的可能性。

（3）连带经营风险。外包物流是一种长期的合作伙伴关系，如果物流服务商自身经营不好，就会影响企业的运营。如果解除合作关系，又会产生较高的成本，因为两家企业间稳定的合作伙伴关系是需要较长时间来磨合的。

知识点 3：外包物流失败的根源

外包物流作为一个提高物资流通速度、节省仓储费用和减少在途资金积压的有效手段，确实能够给供需双方带来较多的收益，尽管供需双方均有信心和诚意，但是在实践的过程中，外包物流又举步维艰，常常出现中断，甚至失败。外包物流失败有彻底失败和准失败两种。准失败是指在外包实施的过程中，如果供需双方不采取补救措施，外包物流将马上出现问题并导致失败，也可称为"黑洞（Black Hole）"。供应商缺乏合格的、专业的物流顾问，需求商希望供应商中标但供应商服务跟踪却不彻底，供需双方没有明确制订具体的、详细的、具有可操作性的工作范围，这三大原因导致了外包物流的失败和"黑洞"的出现。

1. 缺乏专业的物流顾问

物流服务供应商的运作与生产工厂类似，工厂生存的灵魂是拥有一批有专业技术才能的员工，核心技术一定是公司内部掌控的，而不是依靠其他合作伙伴来提供支持。美国著名物流专家 Jack Roser 认为：在处理外包时，专业物流顾问与技术工人一样，其作用比企业领导更重要，合适的顾问能够给项目带来许多领导不知道的东西，其需要去管理和维护公司项目设计规划的过程、提供物流需求和项目数据，而这些事情常常与外包物流的成败关联。目前供应商在外包物流的发展上存在 2 个方面的制约因素。

（1）缺乏合适的物流顾问进行项目设计和系统评估。既然外包物流的目的是要得到报酬，供应商就应该聘任合适的专业物流顾问来规划和管理具体操作，但是在实际运作过程中几乎找不到合适的物流顾问。结果，许多供应商不能对客户希望的服务要求做出全面、满意的回复。

（2）专业物流顾问的评估效果失真。想要聘请合适的物流顾问来对项目进行设计并评估是很困难的，专业物流顾问的身价令一般供应商望而却步，即使聘请到一流的物流顾问，也并非能达到预期的效果。通常的情况是，物流顾问将外包物流的规划和设计工作交给了资质一般的人员或其他非专业人员，结果可想而知。虽然一些供应商声称专门聘请了专业物流顾问进行设计，但是事实并不总是这样。

2. 过程性服务跟踪不到位

供应商的内部管理出现问题也是外包物流失败的原因，特别是执行总裁的理念出现问题时。目前多数企业在处理外包物流时不以服务为导向，仍把短期利润作为业绩考核的指标，在这种情况下，供应商一心想得到更多的客户以扩大规模，获取更多收入，在履行完毕一个合同前就经常签订新的合同或将注意力转移到另外一个项目上，这样周而复始，无论是企业，还是内部员工，一旦获得了客户，尽快完成合同、提供优质服务的动力就消失了。甚至有的供应商为了赢得业务，在没有与客户签订服务合同前便根据客户的要求匆忙提供服务。这种情况在国内普遍存在，尤其是在运输业务方面，供应商商务人员向客户做出口头承诺后，并未签订书面协议即转交操作人员，使操作无章可循，商务人员忙于其他客户，无暇对进行中的操作进行监控，导致操作失控，服务与客户需求脱节，业务合作常常被迫中断。

3. 工作范围难以清晰界定

工作范围对服务的环节、作业方式、作业时间、服务费用等物流服务要求明细做出明确的规定。工作范围的制定是外包物流最重要的一个环节。在投标的过程中，很多供应商都知道其重要性，却没能在客户要求的时间内完成，或者只是为了完成而完成，并没有认真对待。工作范围不明确已经成为任何其他导致外包物流失败及"黑洞"出现的因素中的首要原因。客户会告诉供应商需要什么服务并愿意付出什么价格，它是合同的一部分。跨国企业（如 HP、IBM 等）在外包物流方面具有丰富的操作经验，他们在实施外包物流时就要求供应商与其签署以下 2 份文件。

（1）一般性条款（The General Articles），规定一些非操作性的法律问题，如赔偿、保险、不可抗力、保密、解约等内容。

（2）工作范围，即对服务的细节进行具体描述。例如，在物流合同中常出现的"在必要时供应商将采取加班作业以满足客户的需求"，合同双方虽然对此描述并无异议，但是问题就出现在"必要"的理解上。在实际运作中，合同双方就如何理解"必要"经常发生分歧，客户认为"提出需求时为必要"，供应商认为"客户提出需求且理由合理时为必要"，原因就在于合同双方没有花费相当的时间和精力明确、详细地制订工作范围。

此外，体制的制约、人为的失误、观念的陈旧和技术的缺陷等也会阻碍外包物流的进程与发展。

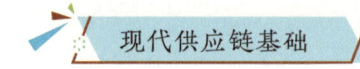

知识点4：物流模式的选择

企业的物流模式主要有自营物流和外包物流。企业在进行物流决策时，应该根据自己的需要和资源条件，综合考虑以下主要因素，慎重选择物流模式。

1. 企业对物流控制力的要求

越是市场竞争激烈的行业，企业越是要强化对供应和分销渠道的控制，此时企业应该采用自营物流。一般来说，最终产品制造商对渠道或供应链过程的控制力比较强，往往采用自营物流，即作为龙头企业来组织全过程的物流活动，制定物流服务标准。

2. 企业产品自身的物流特点

对于大宗工业品原料的回运或鲜活产品的分销，应利用相对固定的专业物流服务供应商和短渠道物流；对于全球市场的分销，应采用地区性的专业物流公司提供支援；对于产品线单一的企业，应在龙头企业统一下自营物流；对于技术性较强的物流服务（如口岸物流服务），应采用委托代理的方式；对于非标准设备的制造商，自营物流虽然有利可图，但是还是应该交给专业物流服务公司。

3. 企业的规模和实力

一般地，大中型企业由于实力比较雄厚，通常有能力建立自己的物流系统，制订合适的物流需求计划，保证物流服务的质量，还可以利用过剩的物流网络资源拓展外部业务（为别的企业提供物流服务）。中小型企业则受人员、资金和管理的资源的限制，物流管理效率难以提高，此时，企业为把资源用于主要的核心业务上，就应该把物流管理交给3PL公司代理。例如，实力雄厚的麦当劳公司每天必须把汉堡等保鲜食品运往各地，为保证供货的准确、及时，就组建了自己的货运公司。

4. 物流系统总成本

在选择是自营物流还是外包物流时，企业必须弄清两种模式的物流系统总成本的情况。计算公式为：物流系统总成本=总运输成本+库存维持费用+批量成本+总固定仓储费用+总变动仓储费用+订单处理和信息费用+客户服务费用。

这些成本之间存在着二律背反现象：减少仓库数量时，可降低仓储费用，但是运输距离和次数的增加又会导致运输成本增加；如果运输成本的增加部分超过了仓储费用的降低部分，总的物流成本反而增加。所以，在选择和设计物流系统时，要对物流系统的总成本进行论证，最后选择总成本最低的物流系统。

5. 外包物流的客户服务能力

在选择物流模式时，物流系统总成本很重要，外包物流为本企业及企业客户提供服务的能力也非常重要。这种能力具体表现为：外包物流及时满足企业对原材料需求的能力，外包物流对企业的零售商和最终客户不断变化的需求的反应能力等。

6. 自拥资产和非自拥资产外包物流的选择

自拥资产外包物流是指有自己的运输工具和仓库，从事实实在在物流操作的专业物流公司，它们有较大的规模、雄厚的客户基础、到位的系统。自拥资产外包物流的专业化程度较高，但是灵活性往往受到一定的限制。非自拥资产外包物流是指不拥有硬件设施或只租赁运输工具等少量资产，主要从事物流系统设计、库存管理和物流信息管理等，而将货物运输和仓储等具体作业活动交由别的物流企业承担，但对系统运营承担责任的物流管理公司。这类公司通常运作灵活，能够修订服务内容，可以自由混合、调配供应商，管理费用较低。企业应根据自身的需求对2种外包物流加以选择和利用。

由此可见，物流运作模式并不是千篇一律的，也没有固定模式，不同的企业会根据自身发展定位及产品特点在不同阶段做出最有利于企业和供应链整体利益的决策，这需要专业物流顾问与决策者的通力合作。

小贴士

《"十四五"冷链物流发展规划》发布——2035年全面建成现代冷链物流体系

任务执行

中国物流发展步入重资产时代？

物流发展的轻资产模式，这个来自西方的"舶来品"曾经在中国的大地上红极一时，不少新创建的物流快递公司以这一模式取得了成功。然而，当进入21世纪第二个十年之时，当轻资产模式的发源地——美国也在强调"脱虚入实"之时，重资产模式渐渐为政府与企业所重视，物流行业也逐渐认识到重资产的重要性，并开始有所行动。

其实，就在轻资产模式大行其道的时候，也有部分物流企业坚持着重资产的逻辑，比如顺丰、京东。2022年，中国物流界最重磅的一次资产并购——京东收购德邦的事件，标志着京东重资产模式的成功。

1. 曾经风口下的轻资产模式

轻资产，这个词出自麦肯锡公司提出的"轻资产运营"战略，其主旨是最大化利用外部资源以完成利润率偏低的生产环节，将自有资源投入利润率更高的研发和销售环节，以最低的投入实现股东价值最大化。轻资产运营模式是指企业紧紧抓住自身的核心业务，将非核心业务外包出去。

对于物流来说，核心业务是信息服务、物流解决方案、供应链服务，等等，对资源整合能力的要求高；底部业务是运输、仓储、配送等传统服务，市场散、小且竞争激烈。轻资产物流公司以前者为主要业务，将后者外包，其实质是企业不占有资源，而是以搭建平台、驾驭资源为基础。

曾经，互联网经济意味着高科技，意味着新模式，在这双重属性的加持之下，互联网经济就应该具有更高的效率和更高的附加值。

在中国，轻资产运营最成功的范例莫过于互联网企业，从阿里巴巴到滴滴再到美团，都是以平台模式（轻资产）大获成功的，平台经济风光一时，甚至不少人以此认为自营式的京东模式已经终结，阿里巴巴的平台模式将成为主流。

电商企业着重于管理好业务数据，管理好物流信息，将配送环节全部外包，认为这是最明智的做法。例如，阿里巴巴垄断流量，将商品周转，将核心的供应链和物流配送等领域转交给物流供应商，阿里巴巴靠收服务费就能赚得盆满钵满。

当京东自营物流时，马云有过这样一番评论：做电商千万不要碰物流，因为自营物流带来的最大弊端就是员工队伍会变得极其庞大，成本极高，从而拖累业绩。

对于当时中国刚刚起步的现代物流企业来说，榜样的力量是无穷的，轻资产做到极致的罗宾逊成为中国物流创业者的偶像。

罗宾逊是一家没有一部卡车的世界物流巨头，2013年，它的营收达到128亿美元，并且超过80%的收入来自公路运输，与美国另一公路运输巨头——拥有1.3万辆自有车辆的世能达平起平坐，远远超越耶路全球等美国传统公路运输巨头。

在一向被视为劳动密集型行业的公路货运行业，罗宾逊将轻资产模式演绎得近乎完美，在美国公路运输的红海中开辟了基于信息化的"轻物流"蓝海，集结优秀的服务资源，为企业提供集成化服务。

对比国外"标杆",中国物流行业的后发优势在轻资产模式上发挥得淋漓尽致,在当时以重资产为主的物流行业掀起了轻资产物流的浪潮。物流平台如雨后春笋般涌了出来,就连海航集团也曾尝试轻资产物流模式。

轻资产物流模式在我国早就有其萌芽——货代公司。货代公司拥有多种业务资源,是在互联网出现之前的轻资产物流公司。

简单地说,所谓的"轻资产"就是搭建一个平台,让中小运输户、商户在自己的平台上做生意,平台收取佣金或者销售分成,不承担任何经营风险,利用轻资产扩张的方式重构物流生态。

轻资产模式并不投资仓储设施、运力资源等资产,其着眼于高附加值的轻资产部分,利用信息技术手段整合物流资源、为用户提供互联网平台服务。上面提及的罗宾逊便得益于当时逐渐成熟的信息技术,成功地在1997年转型为轻资产平台企业。

后来,阿里巴巴也推出了自己的物流——菜鸟网络,其本质是轻资产物流平台。它把当时国内几家规模最大的物流公司"三通一达"——申通、圆通、中通、韵达整合进来,依托阿里巴巴电商平台上巨大的物流包裹需求,将业务分发给各大物流公司。菜鸟网络本身坐收提成、佣金、服务费。

平心而论,轻资产不等于无资产。轻资产模式的核心竞争力在于快速的资源整合和市场反应速度。轻资产物流公司或平台的发展之路并不是没有重心的一味求"轻",其竞争力正是科技、人才、思路等软实力上的"重"。

轻资产运营是以价值为驱动的资本战略,而价值可能是稳固的客群关系、领先的技术,这也是需要大量投入的领域。时至今日,轻资产模式还具有非常强大的诱惑力,甚至很大程度上影响了线下的实体企业:一些具有了较高品牌知名度和成熟的业务管理模式的实体企业还在尝试着走"轻资产"的道路,比如三只松鼠,本来是简简单单的食品加工,还打算走OEM(Original Entrusted Manufacture,定牌生产合作,俗称"代工")模式。

在国内竞争中落败的百世在开拓越南市场时采取了"特许经营"模式,即总部不会大包大揽地进行完全重资产投资,而是让有钱的小老板承包一个片区,让小老板做资产投入,对于总部来说是轻资产运作。此举与以往布局越南的其他物流企业进行重资产投资的方式不同,能否取得巨大成功,现在还不好说。

2. 若干坚守者的重资产逻辑

重资产运营是指企业在建设厂房、购置设备、购置原材料等方面投入大量资金,形成固定资产、固定用途,通过规模经济获取效益的运营形态。当然,重资产模式试错的代价很高,进去容易退出难,企业在重资产运营上可能要交很多"学费"。

然而,重资产运营不是简单的"砸钱",它是在核心业务上精准投入必要的固定资产,是以规模效应、网络效应为核心的资本战略,形成稳定的营收渠道和企业"护城河"。物流业本质上是一个重资产的产业,构建核心竞争力必须以资产为依托,加大资产投入力度就是一种战略性选择。重资产企业扩张和转型的速度虽然不及轻资产企业,但是大量的固定资产投入本身就可以成为某种资金壁垒,能提高潜在竞争对手的准入门槛,一旦完成全国跨区域布局,也将展现企业的核心竞争力。重资产运营更有利于企业在稳定时期巩固市场份额。

京东就是重资产坚守者之一,京东亲自下场,自己承担经营风险,自己做重资产,让自己成为"实体",这不仅是对自身发展的考量,也是有社会责任心的表现。众所周知,京东的重资产自营物流的模式选择对京东的后来发展起到至关重要的作用。硅谷流行一句话,那就是"创始人不可替代",京东的重资产自营物流之路源于刘强东的力排众议,最终取得了可喜的成果。京东物流本身还对京东集团的电商业务起到支撑作用。

当年马云关于电商不要碰物流的说法得到了很多人的赞同,很多人当时对京东自营物流的商业模式持保守意见。然而,京东凭借其在仓储及运输方面的发展和积累,沉淀了大量的重资产,成就了京东物流的快捷,京东物流成为京东非常必要的一张王牌,构建了京东阶段性的核心竞争力。

企业选择了重资产模式就要有不计较一时一事的利润得失的觉悟，要着眼于长远发展。京东一直以来保持着低利润，在京东的账面上，净利润数字一直不太好看，它还将资金投入到了物流仓储、供应链上。截至 2021 年第三季度，京东物流已运营约 1300 个仓库，41 座"亚洲一号"智能物流园区，运营的仓储总面积约 2300 万平方米。庞大的物流体系让京东常年保持着 40 万以上的员工数量。2021 年 5 月份，京东物流在香港证券交易所挂牌上市，总市值超过 2300 亿港元，证明了电商企业自营物流模式的可行性。

京东的重资产使其拥有强大的物流体系和供应链，实体经济走得很稳，抗压能力相对比较强。京东物流凭借履约速度和用户体验甩开了没有自家快递业务的阿里巴巴和拼多多。

总之，京东自营物流体系，提供一站式服务，完全掌控仓储建设、运营、末端配送等全物流链路，每一个动作都自主完成。刘强东认为只有如此才能最大限度地保障用户体验。京东的故事讲的是"重"，京东的物流走的也是重资产之路，并且还将持续"重资产化"。

物流行业的另一个重资产典范是顺丰。其实，顺丰早年是加盟制，但是后来王卫转变了公司的发展战略。2002 年，王卫收权成功，顺丰顺利从加盟制转为直营制，随后确立了国内高端快递行业的定位和重资产的运营战略，使顺丰获得了可观的收入。对于顺丰来说，最大的优势还不在于"重"，其重资产背后隐含的资源才是它的核心力量。例如，顺丰的 78 架飞机背后的航线、航权、飞行员、机场等稀缺资源才是其制胜的关键所在。顺丰机场的获建更是让顺丰占据了市场先机，进一步拉大了其与"通达系"的差距。顺丰采取了重资产战略，但是相对于一些国际快递巨头来说，顺丰现在还"轻"得很，还需要加强。

3. 物流正步入"重"资产时代

人们说，得物流者得天下，然而，怎么做呢？有两种不同的路径，一种是重资产发展模式，一种是轻资产发展模式。哪种路径好呢？物流发展的"轻""重"之辩关乎物流的发展方向，有人说，"轻"与"重"是一种选择，不是优劣，其实背后关联着许多社会原则与价值，不能仅仅从经济角度考虑"轻""重"之选。

当前的政策是引导"轻"向"重"倾斜，《人民日报》发表评论文章称，做好"推动数字技术与实体经济融合发展"，它点名表扬了京东对实体经济的贡献。近些年来，政策导向上越来越重视"由虚拟向实体倾斜"。实体不仅仅指线下，网络也属于重资产，互联网企业自身投入到整个经济的交易环节中，也是重资产模式，是另一种实体，比如腾讯，许多人认为它是轻资产模式，其实它也是重资产模式，腾讯如果没有大力构建服务器，也就无法为海量用户提供更好的用户体验。

总之，在今天的中国，物流业已经步入重资产发展道路，一方面是因为政策导向的重视，另一方面是因为环境的改变，不论哪家企业，都在自觉或者不自觉地朝重资产模式的路上走去。

案例来源：人民资讯，《中国物流发展步入重资产时代？》，有改动。

步骤 1：阅读案例，请概括轻资产物流的特征。

_____

_____

_____

步骤 2：阅读案例，请概括重资产物流的特征。

_____

_____

_____

步骤3：阅读案例，请分析轻资产与重资产谁优谁劣。

_____

_____

_____

步骤4：阅读案例，请分析未来物流模式的走向。

_____

_____

_____

步骤5：各组派 1 名代表上台进行分享。

各组派1名代表上台分享本组分析的结果。

任务评价

在完成上述任务后，教师组织进行三方评价，并对学生任务执行情况进行点评。学生完成表4-8任务评价表的填写。

表 4-8　任务评价表

项目组：　　　　　　　　　　　　　　成员：

评价标准	评价项目				
	分值（分）	自我评价（30%）	他组评价（30%）	教师评价（40%）	合计（100%）
对轻资产物流特征分析准确	25				
对重资产物流特征分析准确	25				
对轻资产与重资产的优劣分析准确	25				
语言表达流畅	25				
合计	100				

任务巩固

一、判断题（共10题）

1．物流管理是供应链的组成部分。（　　）
2．实际上，供应链的范围比物流要窄。（　　）
3．当供应链的容量能满足用户需求时，就认为供应链处于平衡状态。（　　）
4．供应链管理不强调把主要精力放在企业的关键业务上。（　　）
5．物流管理在供应链管理中的重要作用可以通过价值分布来衡量。（　　）
6．用户需求是供应链中信息流、商品流、服务流和资金流运作的驱动源。（　　）

7. 提高物流管理水平有助于减少或消除"长鞭效应"。（   ）
8. 物流管理水平的高低和物流能力的强弱，直接影响着供应链的整体竞争力及其绩效。（   ）
9. 全局性战略，亦称"顶层设计"，是物流管理战略的第一个层级。（   ）
10. 供应链管理不强调把主要精力放在企业的关键业务上。（   ）

二、单选题（共10题）

1. 华中科技大学管理学院马士华教授认为物流是（   ）的一个组成部分。
   A．企业　　　　　　B．供应链　　　　　C．配送　　　　　　D．运输
2. （   ）亦称"顶层设计"，是物流管理战略的第一个层级。
   A．全局性战略　　　B．结构性战略　　　C．功能性战略　　　D．基础性战略
3. 物流管理第二个层级是（   ），包括渠道设计与网络分析。
   A．全局性战略　　　B．结构性战略　　　C．功能性战略　　　D．基础性战略
4. 现代物流被称为继劳动力、自然资源之后的（   ），而保证这一利润源泉实现的关键是降低企业物流成本。
   A．第一利润源泉　　B．第二利润源泉　　C．第三利润源泉　　D．第四利润源泉
5. 下列说法正确的是（   ）。
   A．企业实行业务外包是为了分担风险　　B．竞争力就是核心竞争力
   C．全球的业务外包不可能形成　　　　　D．合作伙伴关系很难建立
6. 纵向一体化又叫（   ），亦即"一条龙体系"，包括后向一体化战略和前向一体化战略，也就是将经营领域向深度发展的战略。
   A．水平一体化　　　B．垂直一体化　　　C．横向一体化　　　D．物流网络
7. 外包物流的优势不包括以下方面（   ）。
   A．专业化服务　　　　　　　　　　　　B．解决资源有限问题
   C．提高企业运作柔性　　　　　　　　　D．失去控制权
8. 企业物流模式主要有（   ）和外包物流等。
   A．自营物流　　　　B．企业物流　　　　C．第三方物流　　　D．第四方物流
9. （   ）是一个供应链的集成商，对公司内部或行业具有互补性的服务提供商所拥有的不同资源、能力和技术进行整合和管理，提供一整套供应链解决方案，集成了管理咨询和第三方物流服务商的能力。
   A．第一方物流　　　B．第二方物流　　　C．第三方物流　　　D．第四方物流
10. 海尔物流率先提出了三个JIT的管理，即JIT采购、JIT原材料配送与（   ）。
    A．JIT成品分拨物流　B．运输　　　　　　C．信息处理　　　　D．智能分拣

三、多选题（共10题）

1. 供应链物流管理是（   ）等"三流"的统一。
   A．物流　　　　　　B．信息流　　　　　C．资金流　　　　　D．产品流
2. 供应链管理环境下物流的特征有（   ）。
   A．敏捷性　　　　　B．合作性　　　　　C．柔性　　　　　　D．满意度
3. 供应链上的物流包括以下各个方面的内容（   ）。
   A．供应物流　　　　B．生产物流　　　　C．销售物流　　　　D．回收物流
4. 物流管理战略内容分为四大层次，分别为（   ）。
   A．全局性战略　　　B．结构性战略　　　C．功能性战略　　　D．基础性战略
5. 供应链管理的基本要求包括（   ）。
   A．建立双赢/共赢合作机制
   B．实时信息共享

C．根据客户所需的服务特性进行市场细分

D．根据客户需求和目标盈利率设计供应链物流网络

6．供应链管理的产生与企业经营环境的演变有着密切的联系，它经历了（　　）阶段。

　　A．纵向一体化阶段　　B．横向一体化阶段　　C．前向一体化阶段　　D．后向一体化阶段

7．纵向一体化优势（　　）。

　　A．控制原料生产的成本、质量和数量，节约成本

　　B．把供应商的利润转化成自己的利润

　　C．确保供给和需求，降低上下游企业随意中止交易的不确定性

　　D．控制产品的分销渠道、减少产品的库存积压

8．横向一体化优势（　　）。

　　A．规模优势，强强联合。聚焦核心业务，将非核心业务外包

　　B．降低行业竞争的激烈程度和由于竞争带来的不确定性

　　C．有利于企业把握消费者需求变化的规律，加强企业对市场的控制力

　　D．企业可以有效实现规模经济，快速获得互补性的资源和能力

9．物流网络是（　　）与（　　）的综合体。

　　A．纵向一体化物流　　B．横向一体化物流　　C．提高客户满意度　　D．提高企业利润

10．供应链环境下的物流特征包括（　　）。

　　A．信息——共享　　B．过程——同步　　C．合作——互利　　D．交货——准时

四、案例分析题（共1题）

一体化供应链物流服务企业典型案例——以京东物流为例

（一）概念界定

"一体化供应链物流服务"是指由一家服务商为客户提供一整套具有"数智化"特点，且可按需定制的供应链及物流解决方案，以满足客户多样化需求，帮助不同类型企业提升供应链及物流效率。

（二）案例分析

京东集团创办于1998年，其自身定位为"以供应链为基础的技术与服务企业"，是一家业务活动涉及零售、科技、物流、健康、保险、产发和海外等多个领域，同时具备实体企业基因和属性并拥有数智技术和能力的新型实体企业。

京东集团自2007年开始自营物流，并于2017年4月正式成立京东物流集团。作为目前中国领先的技术驱动型供应链解决方案及物流服务提供商，京东物流充分发挥"以实助实"的新型实体企业属性，不仅能通过扎实的基础设施，高效的数智化社会供应链，创新的技术服务能力，助力农贸、交通、通信、制造等实体经济行业大型企业数智化转型。还能不断开放完善的跨行业、跨产业、全球化的产业生态资源体系，通过多元化的解决方案帮助中小微企业降本增效。更能将专业化服务向下兼容，以数智化社会供应链为基础，从发展数智农业和物流、提升乡村治理和服务水平等方面入手，打通农村全产业链条，为乡村振兴提供解决方案。得益于从供应链安排、物流执行到消费产品分析的丰富经验，在一体化供应链物流领域，京东物流的专业化服务能力已经逐渐走向成熟。

1．跨业务、全球化服务能力

业内领先的大规模、高智能的物流仓配网是京东物流持续高质量发展的核心竞争力。京东物流建立了包含仓储网络、综合运输网络、配送网络、大件网络、冷链网络及跨境网络在内的高度协同的六大网络，具备数智化、广泛和灵活的特点，且服务范围覆盖了中国几乎所有地区、城镇和人口，由此成为可以实现多网、大规模一体化融合的供应链与物流服务提供商。京东物流的供应链物流网络具有"自营核心资源+协同共生"的特点。截至2021年6月30日，京东物流已在全国运营约1200个仓库，其中38座大型智能仓库"亚洲一号"，还拥有约20万名配送人员。2017年，京东物流创新推出"云仓"模式，将自身

的管理系统、规划能力、运营标准、行业经验等用于第三方仓库。目前，京东运营的云仓数量已经超过1400个，自有仓库与云仓总运营管理面积达到约2300万平方米。同时，京东物流还通过与国际及当地合作伙伴的合作，建立了覆盖超过220个国家及地区的国际线路，约50个保税仓库及海外仓库。

2. 新一代数智技术驱动

新发展阶段下，随着传统物流弊端的不断显现，京东物流前瞻性布局各类新一代数智技术，用科技手段赋能供应链和物流服务，突破行业发展瓶颈，提升长期竞争力，助力高效流通体系建设。京东物流于2016年5月成立X事业部（其前身是京东物流实验室），负责无人机配送、无人仓库、无人站、智能配送机器人等智慧物流技术的研发；同时，京东于2016年11月成立Y事业部，致力于用大数据和人工智能技术打造智慧供应链。

京东物流通过运用5G、人工智能、大数据、云计算及物联网等底层技术来持续提升自身在自动化、数智化及智能决策方面的能力。同时，京东物流的先进技术可以为客户实现供应链关键环节的自动化及数智化。自动导引车（AGV）、智能快递车及搬运、分拣机器人等新型设备能够大大提升物流活动效率。专有仓库管理系统（WMS）使京东物流能够管理存货、劳动力及数据传输的整个流程，从而提升存货可视性及运营效率。专有运输管理系统（TMS）可以通过实时车辆及商品追踪，以及自动化的运力筛选和费用结算，更全面地管理运输过程。基于强大的数据分析能力，京东物流还可以向客户推荐最优区域仓库数目，并决定存货在不同区域仓库间的最佳分配。由算法计算出每个区域的最优库存水平，可以在库存水平最小化和营运资金有效运用及提高库存率间取得平衡，为客户创造更优体验。

例如，通过京东物流，快速消费品品牌"安利"的成品物流费用节约10%以上，现货率提升至99.5%以上，库存周转天数降低40%以上，分销计划运营效率提升1倍。与京东物流合作之后，鞋履品牌"斯凯奇"的加权平均履约成本减少了11%，其在中国的加权平均交付时间减少了约5小时。

3. 一体化供应链物流服务解决方案

作为一家供应链和物流头部企业，京东物流长期致力于供应链和物流服务的专业化、标准化和模块化深耕，关注客户所在产业链的脉络及变化，提供一体化供应链物流服务柔性解决方案，以满足客户差异化和定制化需求。首先是"方案一体化"或"垂直一体化"，即提供从产品制造到仓储、配送的一整套解决方案，使企业客户能够避免为协调多家服务供应商而产生成本。其次是"网络一体化"，即通过京东物流的六大网络，全面满足企业物流活动需求。三是"运营一体化"，即基于不同环节进行集中化运营，依托京东物流的服务网络形成规模化效应，帮助客户进一步降低供应链与物流成本。

例如，京东物流为服装行业提供的解决方案能够实现从当天多次配送、促销期履约能力保障，到全渠道存货管理与调拨、大量SKU管理、布料及衣物储存，以及退货贴标签、修理及重新包装等全方位一体化服务，由此获得核心竞争力为了满足不同规模、不同行业的客户需求，京东物流通过服务"解耦"与模块化重组实现了解决方案的定制化。中小企业客户在使用京东物流提供的配送服务后进一步转化为一体化服务客户，能够获得更为完整的运营支持，形成良性循环。

4. 行业影响与整合能力

京东物流在提供社会化开放服务的过程中十分重视关键客户（KA）。这些关键客户在行业中具有风向标意义。京东物流为之提供涉及多个链条，包括商业咨询、库存优化、全国网络规划、仓库管理、运输配送以及退换货等在内的全套定制化服务，能够产生重要的行业影响力。目前，京东物流所服务的关键客户数量已经超过1000个，主要集中在快速消费品、服饰、3C电子、家居家电、汽车后市场、生鲜等领域。包括雀巢、小米、上汽通用五菱等客户都通过京东的一体化供应链物流服务提升了智能化、自动化水平。由此带动一系列标准客户使用仓储、运输、快递、云仓、技术等服务产品，能够在更大范围内推进涵盖行业上下游的供应链物流整合与优化，产生积极的社会价值。

案例来源：作者自编。

根据案例提供的信息，请回答以下问题：
1. "一体化供应链物流服务"的内涵。
2. 京东一体化供应链物流服务的方案。
3. 未来一体化供应链物流服务的发展方向。

项目五
现代供应链生产管理

学习目标

知识目标

（1）掌握生产管理的基本概念、目标和任务、五大要素和三大方法。
（2）了解生产管理的绩效考核的指标含义。
（3）理解生产计划与控制的特点、方法和基本模型。
（4）掌握现代供应链下生产管理的常见策略。

能力目标

（1）能够对供应链生产管理的流程进行分析。
（2）能够对供应链生产计划和控制问题进行分析。
（3）能够对供应链生产管理过程中存在的问题进行优化、改进。
（4）能够运用常见的供应链生产策略解决实际问题。

思政目标

（1）培养学生不负历史、不负时代、不负人民的爱国情怀，激发学生的奋斗精神。
（2）培养学生铸大国重器、成栋梁之才的意识，增强学生对民族发展进步的自豪感。
（3）培养学生的社会主义核心价值观，增强学生的社会责任感。
（4）培养学生的劳模精神和工匠精神，增强学生的劳动意识。
（5）培养学生的创新精神，增强学生的创新和绿色发展意识。

思维导图

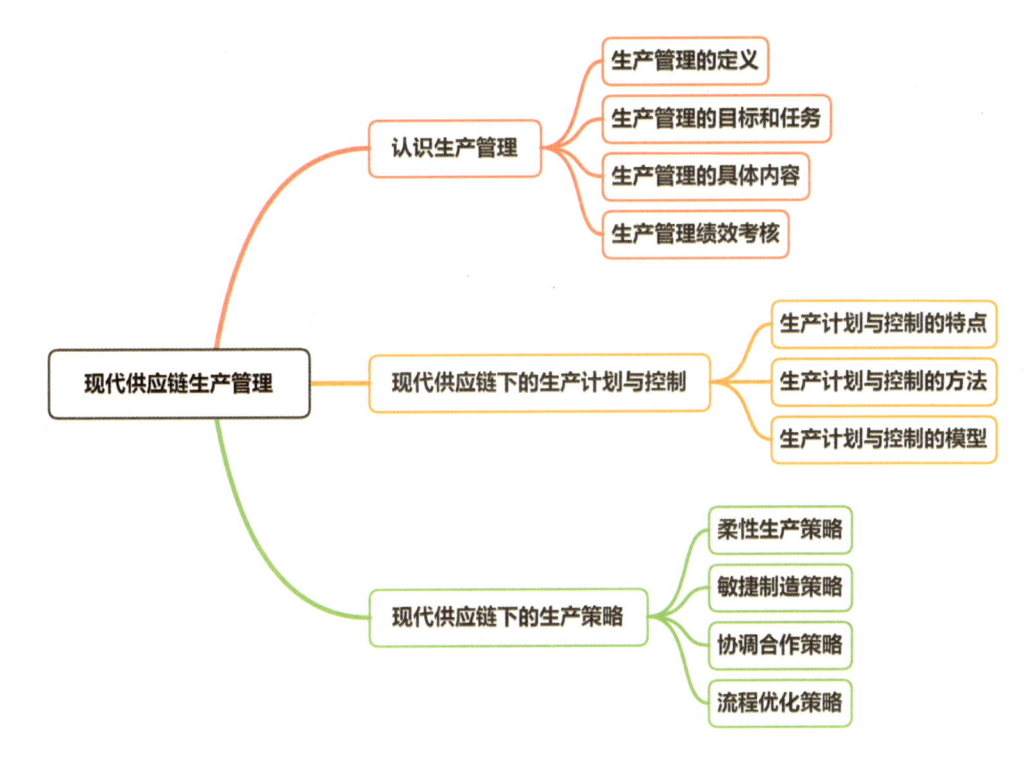

- 现代供应链生产管理
  - 认识生产管理
    - 生产管理的定义
    - 生产管理的目标和任务
    - 生产管理的具体内容
    - 生产管理绩效考核
  - 现代供应链下的生产计划与控制
    - 生产计划与控制的特点
    - 生产计划与控制的方法
    - 生产计划与控制的模型
  - 现代供应链下的生产策略
    - 柔性生产策略
    - 敏捷制造策略
    - 协调合作策略
    - 流程优化策略

任务一 认识生产管理

思政活动

中国共产党二十大报告提出，"加强重点领域安全能力建设，确保粮食、能源资源、重要产业链供应链安全"，明确将确保能源资源安全作为维护国家安全能力的重要内容。能源是维系国计民生的稀缺资源，是国家竞争之要素。当今世界正经历百年未有之大变局，全球地缘政治、经济、科技、治理体系等正经历深刻变化，能源局势将更加错综复杂，威胁能源安全的各种"灰犀牛""黑天鹅"事件时有发生，促使国际能源版图深刻变迁。在此大背景下，提升产业链供应链生产管理水平是推动高质量发展，确保实现中国式现代化的重要战略支撑。

从源头上把关生产管理

任务展示

任务：阅读案例《点赞！远东两化融合管理体系成功入选工信部试点示范项目！》

请以项目组为单位，认真阅读案例，分别从运输前、运输中和运输后涉及的智慧运输服务要点对中储智运的服务运作模式进行分析，在空格处填写分析要点，每组最后派 1 名代表上台进行分享。

任务准备

知识点 1：生产管理的定义

供应链是产品生产和流通过程中涉及的原材料供应商、生产商、分销商、零售商及最终客户等成员通过与上下游成员的连接组成的网络结构，也是从物料获取到生产加工，并将成品送到客户手中这一过程所涉及的企业与企业之间、企业内部各部门之间的一个网络。供应链管理将位于供应链上下游的企业作为一个整体，通过相互合作、信息共享，实现企业在物资供应、产品生产与库存过程中的资源合理配置，目的是以最快的速度响应并满足多变的需求，使整体供应链的效益最大化。供应链管理的本质是一种集成化的管理思想和方法，它的一个重要的研究领域就是企业的物资供应、产品生产与库存管理。

生产是指通过劳动把资源转化为能够满足人们需求的产品的过程，是企业创造产品或提供服务的一切活动的总称。这个把资源转化为产品的过程就是生产过程，对这一过程进行的组织、计划和控制就是生产管理。生产管理是对企业生产系统的设置和运行的各项管理工作的总称。因此，生产是供应链中的重要一环，生产管理是供应链管理中的重要内容之一。生产管理过程图如图 5-1 所示。

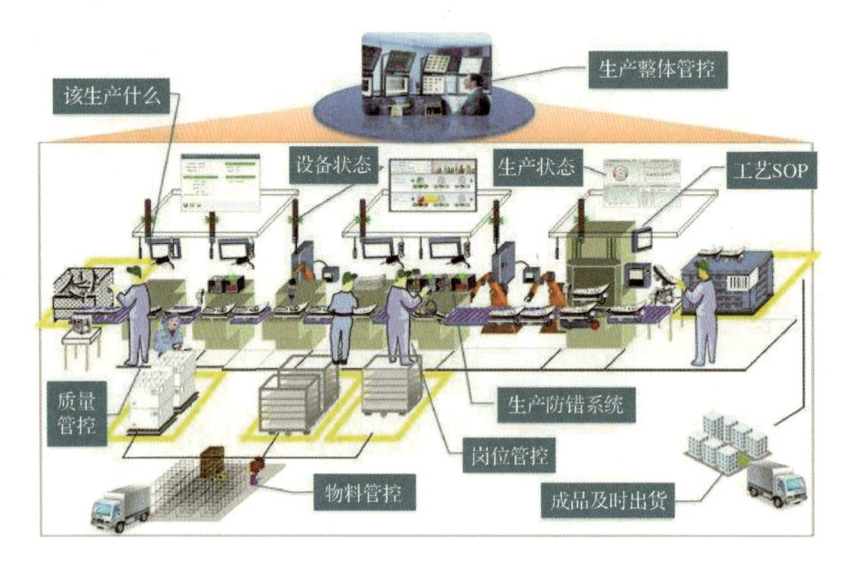

图 5-1 生产管理过程图

知识点 2：生产管理的目标和任务

1. 生产管理的目标

生产过程是一个价值增值的过程，是企业向社会提供有用产品的过程。因此，要实现价值增值和产品"有用"，就必须在生产过程中高效、低耗、灵活、准时、高品质地生产出合格产品，来满足客户需求。这些要求也是生产管理的目标。

（1）高效：是指企业能够迅速满足客户需求，缩短订货和提货周期，为产品销售创造有利条件。

（2）低耗：是指企业加强生产成本控制，力求将人、财、物的消耗降到最低，实现低成本和高利润。

（3）灵活：是指企业能够快速适应市场变化，迅速调整生产计划和技术工艺，生产出不同品种的产品以满足客户不断变化的需求。

（4）准时：是指企业能够按照客户要求及时提供所需产品和服务。

（5）高品质：是指企业提供的产品和服务质量达到客户要求。

2. 生产管理的主要任务

生产管理的主要任务有：对客户产品交付异常情况进行及时、有效的处理；通过生产组织工作，按照企业目标的要求，设置技术上可行、经济上划算、物质技术条件和环境条件允许的生产系统；通过生产计划工作，制定生产系统优化运行的方案；通过生产控制工作，及时、有效地调节企业生产过程内外的各种关系，使生产系统的运行符合既定生产计划的要求，实现预期生产的品种、质量、产量、出产期限和生产成本的目标。生产管理的目的就在于做到投入少、产出多，取得最佳经济效益。而采用生产管理软件的目的则是提高企业生产管理的效率，有效管理生产过程的信息，从而提高企业的整体竞争力。因此，生产管理的对象包括：厂房、设备、技术、人员、资金五大要素。一般将生产管理划分为计划管理、采购管理、制造管理、品质管理、效率管理、设备管理、库存管理、人员管理、精益生产管理九大模块。生产管理功能划分图如图 5-2 所示。

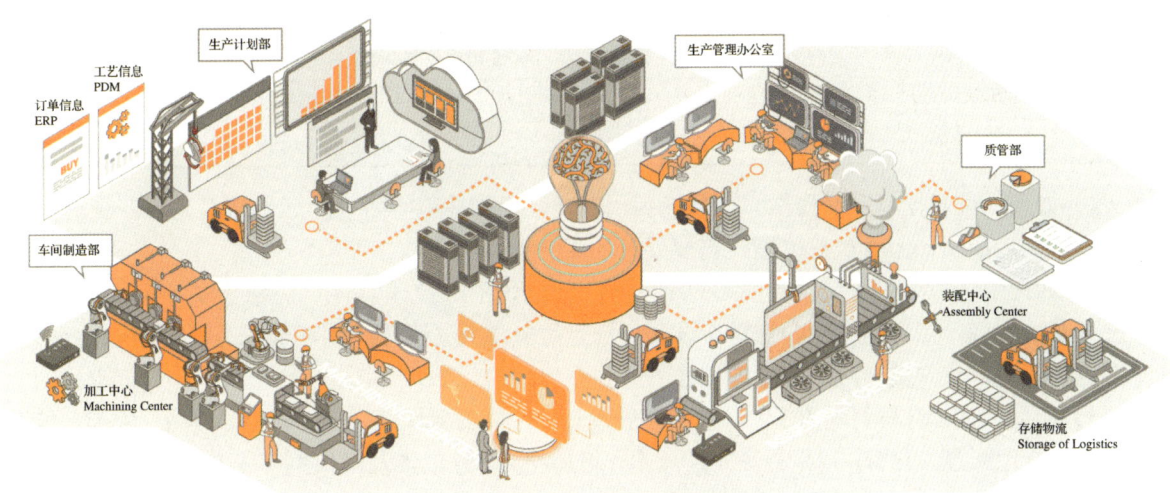

图 5-2　生产管理功能划分图

生产管理系统（Production Management System，PMS）是针对制造型企业生产应用而开发的，能够帮助企业建立一个规范、准确、即时的生产数据库，同时实现轻松、规范、细致的生产业务、库存业务一体化管理的系统。它能够帮助生产管理者提高管理效率，及时、准确、全面地掌握生产动态，有效地控制生产过程。生产管理系统图如图 5-3 所示。

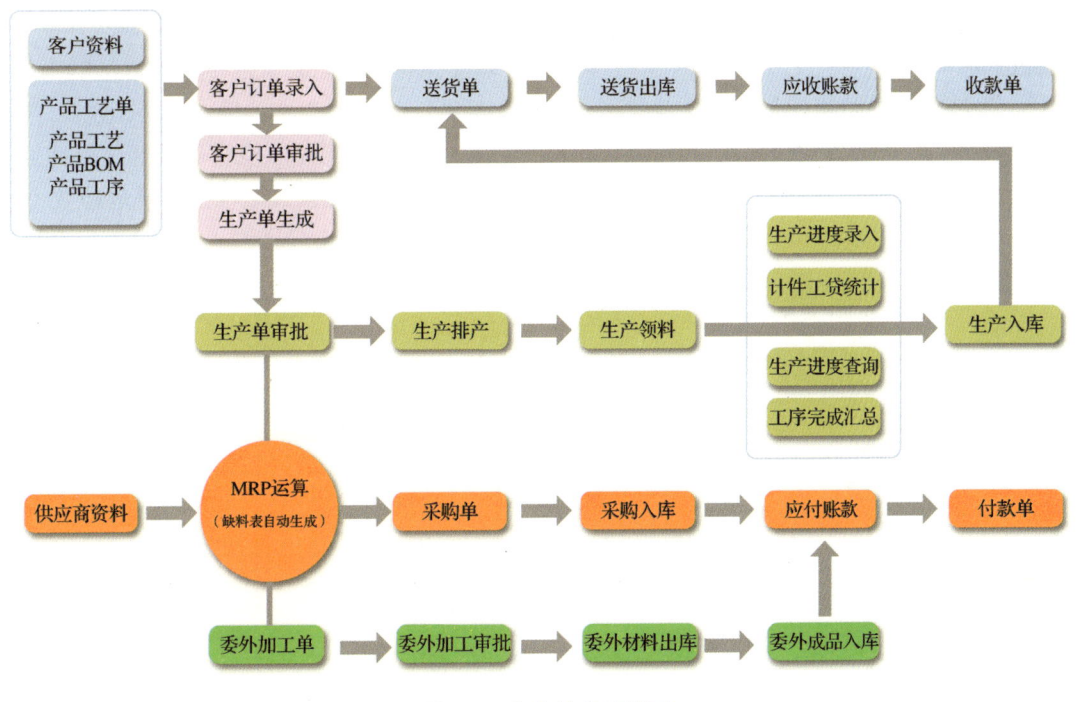

图 5-3　生产管理系统图

知识点 3：生产管理的具体内容

从生产管理的目标和主要任务引申出生产管理的具体内容，如表 5-1 所示。按照问题导向原则，生产管理往往围绕质量、进度、成本 3 类管理问题而展开。

表 5-1　生产管理的具体内容

序　号	名　　称	具　体　内　容
1	生产组织	选择厂址，布置工厂，组织生产线，实行劳动定额和劳动组织，设置生产管理系统等
2	生产计划	编制生产计划、生产技术准备计划和生产作业计划等。以销售计划为基准来确定生产计划，并传达给采购部门和营销部门
3	生产控制	控制生产进度、生产库存、生产质量和生产成本等
4	按期交付	根据生产计划安排，保证客户产品正常交付
5	人员管理	对从业人员进行培训，掌握他们的工作、健康、安全及思想状况

（1）如何保证和提高产品质量。产品的使用功能、操作性能等特性相应地转变为生产管理中产品的设计质量、制造质量和服务质量问题，需要展开质量管理。

（2）如何保证适时适量交付。产品的时间价值转变为生产管理中的产品数量与交货期控制问题。在生产过程中，将成千上万的人员、物料、设备、资金等资源要素有序地组织起来是一项复杂的系统工程。这就衍生出了生产管理的一项最主要的工作——进度管理。

（3）如何保证价格与利润的平衡。在生产管理过程中，需要保证人员、资金、设备、物料、能源、土地等资源的合理配置和利用，以期提高生产效率，增加利润，这就涉及降低生产成本的工作——成本管理。

生产计划是企业为了生产出符合客户需求的产品而确定的在什么时候生产、在哪个车间生产，以及如何生产的总体规划。企业的生产计划是根据销售计划制订的，它又是企业制订物资供应计划、设备管理计划和生产作业计划的主要依据。

知识点 4：生产管理绩效考核

生产管理绩效考核是指生产部门所有人员通过不断丰富自己的知识、提高自己的技能、改善自己的工作态度，努力创造良好的工作环境及工作机会，不断提高生产效率、提高产品质量、提高员工士气、降低成本及保证交货期和安全生产，企业对这些行为和结果进行的考核。某企业生产管理绩效考核内容如图 5-4 所示。生产部门的职能就是根据企业的经营目标和经营计划，从产品品种、质量、数量、成本、交货期等市场需求出发，采取有效的方法和措施，对企业的人力、材料、设备、资金等资源进行计划、组织、指挥、协调和控制，生产出满足市场需求的产品。表 5-2 展示了一种比较典型的生产管理绩效考核。

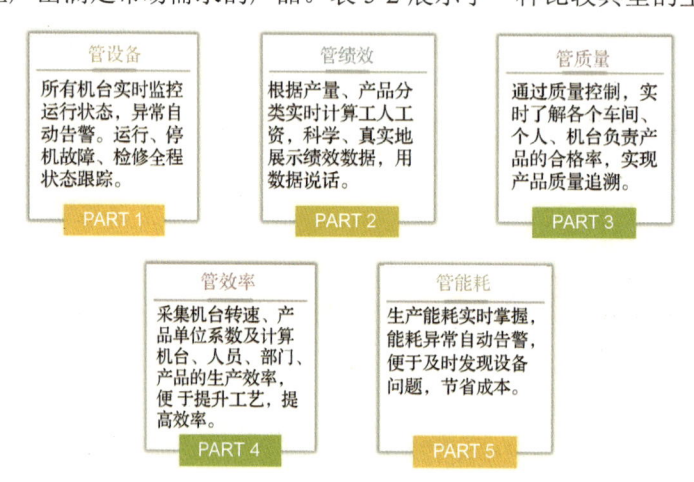

管设备
所有机台实时监控运行状态，异常自动告警。运行、停机故障、检修全程状态跟踪。
PART 1

管绩效
根据产量、产品分类实时计算工人工资，科学、真实地展示绩效数据，用数据说话。
PART 2

管质量
通过质量控制，实时了解各个车间、个人、机台负责产品的合格率，实现产品质量追溯。
PART 3

管效率
采集机台转速、产品单位系数及计算机台、人员、部门、产品的生产效率，便于提升工艺，提高效率。
PART 4

管能耗
生产能耗实时掌握，能耗异常自动告警，便于及时发现设备问题，节省成本。
PART 5

图 5-4　某企业生产管理绩效考核内容

表5-2 生产管理绩效考核

序号	名称	具体内容
1	生产效率（P：Productivity）	是指充分利用有限资源，提高生产效率，提高单位时间人均产量
2	品质（Q：Quality）	是指将客户需求分解，转化为具体的设计数据，形成预期的目标值，最终生产出成本低、性能稳定、质量可靠、物美价廉的产品。产品品质是一家企业生存的根本。对于生产主管来说，品质管理和控制的效果是评价其生产管理绩效的重要指标之一
3	成本（C：Cost）	是指产品生产过程中所发生的各种费用，是对生产主管进行绩效考核的主要内容之一
4	交期（D：Delivery）	是指准时送达所需数量的产品或服务。准时是指在用户需要的时间里，按用户需要的数量提供所需的产品和服务
5	安全（S：Safety）	是指为了保护员工的安全与健康，保护财产免遭损失，安全地进行生产，提高经济效益而进行的计划、组织、指挥、协调和控制的一系列活动
6	士气（M：Morale）	主要表现在3个方面：离职率、出勤率、工作满意度。高昂的士气是企业活力的表现，是取之不尽、用之不竭的宝贵资源

小贴士

全国人民代表大会常务委员会关于修改《中华人民共和国安全生产法》的决定

任务执行

中物智造两化融合管理体系贯标新突破

据悉，"2021年新一代信息技术与制造业融合发展试点示范项目"由工信部组织开展，经过企业自主申报、地方推荐、专家评审等环节，旨在围绕深化新一代信息技术与制造业融合发展，聚焦两化融合管理体系贯标、特色专业型工业互联网平台、工业信息安全能力提升、中德智能制造合作等方向遴选一批试点示范项目，探索形成可复制、可推广的新业态和新模式，增强工业信息安全产业发展支撑，为制造业高质量发展注入新动能。

截至2019年年底，全国共有194个项目入选。其中"两化融合管理体系贯标"方向仅有82家优秀企业入选，中物智造为入选企业之一。

数字化转型是企业发展的必然趋势，早在2014年，中物智造率先进行两化融合管理体系贯标。多年来，中物智造持续提升两化融合的适宜性和有效性，推动该管理体系持续改进，实现信息化与工业化融合发展，探索出一条新型工业化发展之路。

2021年，中物智造又率先开展两化融合管理体系贯标2.0升级版，坚持以价值效益为导向，以新型能力建设为主线，以数据为驱动，着力推动数字化转型，加速产业和品牌形成核心竞争力，加快数字化转型建设步伐。

目前，中物智造基于 SCOR 模型（供应链运作参考模型），通过重组组织架构，系统梳理和优化 LTC（从发现商机到回款）流程、ISC（集成供应链）流程、采购和寻源管理流程、库存管理流程、生产计划和调度流程、实时发货物流管理流程等，建立了 S&OP（供应和运营计划）流程，上线 CRM（客户关系管理）、SRM（Supplier Relationships Management，供应商关系管理）、WMS（仓库管理系统）、TMS（运输管理系统），实施战略客户的数据共享项目，所有系统与 EBS（Enterprise Business System，企业业务系统）的集成，实现了供应链全流程一体化管控。

两化融合管理体系新型能力的打造不仅成为提升中物智造客户服务水平、供应链整体协同运作水平、资金和资源的高效利用等的有力保障，同时进一步强化了中物智造的品牌优势、供应链管控优势，全面支撑了中物智造"全面数字化、全面智能化、全面国际化、全面对标、全面超越"的战略目标。

未来，中物智造将不断深化应用云计算、大数据、物联网、人工智能、区块链等新一代信息技术，激发数据要素创新驱动潜能，打造提升信息时代生存和发展能力，加速业务优化升级和创新转型，以数字驱动业务发展，以智能提升运营效率，为行业高质量发展注入强劲动能。

案例来源：远东控股集团官网，《点赞！远东两化融合管理体系贯标成功入选工信部试点示范项目！》。

步骤1：阅读案例，分析中物智造是如何组织生产现场管理的。

步骤2：阅读案例，分析中物智造是如何基于 SCOR 模型重组组织架构的。

步骤3：阅读案例，分析中物智造两化融合管理体系新型能力的打造为其带来了哪些好处。

步骤4：阅读案例，分析中物智造是如何进行供应商关系管理的。

步骤5：各组派 1 名代表上台进行分享。

各组派 1 名代表上台分享本组分析的结果。

任务评价

在完成上述任务后,教师组织进行三方评价,并对学生任务执行情况进行点评。学生完成表5-3任务评价表的填写。

表5-3 任务评价表

项目组: 　　　　　　　　　　　　　　　成员:

评价标准	评价项目				
	分值(分)	自我评价(30%)	他组评价(30%)	教师评价(40%)	合计(100%)
对生产现场管理要点分析准确	25				
对重组组织架构要点分析准确	25				
对供应商关系管理要点分析准确	25				
语言表达流畅	25				
合计	100				

任务二 现代供应链下的生产计划与控制

思政活动

2023年以来,在党中央、国务院一系列稳增长政策支持下,高技术产业克服困难挑战、实现较快发展,对稳增长、调结构发挥了更加积极的带动作用。1~11月份,高技术制造业增加值同比增长8.0%,比规上工业增速高4.2个百分点;高技术产业投资增长19.9%,比全部投资增速高14.6个百分点;人工智能、大数据、云计算、物联网、光伏、新能源汽车等行业表现亮眼。

国家发展和改革委员会新闻发言人表示,2023年将协调有关方面加快实施创新驱动发展战略,在"攻难关、稳增长、促转型、强基础"上下功夫,进一步发挥高技术产业在引领支撑经济高质量发展方面的重要作用。由此可见,强化重要产业链供应链安全稳定风险监测预警和对苗头性问题进行分析研判,及时处置潜在风险变得尤为必要。

观看《大国重器》系列微视频,欣赏中国作为"世界工厂"和"制造大国"在全球供应链中起到的不可替代作用和先进的生产管理技术的震撼影像。该系列微视频在彰显国家实力的同时,也体现了我国普通生产劳动者发扬吃苦耐劳,开拓进取的伟大奋斗精神,推动我国现代制造型企业在生产管理技术达到世界先进水平,激励着中华儿女为实现中华民族伟大复兴的中国梦不断前进。

供应链计划之主生产计划

任务展示

任务:阅读案例《像送鲜花一样送啤酒——青岛啤酒供应链管理(SCM)》

请以项目组为单位,认真阅读案例,分别对运输前、运输中和运输后涉及的青岛啤酒供应链变革进行

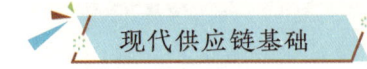

分析，在空格处填写分析要点，每组最后派 1 名代表上台进行分享。

任务准备

知识点 1：生产计划与控制的特点

供应链生产计划与控制和传统生产计划与控制的差异主要集中在决策信息来源、决策模式、信息反馈机制、计划运行环境 4 个方面，如表 5-4 所示。

表 5-4 供应链生产计划与控制和传统生产计划与控制差异表

差异点对比项	传统生产计划与控制	供应链生产计划与控制
决策信息来源	需求信息、资源信息	多信息源
决策模式	集中式决策	群体性、分布性决策
信息反馈机制	递阶、链式反馈	并行、网络反馈
计划运行环境	静态、确定	动态、不确定

作为供应链整体，以核心企业为龙头，把各个参与供应链的企业有效地组织起来，优化整个供应链的资源，以最低的成本和最快的速度生产最好的产品，以达到快速响应市场和满足客户需求的目的，这也是供应链生产计划与控制最根本的目的和要求。供应链网状状流程图如图 5-5 所示。

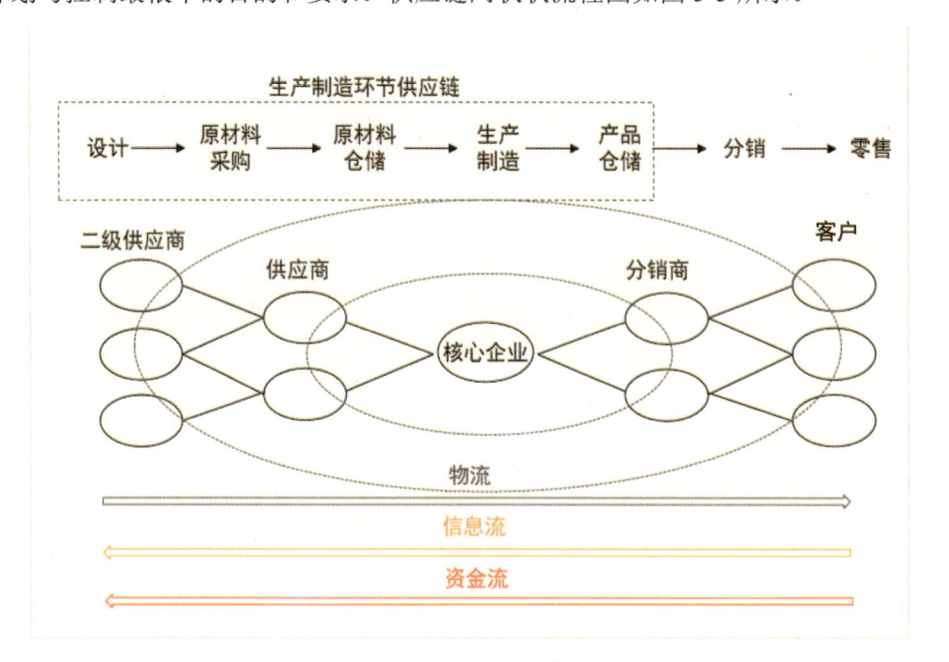

图 5-5 供应链网状流程图

供应链生产计划需要考虑供应链企业计划的方法与工具、供应链企业计划的优化方法、供应链企业的计划类型、供应链企业计划层次 4 个方面的问题。供应链管理环境下生产计划的信息组织与决策具有开放性、动态性、集成性、群体性、分布性 5 个特征。供应链管理下生产计划的制订过程呈现的新特点如表 5-5 所示。

表 5-5 供应链管理下生产计划的制订过程呈现的新特点

特　点	描　述
纵向和横向信息集成	纵向是指供应链由下游向上游的信息集成，横向是指生产相同或类似产品的企业之间的信息共享

续表

特　点	描　述
扩展能力平衡在计划中的作用	为修正主生产计划和投入产出计划提供依据； 成为进行外包决策和零部件（原材料）急件外购的决策依据； 为供应链管理的高效运行提供保证
循环过程突破企业限制	在供应链管理下，生产计划的信息流跨越了企业，从而增添了新的闭环信息流

供应链环境下资源优化的空间由企业内部扩展到企业外部，即从供应链整体系统的角度进行资源的优化，构成了供应链管理对资源概念内涵的拓展。供应链管理将资源的范围扩展到整个供应链，其能力的利用范围也因此扩展到了供应链系统全过程，构成了供应链管理对能力概念内涵的拓展。供应链管理环境下强调准时，包括：准时采购、准时生产、准时配送，构成了供应链管理对提前期概念内涵的扩展。

🔔 知识点 2：生产计划与控制的方法

在供应链生产计划的过程中，企业主要面临以下 3 个方面的问题。

1. 柔性约束

供应链企业制订生产计划不仅要考虑生产数量，还要考虑柔性约束。下游企业的柔性生产变化对上游企业的计划产量造成的影响在于上游企业必须选择一个在已知的需求波动下最合理的产量。因为供应链是首尾相通的，所以下游企业在确定生产计划时还必须考虑上游企业的利益。

2. 生产进度

在供应链管理环境下，生产进度计划属于可共享的信息。供应链下游企业通过了解上游企业的生产进度情况实现准时供应，避免上游企业与下游企业之间出现供需脱节的现象。

3. 生产能力

下游企业完成一份订单不能脱离上游企业的支持，因此在编制生产计划时要尽可能地借助外部资源，有必要考虑如何利用上游企业的生产能力。图 5-6 企业供应链管理层级划分图中可见生产作业计划与控制层属于能力管理。

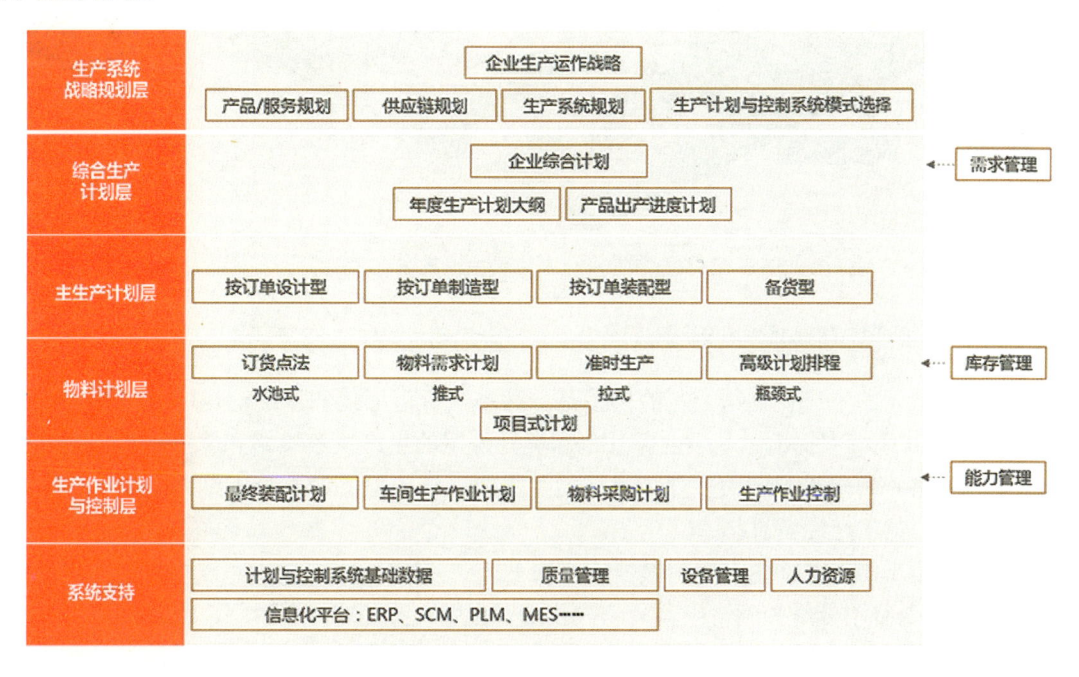

图 5-6　企业供应链管理层级划分图

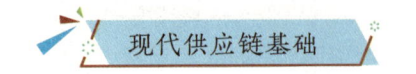

供应链环境下的生产协调控制主要包括以下几个方面的内容。

1. 生产进度控制

生产进度控制的目的在于依据生产作业计划检查零部件的投入和生产数量、产出时间和配套性，保证产品能准时装配出厂。

2. 生产节奏控制

供应链企业之间及企业内部各部门之间保持步调一致，供应链的同步化才能实现。

3. 提前期管理

在供应链环境下的生产协调控制中，提前期管理是实现快速响应客户需求的有效途径。缩小提前期，提高交货的准时性是保证供应链实现柔性和敏捷性的关键。

4. 库存控制和在制品管理

在供应链管理模式下，通过实施多级、多点、多方管理库存的策略，对提高供应链环境下的库存管理水平，降低制造成本有着重要意义。

基于 JIT 的供应与采购、供应商管理库存（Vendor Managed Inventory，VMI）、联合库存管理等是供应链库存管理的新方法，对降低库存有着重要作用。某制造企业的生产过程执行系统（Manufacturing Execution System，MES）如图 5-7 所示。

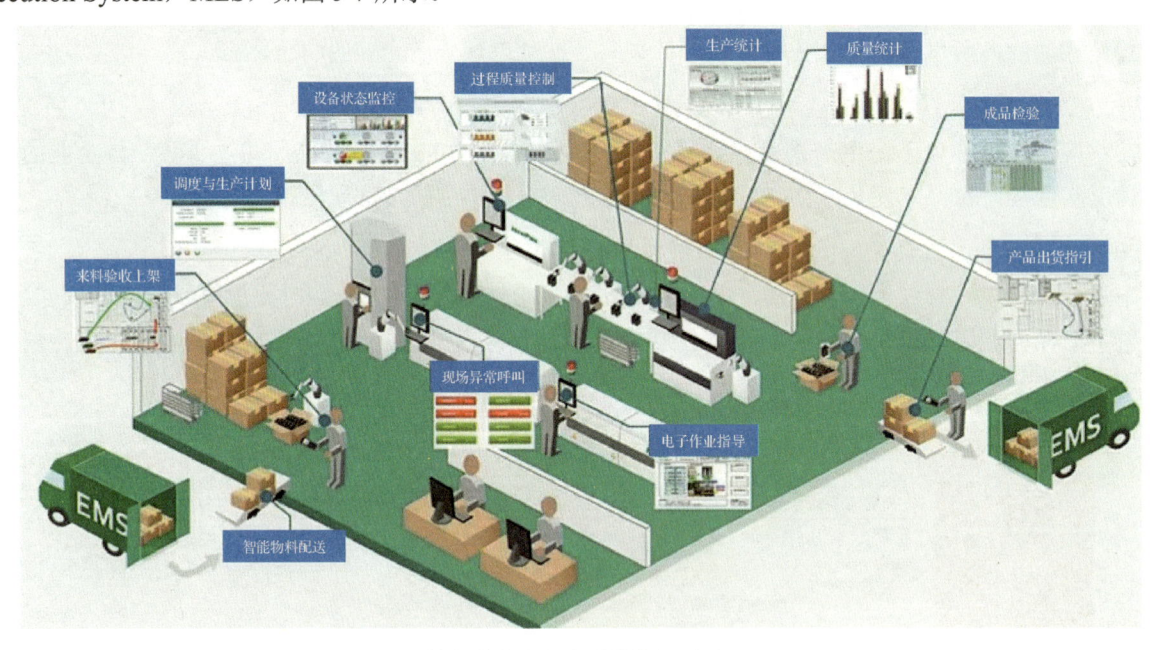

图 5-7 某制造企业生产过程执行系统（MES）

🔔 知识点 3：生产计划与控制的模型

供应链管理环境下的生产计划与控制的模型是一种基于价值增值和客户满意的供应链管理模式。该模型首次在 MRP 2.0 系统中提出了基于业务外包和资源外用的生产决策策略和算法模型，使生产计划与控制系统更适应以客户需求为导向的多变市场环境的需要。该模型将成本分析纳入计划决策过程，真正体现了以成本为核心的生产经营思想。

供应链管理环境下的生产计划与控制模型特点如下。

（1）订货决策与订单分解控制。

（2）面向对象的、分布式、协调生产作业控制模式，实现信息的相互沟通与共享。分布式生产计划与控制系统如图 5-8 所示。

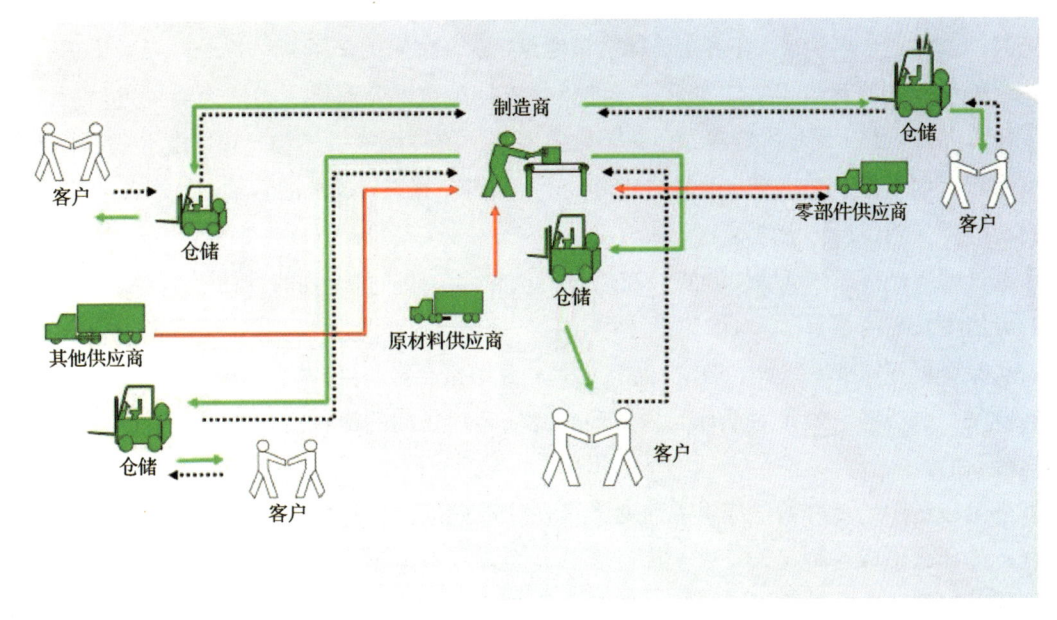

图 5-8 分布式生产计划与控制系统

1. 供应链同步计划模型

供应链同步计划能够使订单拉动下的生产资源得到更加合理的配置，使生产计划和实施的动态变化信息得到及时共享与支持，是现代企业实现敏捷供应管理的必然趋势。

2. 协同式供应链库存管理模型

协同式供应链库存管理（Collaborative Planning Forecasting and Replenishment，CPFR）也叫协同规划、预测与补货，通过共同管理业务过程和共享信息来改善零售商与供应商的伙伴关系，提高预测的准确度，最终达到提高供应链效率、减少库存和提高客户满意度的目的。CPFR运用一系列的处理和技术模型提供覆盖整个供应链的合作过程。

3. 供应链下多工厂生产计划优化模型

企业在制订生产计划时，既要考虑不同企业的合作，又要考虑同一企业不同地域的生产工厂的能力及贴近市场的情况，这就是所谓的多工厂条件下生产计划的制订问题。供应链上的核心企业在制订生产计划时，基于生产能力和资源的约束，将供应链作为一个整体进行计划的优化，将供应链上的企业的生产能力与市场需求总体上进行匹配。

小贴士

保障产业链供应链安全：稳定能源供应 保障用能需求

任务执行

像送鲜花一样送啤酒——青岛啤酒供应链管理（SCM）

6月的青岛，天气异常闷热。此时，青岛啤酒销售分公司的员工们手忙脚乱地接着电话，应付着销售终端传来的一个又一个坏消息：车坏了、货拉错地点、没有空闲的车辆来运货……当时销售经理们每天都把精力花在处理运输的麻烦事上，对于终端的销售支持简直就是有心无力。炎炎夏日，正是啤酒消费旺季。而那时的青岛啤酒（简称"青啤"），却因为内部混乱的物流网络先输一招。由于缺乏有效管理，仓库管理人员无法掌握库存一手信息，运输的环节处于"失控"状态，混乱的运输，高库存量的"保鲜"之痛，使啤酒的新鲜度受到了极大的考验。

青啤不仅内耗严重，对市场终端的管控也力不从心。它对销售计划的预估极其不准确，这导致安全库存数据的可信度几乎为零。

企业从原材料和零部件采购、运输、加工制造、分销直至最终送到客户手中的这一过程被看作一个环环相扣的链条。供应链管理是对从原始供应商到终端客户之间的流程进行集成，从而为客户和其他所有流程参与者增值。

在整个供应链中，良好的供应链系统必须能快速准确地回答这些问题：什么时候发货？哪些订单可能被延误？为什么造成这种延误？安全库存要补充至多少？进度安排还存在什么问题？现在能够执行的最佳的进度计划是什么？这些问题几乎个个切中了青啤的要害。可以说在以前，一想起何时能发货，仓库里还有多少货品，管理人员不由得"头皮发麻"，因为他们对这些都不能做到心中有数。但是现在，情况在逐渐好转。

变革先从物流开始，在严格的评估后，仅在山东一个省，青啤几乎将运输方面的服务商全部换掉，区域的经销商则被换掉了一半。这些改变可谓牵一发而动全身。虽然青啤自己拥有大型运输车辆46台，但是实际上是远远不够用的，必须签约大批的运输服务商来解决运力问题。在以前，这些运输服务商都由青啤自己管理，精力有限。现在经过评估、筛选之后，青啤挑选了最优质的运输服务商——招商物流来运作。

由于有严格的监控，现在青啤为每段路线都规划了具体的时间，从甲地到乙地，不仅有准确的时间表，而且可以按客户、路线、质量、体积等条件自动给出车辆配载方案，配车效率和配载率都提高了，这都是之前做不到的。

对于区域的经销商，青啤则要求要有自己的仓库。青啤由于将各销售分公司改制为办事处，取消了原有的仓库及物流职能，形成了统一规划的CDC－RDC仓库布局[CDC（Central Distribution Center，中央配送中心），RDC（Regional Distribution Center，区域配送中心）]，可以说是重新规划了青啤在全国的仓库结构。

所谓CDC－RDC仓库布局，是指设立了中央配送中心（CDC），多个区域物流中心[RDC和前端物流中心（Front Distribution Center，FDC）]，一改以前仓库分散且混乱的局面。青啤从原有的总部和分公司都有仓库的情况变成了先到RDC，再到直供商，形成了"中央仓－区域仓－客户"的配送网络体系，对原来的仓库进行了重新整合。全国设置了4个RDC，分别在北京、宁波、济南和大连。在地理上重新规划企业的供销厂家分布，以充分满足客户需求，并降低经营成本。FDC方面的选择则考虑了供应商和销售厂家的合理布局，能快速准确地满足客户需求，加强企业与供应商和销售厂家的沟通与协作，降低运输及储存费用。

青啤不仅在仓储方面发生了变化，在库存管理方面还采用了信息化管理，提供商品的移仓、盘点、报警和存量管理功能，并为货主提供各种分析统计报表，比如进出存报表、库存异常表、商品进出明细查询、货卡查询和跟踪，等等。

改革前，青啤的分公司20%的精力花在了市场管理和拓展工作上，80%的精力耗费在了处理物流的问题上。改革后，青啤全部的精力投入到市场终端，销售人员能及时掌控市场终端的情况，能够及时满足缺货的要求，销量也就慢慢往上走了。

在供应链管理方面，有一个难题来自市场方面需求的不确定因素。匹配供应与需求如何实现平衡是每个快速消费品企业都深感头痛的问题。而且到了销售旺季，供应链中库存和缺货的波动也比较大。但是由于终端的有效维护，青啤能较为准确地做好每月的销售计划，然后报给招商物流。招商物流根据销售计划安排安全库存，这样也就降低了库存过高的风险。

可以说，从运输到仓储，青啤逐步理清头绪，并通过青啤的 ERP 系统和招商物流的 SAP 物流管理系统的自动对接（SAP 是"System，Applications and Products"的缩写，意为系统、应用和产品），借助信息化改造对订单流程进行了全面改造，"新鲜度管理"的战略正在有条不紊地实施中。

案例来源：作者自编。

步骤 1：阅读案例，分析青啤供应链管理改革之前存在哪些问题。

___

___

___

步骤 2：阅读案例，分析青啤对供应链管理做出了哪些变革。

___

___

___

步骤 3：阅读案例，分析青啤实施供应链管理变革为其带来了哪些好处。

___

___

___

步骤 4：阅读案例，分析青啤供应链管理变革主要集中在哪些方面。

___

___

___

步骤 5：各组派 1 名代表上台进行分享。

各组派 1 名代表上台分享本组分析的结果。

任务评价

在完成上述任务后，教师组织进行三方评价，并对学生任务执行情况进行点评。学生完成表 5-6 任务评价表的填写。

表 5-6 任务评价表

项目组：　　　　　　　　　　　　　　　成员：

评价标准	评价项目			
	分值（分）	自我评价（30%）	他组评价（30%）	教师评价（40%）	合计（100%）
对青啤供应链问题分析准确	25				
对供应链管理变革要点分析准确	25				
对供应链管理变革好处分析准确	25				
语言表达流畅	25				
合计	100				

任务三　现代供应链下的生产策略

思政活动

现代供应链具有创新、协同、共赢、开放、绿色等特征。推进供应链创新发展，有利于加速产业融合、深化社会分工、提高集成创新能力；有利于建立供应链上下游企业合作共赢的协同发展机制，有利于建立覆盖设计、生产、流通、消费、回收等各环节的绿色产业体系。供应链通过资源整合和流程优化促进产业跨界与协同发展，有利于加强从生产到消费等各环节的有效对接，降低企业经营和交易成本，促进供需精准匹配和产业转型升级，全面提高产品和服务质量。供应链金融的规范发展有利于拓宽中小微企业的融资渠道，确保资金流向实体经济。

生产管理策略

推进供应链全球布局，加强与伙伴国家和地区之间的合作共赢，有利于我国企业更深、更广地融入全球供给体系，推进"一带一路"建设落地，打造全球利益共同体和命运共同体。建立基于供应链的全球贸易新规则，有利于提高我国在全球经济治理中的话语权，保障我国资源能源安全和产业安全。

观看《一带一路》系列微视频，感受中国作为"一带一路"倡议的发起者，为"一带一路"合作伙伴的"互联互通"和"包容发展"做出的巨大贡献。感受中国作为一个发展中大国的责任与担当，激发中华儿女为建设"人类命运共同体"不懈努力。

任务展示

任务：阅读案例《海尔的企业再造》

请以项目组为单位，认真阅读案例，分别从海尔企业流程优化再造前、中、后给海尔带来的变化等方面进行分析，在空格处填写分析要点，每组最后派 1 名代表上台进行分享。

任务准备

知识点 1：柔性生产策略

1. 柔性生产的概念

英国的 Molins 公司于 1965 年首次提出柔性生产的概念，它是在柔性制造的基础上，为适应多变的市场需求和激烈的市场竞争而产生的市场导向型的按需生产的先进生产方式，其优点是增强制造企业的灵活性和应变能力，缩短产品生产周期，提高设备利用率和员工劳动生产率，改善产品质量。因此，柔性生产是一种具有旺盛需求和强大生命力的生产模式。例如，虚拟工厂柔性生产线规划布局如图 5-9 所示。

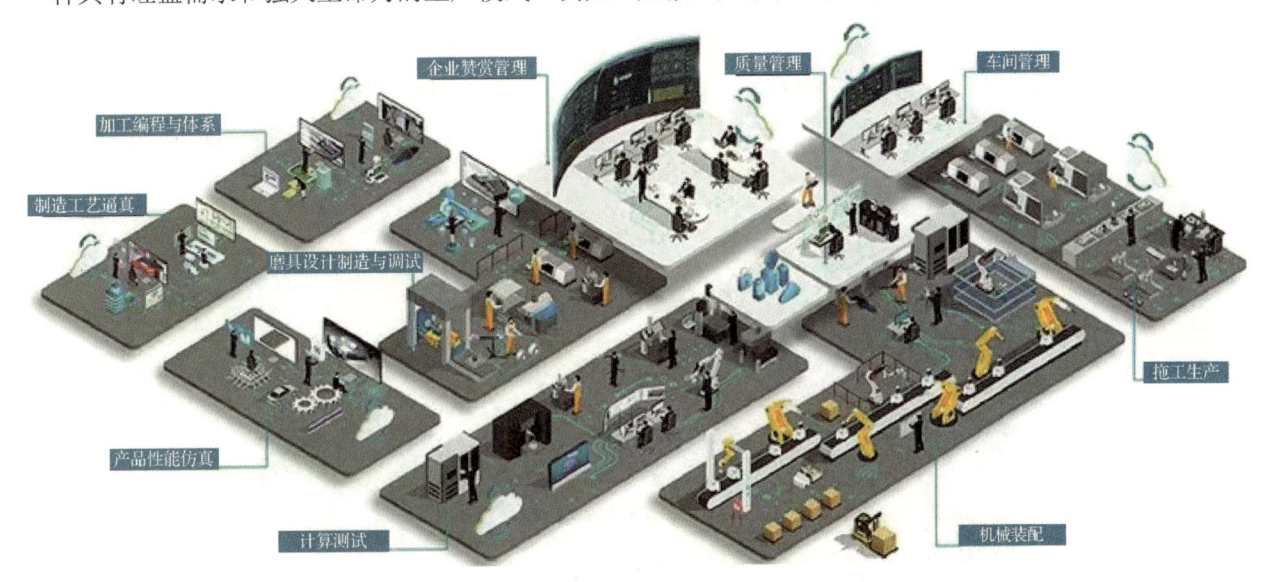

图 5-9　虚拟工厂柔性生产线规划布局

2. 柔性生产模式的内涵

柔性生产模式的内涵表现在两个方面，即虚拟生产和拟实生产。虚拟生产是指面对市场环境的瞬息万变，企业要做出灵敏的反应，而产品越来越复杂、个性要求越来越高，任何一家企业已不可能快速、经济地制造产品的全部，这就需要建立虚拟组织机构，实现虚拟生产。拟实生产也就是拟实产品开发，它运用仿真、建模、虚拟现实等技术提供三维可视环境，从产品设计思想的产生、设计、研发到生产制造全过程进行模拟，以实现在实体产品生产制造之前就能准确预估产品功能及生产工艺性，掌握产品实现方法，减少产品的投入，降低产品开发及生产制造成本。这两个方面是柔性生产模式区别于刚性生产模式的根本所在。很明显，柔性生产的精髓在于实现弹性生产，提高企业的应变能力，不断满足客户需求。例如，汽车虚拟生产线如图 5-10 所示。

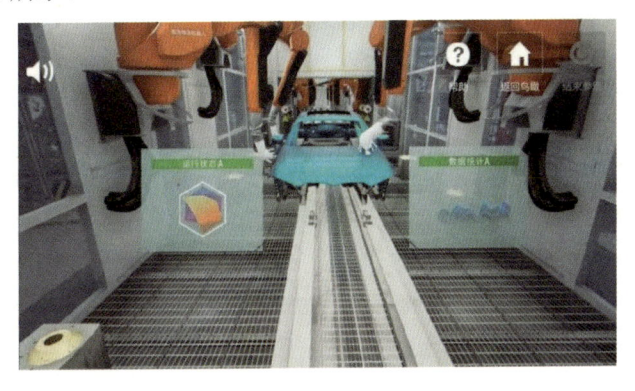

图 5-10　汽车虚拟生产线

3. 柔性生产模式与刚性生产模式相比具有的特点

（1）建立虚拟企业，实现虚拟生产与拟实生产。

（2）订单决定生产量。柔性生产模式认为，只有适应市场不断变化的需求才能提高企业的竞争力，价格与质量不是主要的竞争手段，只是部分竞争手段。企业要不断地研发产品，创造产品的特殊使用价值来满足客户，根据订单来确定生产量及小批量品种，这就是柔性生产管理的基本出发点。

（3）建立弹性生产体系。柔性生产会根据市场的需求变化来生产，而要满足这一生产需求（产品多、个性强、多样化），必然要建立多条流水生产线，由此会带来不同的生产线经常停工、产品成本过高等问题。因此，必须建立弹性生产体系，即在同一条生产线上通过设备调整来完成不同品种的批量生产任务，既满足多品种的多样化要求，又使生产线的停工时间达到最小，即在必要的时间内生产必要数量的必要产品。

（4）生产区位趋于集中。为了满足市场需求，柔性生产必须在一个生产区位完成整个生产过程。尤其是零部件供应商要靠近装配厂，以保证零部件及时交货并实现零库存，从而实现对市场需求变化的灵敏反应。

（5）人员素质要求高。人是最灵活、最具柔性的资源，这是因为人有社会动机，有学习和适应环境的能力。人能够在柔性生产模式下通过培训、学习、模仿和掌握信息技术等方式获得需要的知识与技能。例如，柔性生产线现场图如图 5-11 所示。

图 5-11 柔性生产线现场图

4. 柔性生产策略适用范围

当客户要求更改订单、交货的数量或时间时，企业的柔性生产能力就是其应对这些要求的保障。从实践来看，让企业的生产能力在短时间内发生较大的变化或调整是比较困难的，但是企业可以通过积极采取手段来增强其柔性生产能力，包括增加工作时间或充分利用闲暇时间；找到更多的合作伙伴；调整生产规模；加强供应链协调与合作等。企业通过实施柔性策略，在面对市场需求变化时能够做到快速响应，主动占领市场。但是企业生产能力的柔性潜力也是有限度的，如果过于强调柔性，可能导致企业管理失控，运行发生混乱，生产成本大幅增加，不仅达不到预期效果，反而起到相反的作用。

🔔 知识点 2：敏捷制造策略

1. 敏捷制造的概念

20 世纪 90 年代，信息技术突飞猛进，信息化的浪潮汹涌而来，许多国家制订了旨在提高自己国家在未来世界中的竞争地位、培养竞争优势的先进的制造计划。在这种背景下，一种面向 21 世纪的新型生产方式——敏捷制造（Agile Manufacting，AM）的设想诞生了。敏捷制造是在具有创新精神的组织和管理结构、先进制造技术（以信息技术和柔性智能技术为主导）、有技术有知识的管理人员三大类资源支柱支撑下得以实施的，也就是将柔性生产技术、有技术有知识的劳动力与能够促进企业内部和企业之间合作的灵活管理集中在一起，通过所建立的共同基础结构对迅速改变的市场需求和市场进度做出快速响应。

相比其他制造方式敏捷制造具有更灵敏、更快捷的反应能力。敏捷制造策略强调企业对市场需求和变化做出比竞争对手更快的反应。要实现敏捷的供应链管理，企业可以采取延迟生产模式，即维持一定量的库存。延迟生产模式主要是指采取通用平台、部件或模块进行产品设计，在目标市场或客户需求已经比较明确之后再将产品推向市场。面向敏捷制造策略的延迟技术会提高生产计划与控制的准确性和效率，主要是因为延迟生产对通用件较为依赖，而对通用件的预测要比对最终产品的预测容易很多，也使生产计划的安排更具有准确性；通用件的大量使用也意味着使用同样的模块、零部件等在最短的时间内组合出更丰富的产品；延迟技术能够将企业库存保持在一个较低的范围内，以利于企业对生产计划进行有效的控制。

敏捷制造系统架构图如图 5-12 所示。

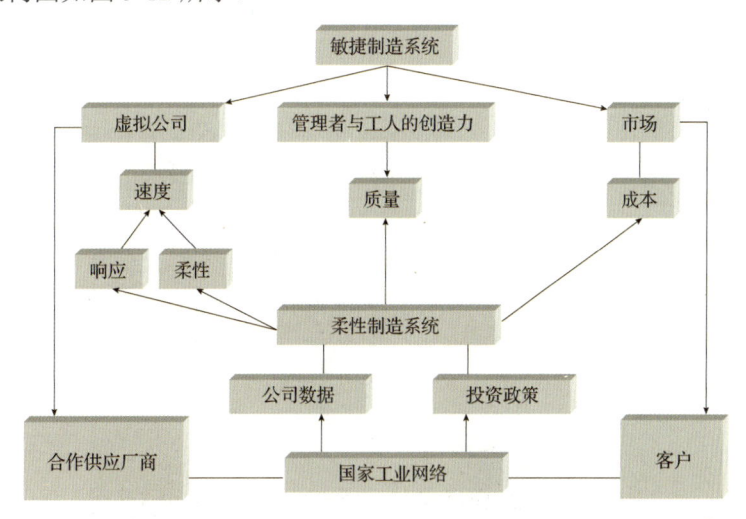

图 5-12　敏捷制造系统架构图

2. 敏捷制造的特点

（1）从产品开发到生产周期的全过程满足要求。敏捷制造采用柔性化、模块化的产品设计方法和可重组的工艺设备，使产品的功能和性能可根据用户的具体需要进行改变，并借助仿真技术支持客户很方便地参与设计，从而很快地生产出满足客户需求的产品。它对产品质量的概念是保证在整个产品生产周期内达到客户满意。企业的质量跟踪将持续到产品报废，甚至持续到产品的更新换代。

（2）采用多变的动态组织结构。21 世纪衡量竞争优势的准则在于企业对市场反应的速度和满足客户需求的能力，而要提高这种速度和能力，必须以最快的速度把企业内部的优势和企业外部不同公司的优势集中在一起，组成灵活的经营实体，即虚拟公司。所谓虚拟公司，是一种利用信息技术打破时空阻隔的新型企业组织形式。它一般是某家企业为完成一定任务项目而与供货商、销售商、设计单位或设计师，甚至与客户组成的企业联合体。选择这些合作伙伴的依据是它们的专长、竞争能力和商誉。虚拟公司能把与任务项目有关的各领域的精华力量集中起来，形成单个公司无法比拟的绝对优势。既定任务一旦完成，虚拟公司即行解体。当出现新的市场机会时，再组建新的虚拟公司。

虚拟公司的这种动态组织结构大大缩短了产品上市时间，加速了产品的改进与发展，使产品质量不断提高，也能大大降低企业开支，增加收益。虚拟公司已被认为是企业重新建造自身生产经营过程的一个步骤，预计 10～20 年以后，虚拟公司的数目会急剧增加。

（3）战略着眼点在于长期获取经济效益。传统的大批量生产企业的竞争优势在于规模生产，即大量生产同一产品，降低每个产品分摊的制造费用和人工费用，来降低产品的成本。敏捷制造企业采用先进制造技术和具有高度柔性的设备进行生产，这些具有高度柔性、可重组的设备可用于多种产品的生产，而且变换容易，可在一段较长的时间内获取经济效益，不需要像大批量生产那样要求在短期内回收专用设备及工本费等费用。所以敏捷制造可以使生产成本与批量无关，做到完全按订单生产，充分把握市场中的每

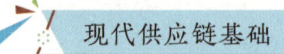

一个获利时机，使企业长期获取经济效益。

（4）建立新型的标准基础结构。敏捷制造企业需要充分利用分布在各地的各种资源，并把这些资源集中在一起，把企业中的生产技术、管理和人才集成到一个相互协调的系统中。为此，必须建立新的标准结构来支持这一集成。这些标准结构包括大范围的通信基础结构、信息交换标准等硬件和软件。

（5）最大限度地调动、发挥人的作用。敏捷制造往往以"项目组"为单位，以项目组中"人"的管理为中心，强调用分散决策代替集中控制，用协商机制代替阶梯控制机制，通过引导项目组通观全局，明确工作目标和任务时间要求，自主决定工作过程，以充分发挥人的主动性和积极性。敏捷制造依靠信息基础设施，把生产过程的各种功能和信息集成扩展到了企业与企业之间的不同系统。因此，敏捷制造把企业的生产与管理的集成提高到了一个更高的发展阶段。当然，这种集成将在很大程度上依赖于国家和全球信息基础设施。

3. 敏捷制造的优缺点

敏捷制造的优点主要表现在生产更快，成本更低，劳动生产率更高，机器生产，质量提高，生产系统可靠性提高，库存减少，适用于 CAD/CAM 操作。缺点主要是实施起来费用高。敏捷制造 AR 实时数据看板如图 5-13 所示。

图 5-13　敏捷制造 AR 实时数据看板

4. 敏捷制造的应用及研究现状

敏捷制造技术可分为产品设计和企业并行工程、虚拟制造、制造计划与控制、智能闭环加工、企业集成。目前，敏捷制造的研究是在两个方面进行的，一方面侧重于"软的因素"，从企业组织、结构和管理、营销策略的角度研究敏捷制造的实现；另一方面则侧重于"硬的因素"，从技术的角度研究敏捷制造的实现方法和关键技术。最初，敏捷制造的研究大多集中于前一个方面的研究，到 20 世纪 90 年代中期，出现了一批较为成熟的研究成果，产生了一系列新的制造概念与模式，比如企业重组、动态联盟、虚拟组织等。20 世纪 90 年代后期，信息技术的飞速发展（如分布式计算技术、网络通信技术、万维网技术）为实施新的制造概念和模式提供了更有效的手段，一些技术突破了原有技术的限制，为创造更新一代的制造思想和模式提供了空间。

5. 敏捷制造的应用前景

基于知识和信息网络的敏捷制造涉及多种技术和应用领域，具有广泛的应用前景，具体体现在以下几个方面。

（1）面向知识和信息网络，建立一套支持敏捷制造数字化、并行化、智能化、集成化的多模态人机交互信息处理与应用理论及方法，根据用户的个性化需求和市场的竞争趋势，有效地组织敏捷制造动态联盟，充分利用各种资源进行多模态人机协同的敏捷制造，尽快响应市场需求。

（2）基于知识和信息网络，对定制产品的外观形态、方案布局和多模态环境下人机交互等环节的支持加强，以提高敏捷制造系统的可塑性及定制产品在美观性、宜人性等方面的运作过程的可视化。

（3）实施敏捷制造，可促使企业的工作流程重组、信息资源重组和制造结构重组，促使企业更快地捕捉市场需求信息。

（4）利用多模态人机交互技术来改变企业以试制、试验和改进为主的传统制造开发过程，使之转变为市场需求下以设计、分析和评估为主并基于知识与信息网络迅速组成动态联盟的可视化敏捷制造，从而缩短产品开发时间，提高市场竞争能力。例如，敏捷制造虚拟生产线如图5-14所示。

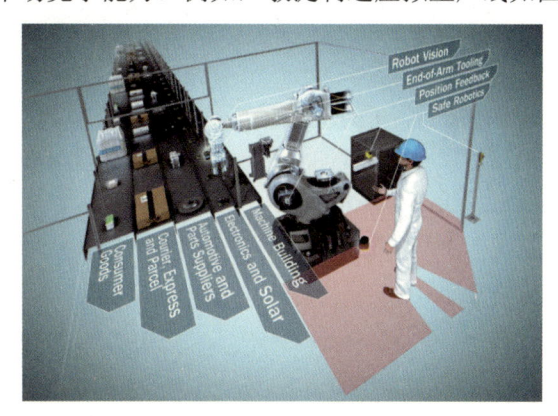

图 5-14 敏捷制造虚拟生产线

知识点 3：协调合作策略

1. 供应链协同管理的概念

"协同"的英文"Synergistic"源于希腊文，由德国理论物理学家赫尔曼·哈肯于20世纪70年代创立，意为"协调合作之学"，主要研究开放的、复杂的系统内各部分（子系统）之间的协作机理。后来伊戈尔·安索夫在企业管理领域首先提出"协同"的概念，他认为能够使公司的整体效益大于各独立组成部分效益的总和的效应，即常被表述为"1+1>2"，就是"协同"的概念。安索夫认为协同效应的产生主要来自企业内部的规模效益、固定成本分摊、生产资源的共享及产品知识、技能和管理经验的传播。而伊丹广之认为，协同效应主要出现在销售渠道、技术优势、企业形象、商品品牌等企业无形资产的共享中。同时，罗伯特·D.巴泽尔和布拉德利·T.盖尔的研究还表明存在负的协同效应，即一个企业集群（集团公司）中信誉极差的极少数企业可能会从其他主流企业良好的质量信誉中受益，从而使其业务表现比单独运作时更好。但是其他主流企业却只能取得比单独运作时更低的业务表现，最终企业集群的整体业务表现不断下降。

供应链协同管理是指为了实现供应链上各节点企业同步、协调运行而进行的计划、组织、协调与控制。协调合作策略是指在供应链环境下的企业不仅相互独立，也因业务的高度关联而相互依存。在竞争—合作—协调的机制下，担任好企业在供应链内的角色，在基于供应链整体利益的基础之上完成合同，实现双赢。协调合作策略可以体现在多个方面，包括合作设计、供应商合作、物流合作和客户合作等。例如，企业协调供应链管理信息系统如图5-15所示

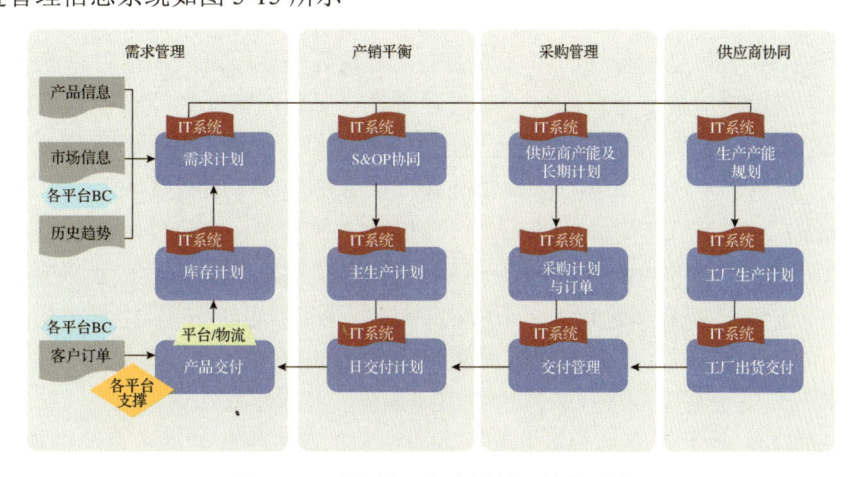

图 5-15 企业协调供应链管理信息系统

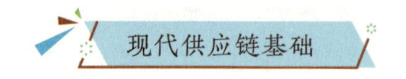

2. 供应链协同的目标

供应链协同的目标是，在业务上，使供应链在满足客户即时变动的需求的过程中实现更准确、更快、更优质的响应；在管理上，使供应链的运作更具可见性、自我调整性；在信息传递上，使供应链的运作更准确、更实时、更具深度，最大限度地便利管理者进行跨企业的运作。

客户的信息需求决定软件架构的思考模式，我们可以将客户的信息需求归纳为 3 个层次：信息准确性需求、信息及时性需求、信息深度性需求。

供应链软件构架模型的目标就是要实现从信息的事后反映到事中可视再到实时可视响应一直到最后的自我更正的层阶结构。所以供应链协同业务的目标从其 3 个方面看具有 3 层目标（受 SAP 启发），如图 5-16 所示。

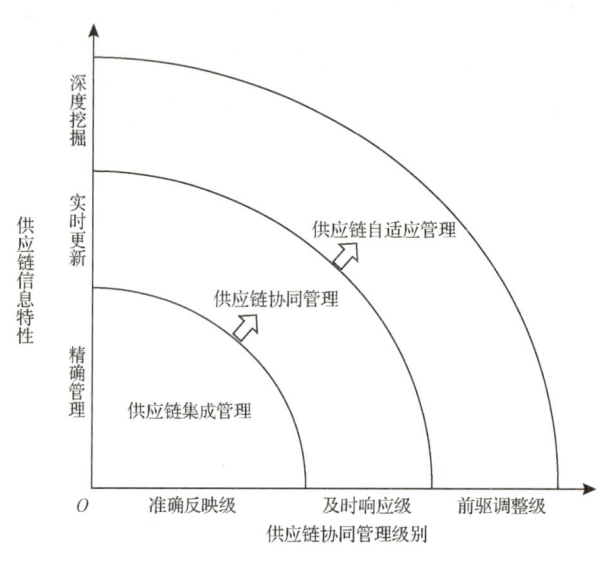

图 5-16 供应链协同业务 3 层目标图

1 级——准确反映级：部门业务流程的准确反映；部门业务流程的可见反映；准确反馈、总结和统计分析。

此级别建立在使用者对信息准确性的需求基础上。商业实体关系变得彼此交错的时候，信息质量、可视的反映是下面 2 个层级运作的必要条件。只有集成准确的信息反映才有可能进行及时响应和自适应级的处理甚至预先处理。订单、计划、采购、库存及发运的可视性信息是整个供应链网络协同和监测的关键，通过关系型数据库及标准的 TCP/IP 协议和 B/S 结构的管理软件甚至无线技术都能够很大程度上推动信息的准确反映。

2 级——及时响应级：协同过程的可见性；事件的规则化实时响应。

此级别建立在使用者对信息及时性的需求基础上。协调管理克服了组织信息壁垒，使信息能够准确传达。供应链上信息快速响应也是必要条件。对过程事件信息状况的不断反馈是业务绩效考核的关键指标之一。以订单（包含销售订单、采购订单及运输订单等）为引导线索，进行跨不同业务职能部门的可视化管理，包括订单的预测、生成、订单的计划和协调、订单的执行（采购指令、运输指令、出入库/收付款指令的激发、执行）一直到订单完成后的归集。该级别还包括在各个阶段的异常事件规则化响应和处理，例如，订单的中止（计划期间的中止和执行过程中的中止，前者强行下达中止或拒绝指令即可；后者进行冻结并记录相关处理）、拖期（包括：由于内部制造或采购造成的拖期；由于委托外部运营造成的拖期；由于运输指令的延期执行或者需求方的需求退后等原因造成的拖期）、异常指令（包含处理退货、换货、赔款等异常情况）、非正常完成（执行过程中出现缺货、品次不够等情况）。

3 级——前驱调整级：协作关系的自动响应，同时提出前驱性风险信息；自我调整/更正响应。

该级别建立在使用者对信息深度的需求基础上。外部市场对业务的变动性影响之大，以至于基于长时间跨期、推式的生产规则变得难以生成必要的准确信息。管理变动性要求快速、有效地传递必要的深度信息，并要求跨越组织的界限，基于互联网的供应链管理扩展业务范围，跨越企业的边界，介入供应链网络伙伴的经营。它包含对业务流程的处理方式和规则，实现协调的、并行的、一致的执行；实现业务环节间的连锁响应。它提供智能的处理响应办法，24小时全天候实时响应客户的需求，自动分析跨部门的资源约束，发出各部门协同指令。协同机制建立在网络集市或者移动商务的层次上，自适应是其主要特点。

3. 供应链协同管理的应用

协同的理念在企业运作中主要体现在对信息的高度共享、对业务的整合及对资源的调配和优化方面。随着企业信息化建设的不断深入发展，协同已不仅仅局限于企业内部各部门之间信息、资源、业务的协同，而是要将客户、供应商、分销商和其他合作伙伴纳入进来，实现更大范围的信息、资源、业务的协同。具体而言，就是以部门之间、跨部门及企业内部与外部的工作流程来带动知识信息流、物流、资金流等在企业内外的流动，使传统的资金流、物流、信息流三流合一，进一步实现包括工作流在内的四流合一。当协同的思想应用于企业管理领域时，就不再过于强调发挥系统自组织的作用，而是更注重通过对系统的管理来实现各个子系统的协调同步。

🔔 知识点4：流程优化策略

1. 流程优化的概念

流程即一系列共同给客户创造价值的相互关联活动的过程，在传统的以职能为中心的管理模式下，流程隐蔽在臃肿的组织结构背后，流程运作复杂、效率低下、客户抱怨等问题层出不穷。整个组织形成了所谓的"圆桶效应"。为了解决企业面对新的环境、在传统的以职能为中心的管理模式下产生的问题，必须对业务流程进行重组，从本质上反思业务流程，彻底重新设计业务流程，以便在衡量绩效的关键（如质量、成本、速度、服务）上取得突破性的改变。

流程优化是一项策略，通过不断发展、完善、优化业务流程保持企业的竞争优势。在流程的设计和实施过程中，要对流程进行不断的改进，以期取得最佳的效果。对现有工作流程的梳理、完善和改进的过程称为流程优化。流程优化不仅包括做正确的事，还包括如何正确地做这些事。

流程优化策略包括生产计划与控制在企业内部和供应链内企业之间的流程优化。对流程进行优化是为了达成供应链整体合作和实现利益的需要，通过对企业内部和供应链内企业之间的流程进行优化，让各企业和整个供应链的运作更加顺畅，形成一个高效率的联盟，增强企业及所在供应链体系的竞争力。例如，企业流程优化解决方案如图5-17所示。

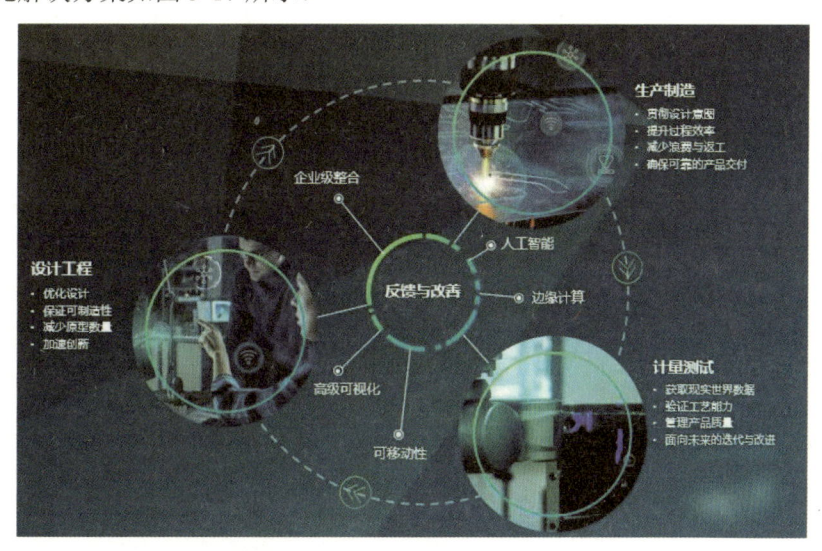

图5-17 企业流程优化解决方案

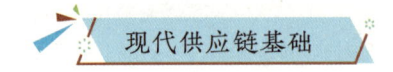

2. 流程优化的目的

流程优化，不论是对流程整体的优化还是对其中部分的优化（如减少环节、改变时序），目的都是提高工作质量、提高工作效率、降低成本、降低劳动强度、节约能耗、保证安全生产、减少污染等。

3. 流程优化的原则

（1）源于现实、高于现实原则。

（2）借鉴行业标杆原则。

（3）鼓励创新原则。

（4）全员参与原则。

（5）始终贯彻流程管理的基本原则。

4. 流程优化的注意事项

（1）打破传统，不等于摒弃一切。优良传统必须继承。

（2）了解学习本行业的最新做法。行业经验可以借鉴，但不能照搬。

（3）分析本企业经过努力能达到的标准，按照现实可行、发展有力的原则来设置新的流程工作标准。

（4）按照顾客至上、价值增值原则重新设计各个运行流程。

5. 流程优化的具体做法

（1）找出现有活动的阻塞环节。

（2）砍掉无价值活动。

（3）合并分散活动。

（4）找出本企业员工最好的做法。

（5）吸纳本行业最优做法。

流程优化实施步骤图如图 5-18 所示。

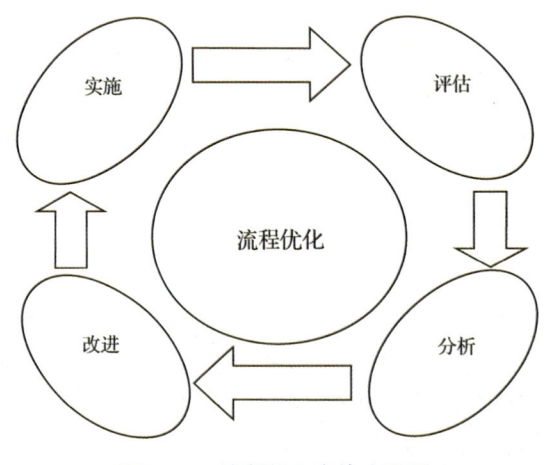

图 5-18 流程优化实施步骤图

6. 流程优化的条件

（1）外部条件：建立在设备的完善或工艺水平的提高的基础上。

（2）内部条件：建立在对流程内在机理进一步研究的基础上。

7. 流程优化常见的方法

（1）标杆分析法：标杆分析法/基准化分析法（Bench Marking，BMK），又称竞标赶超、战略竞标，是指将企业各项活动与从事该项活动最佳者进行比较，从而提出行动方法，以弥补自身的不足。

（2）DMAIC 模型：DMAIC 模型是实施 6Sigma 的一套操作方法。DMAIC 模型包括 5 个阶段：定义（Define）、测量（Measure）、分析（Analyze）、改进（Improve）、控制（Control）。DMAIC 模型是 6Sigma

管理中最重要、最经典的管理模型，侧重于已有流程的质量改善方面。所有 6Sigma 管理涉及的专业统计工具与方法都贯穿在每一个 6Sigma 质量改进项目的环节中。

（3）ESIA 分析法：ESIA 分析法包括 4 个基本步骤：取消（Eliminate）、简化（Simple）、整合（Integrate）、自动化（Automate）。所有企业的最终目的都应该是提升客户在价值链上的价值分配比重。设计新的流程以替代原有流程的根本目的就是以一种新的结构方式为客户提供这种价值的增加及其价值增加的程度。反映到具体的流程设计上，就是尽一切可能减少流程中的非增值活动，调整流程中的核心增值活动。其基本原则就是 ESIA。

（4）ECRS 分析法：即取消（Eliminate）、合并（Combine）、重排（Rearrange）、简化（Simplify）。

（5）SDCA 循环：SDCA 循环就是指标准化维持，即标准化（Standardiza）、执行（Do）、检查（Check）、总结（调整）（Action），包括所有和改进过程相关的流程的更新（标准化），并使其平衡运行，然后检查过程，以确保其精确性，最后做出合理分析和调整，使过程能够满足客户的愿望和需求。流程优化循环图如图 5-19 所示。

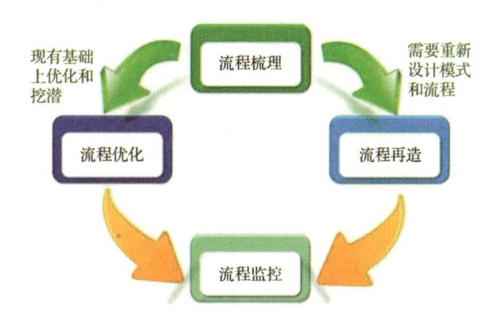

图 5-19　流程优化循环图

8. 流程优化后给企业带来的好处

（1）建立一个以客户、市场为导向的业务，管理流程体系。
（2）核心业务、管理流程清晰、简洁，工作效率提高。
（3）工作方法优化，提高了工作质量与效率。
（4）流程顺畅，减少无效劳动，降低成本。
（5）工作流、信息流顺畅，运营成本易于控制。
（6）减少不必要的流程环节，提升效率。
（7）业务流程的关键控制点加强，对工作的结果更加可控，目标更易达成。

> **小贴士**
>
> 稳企业生产 守制造优势——"六保"系列述评之保产业链供应链稳定

任务执行

海尔的企业再造

1998 年的海尔已经实现了销售收入超过 100 亿元。海尔开始考虑实施国际化战略，但是，海尔同国际大企业之间还存在很大的差距。这种差距集中表现在海尔的客户满意度、速度和差错率不优秀,企业员工对市场压力的感知程度不高。

在企业再造前,海尔是传统的事业本部制结构,集团下设 6 个产品本部,每个产品本部下设若干个产品事业部,各事业部独立负责相关的采购、研发、人力资源、财务、销售等工作。1999 年,海尔在全集团范围内对原来的业务流程进行了重新设计和再造,并以"市场链"为纽带对再造后的业务流程进行整合。

1. 同步业务流程结构:"三个大圈、六个小圈、两块基石"

海尔的再造方案将原来各事业部的财务、采购、销售业务分离,实行全集团统一采购、营销和结算。将集团原来的职能管理部门整合为创新订单支持流程 3R(R&D——研发、HR——人力资源开发、CR——客户管理)和保证订单实施完成的基础支持流程 3T(TCM——全面预算、TPM——全面设备管理、TQM——全面质量管理)。

2. 流程运转的主动力:"市场链"

推动整体业务流程运转的主动力不再是过去的行政指令,而是把市场经济中的利益调节机制引入企业内部,将业务关系转变为平等的买卖关系、服务关系和契约关系,将外部市场订单转变为一系列的内部市场订单。

3. 流程运作的平台:OEC(日事日毕,日清日高)和海尔文化管理模式

海尔流程运作的平台如图 5-20 所示。

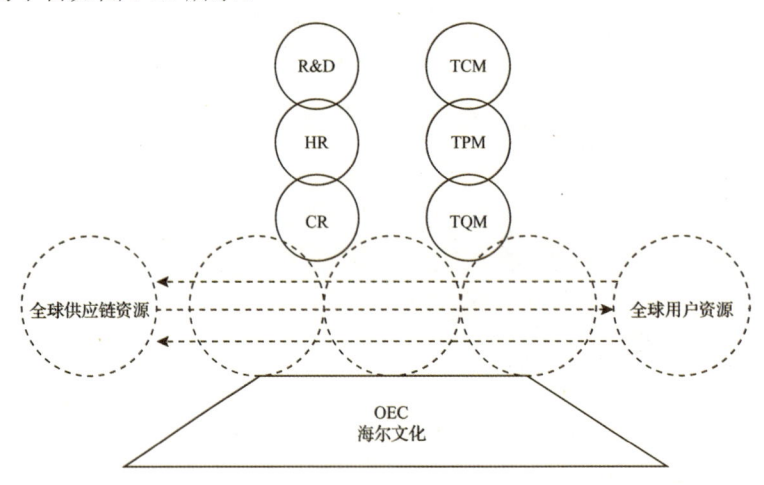

图 5-20 海尔流程运作的平台

海尔再造的成效十分显著,比如交货时间降低了 32%;到货及时率从 95% 提高到 98%;出口创汇增长 103%,利税增长 25.9%;应付账款周转天数降低 54.79%;直接效益为 3.45 亿元。

海尔再造对我们的启示如下:再造的时机恰当,企业经营管理水平上台阶;再造的核心明确,将纵向一体化结构转变为平行的网络流程结构;再造的目标明确,以客户满意度最大化为目标;再造的动力明确,发挥每一名员工的积极性和主动性;再造的保证明确,领导全力推进、企业文化渗透。

案例来源:海尔官网,《海尔再造》,有改动。

步骤 1:阅读案例,分析海尔流程再造之前面临哪些挑战。

步骤2：阅读案例，分析海尔是如何进行流程再造的。

_____

_____

_____

步骤3：阅读案例，分析海尔流程再造的动力是什么。

_____

_____

_____

步骤4：阅读案例，分析流程再造给海尔带来了哪些成效。

_____

_____

_____

_____

步骤5：各组派1名代表上台分享海尔流程再造给我们带来哪些启示。

各组派1名代表上台分享本组分析的结果。

任务评价

在完成上述任务后，教师组织进行三方评价，并对学生任务执行情况进行点评。学生完成表5-7任务评价表的填写。

表5-7 任务评价表

项目组：　　　　　　　　　　　　　成员：

评价标准	评价项目				
	分值（分）	自我评价（30%）	他组评价（30%）	教师评价（40%）	合计（100%）
对海尔流程再造挑战分析准确	25				
对海尔流程再造过程分析准确	25				
对海尔流程再造启示分析准确	25				
语言表达流畅	25				
合计	100				

任务巩固

一、判断题（共10题）

1. 生产过程是一个价值增值的过程。（　　）

2. 生产是指通过劳动把资源转化为能够满足人们需求的产品的过程，是企业创造产品或提供服务的一切活动的总称。（　　）

3. 要实现价值增值和产品"有用"，就必须在生产过程中高效、低耗、灵活、准时、高品质地生产出合格产品，来满足客户需求。（　　）

4. 生产计划是企业为了生产出符合客户需求的产品确定的在什么时候生产、在哪个车间生产，以及如何生产的总体规划。（　　）

5. 供应链下生产计划与控制和传统生产计划与控制的差异主要集中在决策信息来源、决策模式、信息反馈机制、计划运行环境4个方面。（　　）

6. 在供应链生产计划的过程中，企业主要面临以下3个方面的问题：生产效率、生产进度、生产能力。（　　）

7. 供应链同步计划能够使订单拉动下的生产资源得到更加合理的配置，使生产计划和实施的动态变化信息得到及时共享与支持，是现代企业实现敏捷供应管理的必然趋势。（　　）

8. 敏捷制造的优点主要表现在生产更快，成本更低，劳动生产率更高，机器生产，质量提高，生产系统可靠性提高，实施起来费用低，适用于CAD/CAM操作。（　　）

9. 协同的理念在企业运作中主要体现在对信息的高度共享、对业务的整合及对资源的调配和优化方面。（　　）

10. 标杆分析法不属于流程优化的常见方法。（　　）

二、单选题（共10题）

1. 生产管理问题一般分为三类，包括：质量、进度和（　　）。
   A．效率　　　　B．成本　　　　C．技术　　　　D．要素

2. 供应链管理的本质是（　　）。
   A．一种集成化的管理思想和方法　　　　B．使整体供应链的效益最大
   C．资源合理配置　　　　D．相互合作、信息共享

3. （　　）是指企业能够迅速满足客户需求，缩短订货和提货周期，为产品销售创造有利条件。
   A．低耗　　　　B．灵活　　　　C．高效　　　　D．准时

4. 下列不属于生产管理的具体内容的是（　　）。
   A．生产效率　　　　B．生产组织　　　　C．生产计划　　　　D．生产控制

5. 下列属于传统生产计划与控制的特点的是（　　）。
   A．群体性决策　　　　B．集中式决策　　　　C．分布性决策　　　　D．随机性决策

6. 在企业供应链管理层级划分图中，生产作业计划与控制层属于（　　）。
   A．需求管理　　　　B．库存管理　　　　C．生产管理　　　　D．能力管理

7. 下列不属于柔性生产优点的是（　　）。
   A．缩短产品生产周期　　　　B．改善产品质量
   C．提高设备利用率　　　　D．减少员工劳动时间

8. 敏捷制造的优点不包括（　　）。
   A．生产更快　　　　B．成本更低　　　　C．增加库存　　　　D．质量提高

9. 供应商产能及长期规划、采购计划与订单、交付管理属于（　　）。
   A．需求管理　　　　B．采购管理　　　　C．产销平衡　　　　D．供应商协同

10. 下列不属于流程优化的具体做法的是（　　）。
    A．找出现有活动的阻塞环节　　　　B．鼓励创新
    C．砍掉无价值活动　　　　D．合并分散活动

三、多选题（共 10 题）

1. 生产管理的目标包括（　　）。
   A. 高效　　　　　　B. 低耗　　　　　　C. 灵活　　　　　　D. 准时
2. 把资源转化为产品的过程就是生产过程，对这一过程进行（　　），即生产管理。
   A. 组织　　　　　　B. 交互　　　　　　C. 计划　　　　　　D. 控制
3. 一般将生产管理划分为（　　）等几大模块。
   A. 计划管理　　　　B. 采购管理　　　　C. 时间管理　　　　D. 设备管理
4. 按照问题导向原则，生产管理往往围绕（　　）3 类管理问题而展开。
   A. 效率　　　　　　B. 质量　　　　　　C. 进度　　　　　　D. 成本
5. 下列属于供应链生产计划与控制中计划运行环境的特点的是（　　）。
   A. 动态　　　　　　B. 静态　　　　　　C. 确定　　　　　　D. 不确定
6. 供应链环境下的生产协调控制主要包括（　　）。
   A. 生产进度控制　　B. 生产节奏控制　　C. 提前期管理　　　D. 库存控制和在制品管理
7. 柔性生产区别于刚性生产模式的根本所在是（　　）。
   A. 提高生产效率　　　　　　　　　　　B. 减少产品的投入
   C. 降低产品开发及生产制造成本　　　　D. 提高企业的应变能力
8. 下列属于敏捷制造的特点的是（　　）。
   A. 采用多变的动态组织结构　　　　　　B. 建立新型的标准基础结构
   C. 最大限度地调动、发挥人的作用　　　D. 从产品开发到生产周期的全过程满足要求
9. 客户的信息需求决定软件架构的思考模式，包括（　　）。
   A. 信息准确性需求　B. 信息及时性需求　C. 信息深度性需求　D. 信息完整性需求
10. 对流程优化的目的包括（　　）。
    A. 节约能耗　　　　B. 减少环节　　　　C. 减少污染　　　　D. 改变时序

四、案例分析题（共 1 题）

华晨宝马的崛起与阵痛

2023 年，2023 BMW 南区工业溯源之旅启动。BMW 南区带领 840 名客户与媒体朋友溯源宝马产品生产地，深入探访 BMW iFACTORY 战略落地中国的典范——铁西工厂里达厂区，全面考察宝马全力以赴聚焦数字化、电动化和循环永续。

据介绍，里达厂区是宝马集团全球第一座已经完工并投产的 BMW iFACTORY，聚焦于"精益"、"绿色"和"数字化"，该项目是宝马对中国市场有史以来的最大单笔投资。在里达工厂车身车间的缝隙检测工位，精整线人机协作机器人（MRK）通过拍照，对比检测每一道缝隙的宽窄，其精确度达到正负 0.03 毫米，相当于一根头发丝的五分之一。这些检测数据会同步传达到总装测量站内，进行分析检测，并及时调整生产过程中的质量问题，从源头保证质量，细节之处见真章。

近些年，"元宇宙"和"人工智能"概念升温，里达厂区是宝马集团第一家从设计之初就完全在虚拟环境中规划模拟而成的工厂，在宝马沈阳生产基地，这里早已拥有约 100 种人工智能应用。比如在总装车间，线上数字孪生模型得到了有效应用：工程师们提前在虚拟模型中分析、评估、调试、验证，提前发现问题，及时进行调整与优化，进一步提高生产效率。

实际探访可见，厂区除了拥有广阔的草坪和 11 000 多株不同种类的树木，还建有 7500 平方米的生物多样性花园。厂区内有面积高达 29 万平方米的太阳能电池板，还通过电动卡车短驳、铁路海运整车联运、绿色仓储等方案在物流运输环节进一步减少碳足迹。

2023 年一季度，宝马纯电动车型销量表现强劲，同比增长 223.6%。其中，全新 BMW i3 和 BMW iX3 表现突出，凭借 BMW 品牌标志性的驾驶乐趣，以及智能科技方面的领先优势和豪华质感，这 2 款纯电产品赢得了广大中国客户。

案例来源：BMW 中国官网，《华晨宝马的崛起与阵痛》。

根据案例提供的信息，请回答以下问题。
1. 阅读案例，分析宝马流程再造之前面临哪些挑战。
2. 阅读案例，分析宝马是如何进行流程优化再造的。
3. 阅读案例，分析流程再造给宝马带来了哪些成效。
4. 阅读案例，思考宝马流程再造给我们带来了哪些启示。

项目六

现代供应链信息管理

学习目标

知识目标

(1) 掌握信息及信息系统的定义。
(2) 了解供应链中的信息构成。
(3) 理解供应链信息系统的层级。
(4) 掌握射频识别技术、GIS 技术、大数据技术、5G 技术在供应链管理中的应用。

能力目标

(1) 能够对供应链中的信息进行分类。
(2) 能够对供应链信息系统的层级要点进行分析。
(3) 能够对射频识别技术在供应链管理中的应用进行分析。
(4) 能够对 GIS 技术在供应链管理中的应用进行分析。
(5) 能够对大数据技术在供应链管理中的应用进行分析。
(6) 能够对 5G 技术在供应链管理中的应用进行分析。

思政目标

(1) 引导学生树立集成、精益、敏捷、多赢、绿色、共享的现代供应链理念。
(2) 培养学生积极应对、管理和控制风险、不怕吃苦的意志和品质。
(3) 培养学生诚实守信的品质、细致严谨的工作作风与吃苦耐劳的精神。

思维导图

现代供应链信息管理
- 认识信息管理
  - 信息的定义
  - 供应链信息管理的重要性
  - 供应链中的信息构成
  - 信息管理在供应链中的作用
  - 供应链中有效信息的特征
  - 供应链信息系统的定义
  - 供应链信息系统的层级
- 现代供应链下的信息技术
  - 信息技术对供应链的意义
  - 射频识别技术在供应链管理中的应用
  - GIS技术在供应链管理中的应用
  - 大数据技术在供应链管理中的应用
  - 物联网技术在供应链管理中的应用
  - 5G技术在供应链管理中的应用

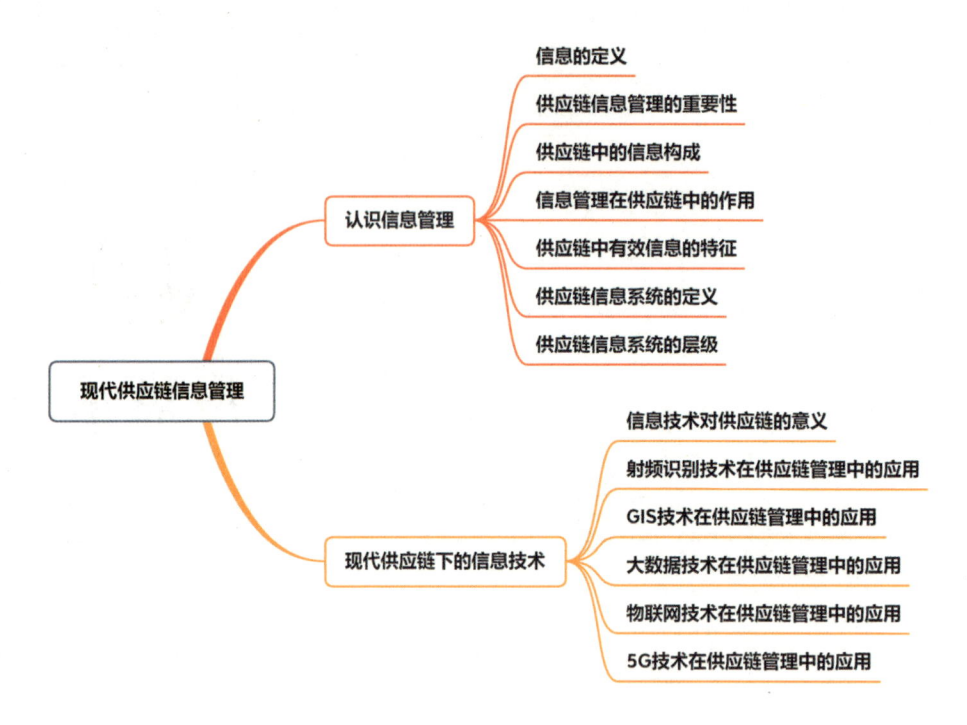

任务一 认识信息管理

思政活动

《"十四五"现代物流发展规划》中指出:"支持物流企业与制造企业创新供应链协同运营模式,将物流服务深度嵌入制造供应链体系,提供供应链一体化物流解决方案,增强制造企业柔性制造、敏捷制造能力。"供应链是企业生产和社会民生的基础设施保障,着力提升产业链供应链韧性和安全水平,构成了高质量发展的重要一环。

目前,我国拥有世界上规模超大的工业体系,产业链供应链网络中的节点数量随着全球化分工合作的深化呈现爆发式增长,且节点企业之间产供关系相互交织,形成了规模庞大的非线性、多层级复杂系统。尽管我国产业链供应链整体优势明显,但是也存在一些短板,比如难以掌握产业链供应链深层次节点关系,从而无法从宏观视角把控产业链供应链安全。请思考,应采取哪些措施提升我国供应链整体水平?

B2B 供应链管理系统如何实现实时跟踪供应链信息

任务展示

任务:阅读案例《中储智运构建数字供应链新世界》

请以项目组为单位,认真阅读案例,并应用所学知识对该案例进行分析,每组最后派 1 名代表上台进行分享。

任务准备

现代信息技术的发展奠定和促进了信息时代的到来，它的发展及全球信息网络的兴起将全球的经济、文化连接在一起。经济国际化趋势更加显著，使信息网络产业的发展更加迅速，使各行各业产业结构乃至整个社会的管理体系发生了深刻的变化。21世纪，企业管理的核心必然是围绕着信息管理来进行的。

知识点 1：信息的定义

供应链活动中的信息是反映供应链各种活动内容的知识、资料、图像、数据的总称，主要有真实性、时效性、针对性和可变性等特点。

知识点 2：供应链信息管理的重要性

供应链的有效运作依赖高质量的信息传递与信息共享，所以充分而有效的信息是供应链管理成功的关键。成功的供应链战略是把整个供应链当作整体考虑，管理者根据影响供应链的所有因素制定供应链战略，使供应链利润最大化。

知识点 3：供应链中的信息构成

信息流是供应链管理中的核心，贯穿端到端供应链中的所有节点和相关流程。在数字化时代，越来越多的信息管理工作已经或即将被系统取代。供应链中的信息构成按不同的分类标准划分有不同的分类，如表6-1所示。

表 6-1 供应链中的信息构成

分类标准	分 类	特 征
从供应链环节的角度划分	供应源信息	供应源信息包括能在多长的订货期内、以什么样的价格购买到什么产品、产品能被送到何处、订货状态、更改及支付安排等
	生产信息	生产信息包括能生产什么样的产品、数量多少、在哪些工厂进行生产、需要多长的供货期、需要进行哪些权衡、成本多少、批量订货规模多大等
	配送和零售信息	配送和零售信息包括哪些货物需要运送到什么地方、数量多少、采用什么方式、价格如何、在每一地点的库存是多少、供货期有多长等
	需求信息	需求信息包括哪些人将购买什么货物、在哪里购买、数量多少、价格多少、需求预测、需求分布等有关信息
从供应链层次结构的角度划分	个人信息	供应链中的企业可能会保存其员工的个人信息，如姓名、联系方式、地址、社会保障号码、工资信息等
	工作组信息	涉及组织、协调和管理供应链各环节的团队或个人的相关数据
	企业信息	企业基本信息、业务信息、财务信息、组织结构信息等
	供应链信息	供应链结构信息、产品信息、库存管理信息、生产信息

知识点 4：信息管理在供应链中的作用

信息对供应链的运营至关重要，因为它提供了供应链管理者进行决策的事实依据。信息是供应链最重要的驱动要素。信息管理在供应链中的作用表现在以下几个方面。

（1）收集信息。收集市场发展动态信息、客户需求信息及其他与市场相关的信息，如季节信息、地域信息等。

（2）通过掌握的信息控制生产成本，以最优惠的价格满足客户需求。按照客户需求组织生产，实现客户的愿望和需求；以客户需求为导向，控制生产成本，以满足客户对价格的要求。

（3）优化配置供应链，做出正确的供应链管理决策。企业内部各部门间应共享客户的需求信息，使供应链管理成为各部门协作的管理模式。

（4）实现最优的配送和付款方式。采用最优的信息传递方式进行配送，包括配送流程的信息控制，如配货单、提货单的管理等，以促进实物配送。完成配送任务后应寻求各种安全的付款方式，保证及时收回账款，使企业运营进入良性循环。

（5）获得客户反馈意见，提供良好的售后服务。供应链管理并不止于配送任务的完成，它应该与企业的其他系统（如 CRM 系统）协作。

知识点 5：供应链中有效信息的特征

供应链管理者在制定供应链决策时，供应链中有效信息应具有以下特征。

（1）信息必须正确。没有描述供应链真实情况的信息很难支持管理者做出科学的决策。

（2）信息必须及时。准确的信息常常存在，但是有些信息要么已经过时，要么虽然没有过时，但是其形式却不再适用。因此，要做出科学的决策，管理者需要及时且可利用的信息。

（3）信息必须是必需的。通常，企业有大量与决策无关的信息，因此企业必须考虑哪些信息应该保留，以便使宝贵的资源不被浪费在收集无用的数据上，同时避免遗漏重要的信息。

知识点 6：供应链信息系统的定义

一个成功的供应链信息系统应该使企业内形成优化的作业流程，使企业间形成无缝的连接。

供应链信息系统是利用相应的信息系统技术，将从原材料采购直到销售给终端客户的全部企业活动集成在一个无缝流程中的系统。它也是基于协同供应链管理的思想，配合供应链中各实体的业务需求，使操作流程和信息系统紧密配合，做到各环节无缝连接，形成物流、信息流、单证流、商流、资金流五流合一的领先模式。

供应链信息系统实现整体供应链可视化，管理信息化，整体利益最大化，管理成本最小化，从而提高总体水平。

知识点 7：供应链信息系统的层级

第一层是基础技术层，包括基础网络架构、财务管理，信息的采集、条形码、RFID、GPS 技术等。

第二层是运作执行层，包括仓储管理、运输管理、流程管理与事件管理等应用系统。

第三层是计划协同层，包括供应链计划和网络设计、需求计划和高级计划、高级排程、B2B 业务集成应用等。

第四层是战略决策层，在这一层，并没有太多的软件系统可以帮助领导者决定企业的战略方向、寻找企业的核心竞争力、决定企业采取哪种竞争策略和发展策略。领导者的思路大概是最好的"系统"。供应链信息系统的四个层级和供应链管理的战略、计划、执行是对应的。

小 贴 士

《供应链数字化管理指南》

任务执行

中储智运构建数字供应链新世界

中储智运成立于2014年，隶属于中国物流集团有限公司，是提供智慧物流服务、数字供应链解决方案的科技型企业。借助集团丰富的上下游资源，中储智运正在构建一个数字供应链新世界，以技术创新为驱动，发展以数字供应链为核心的现代产业服务体系。

中储智运打造网络货运平台，通过互联网技术整合货车司机、车老板、运输公司等社会运力资源，通过智能匹配技术将货源精准推荐给返程线路、返程时间、车型等最契合的货车司机，实现货主与货车司机的在线交易，为货主企业降本增效，为货车司机降低车辆空驶率，减少找货、等货时间及各种中间费用。在此基础上，升级打造数字供应链综合服务平台，解决商贸流通信用问题，推动企业生产、管理和营销模式变革，重塑产业链、供应链、价值链，为建设全国统一大市场、建设现代流通体系提供贴合市场、在实践中不断验证落地的数字化解决方案。

在此基础上，中储智运进行业务衍生，拓展铁路、水路运输，通过多种运输方式合理组合的多式联运方案服务客户。中储智运依托中储股份在全国2000万平方米的仓储资源为客户提供运输到仓储的一体化解决方案和服务。

同时，中储智运与金融机构合作，为客户提供一系列的科技金融的服务：围绕货主，提供了针对中小企业的运费贷；围绕货车司机，提供了司机预付服务，并依托中储智运国内140多个司机之家和服务站的实体网络体系，为货车司机提供包括加油、加气、轮胎维修等一系列服务。

中储智运还依靠自身强大的数据能力、智能化技术构建了货主和货车司机的信用分体系及全国物流指数网等一系列大数据产品，为客户及政府相关部门提供相应的数据和决策支持。中储智运将集成的大数据AI能力、中台能力、区块链平台、场内数字化解决方案、物联网能力、软硬件集成能力、供应链解决方案等赋能给实体园区、工厂客户。

着眼供应链，中储智运拥有一系列数字化产品和能力，为客户创造价值，提升整个社会的供应链效率，构建整个数字供应链的信用体系。中储智运的五大数字供应链核心解决方案如下。

1. 智运开放平台——系统对接解决方案

很多大型生产制造商贸企业有自身的信息化产品技术和能力，有自己的ERP系统，中储智运开放平台打造了超过60个的标准接口，8个标准物流节点与客户全部打通，支持围绕客户的定制化开发，最终实现客户运输仓储、场内调度等所有业务数字化和系统的对接，帮助客户全面降本增效。据统计，通过中储智运的系统对接解决方案，平均可减少客户30%的人工操作，整体作业效率提升超过25%。北方某大型企业通过这套方案实现了门禁、地磅、质检环节的打通，最终实现客户门禁的集成、车辆自动识别放行、自动计量和收货确认，以及全部车辆在途轨迹监测和异常警报。同时，因价格变动导致的大宗物资运输途中偷换货行为也得到了有效解决。

这套方案不仅有效为客户降低了运输成本，也大大降低了客户在财务核算和付款方面的人工成本。通过与客户的数据打通，实现了数据的实时传输，帮助客户减少单据的核算时间，减少了账目问题，实现了账目透明化，最终全面帮助客户实现物流的数字化管理。

2. 智慧运输管理系统（TMS）——综合运输管理解决方案

很多客户企业规模非常大，运输业务形态非常多，业务构成比较复杂。中储智运自研的智慧TMS通过订单管理、运输计划管理、运力调度、运输执行、在途监控、结算、数据报表七大模块，帮助客户实现全部运输业务的数字化管理。智慧TMS的核心能力就是实现货主、承运方多端的协同，通过报表工具、灵活的配置规则、各种辅助工具、司机工资条、排队询价等一系列的定制化模块，全面提高客户运输调度的管理效率，有效提升企业物流运营的效率、效益。经测算，可为客户平均提升管理效能25%，提升运营

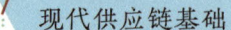

效率10%。

某大型企业因承运方较多，运力调度成本较高。借助智慧TMS，企业的采购销售人员可通过中储智运系统实现订单的录入，录入的信息会自动发送给企业的调度管理人员，调度管理人员根据这些信息制订相应的调度计划，再选择相应的承运商，将订单指派给相应的司机，订单接收、收货、回单上传等一系列操作均通过App或小程序实现。中储智运通过统计报表、异常预警、在途定位、司机管理、车辆管理等一系列功能快速为客户提供服务，最终使该大型企业实现了无缝承接整体的运输计划，同时实现了货主、承运商司机的多层级的管理，并支持不同运力的分工、分段运输，还利用电子围栏等一系列技术防止偷换货的行为，全面提升了客户的运力指派效率。

3. 智慧园区管理系统——"仓运场"一体化解决方案

针对拥有工厂、物流园区的客户，"仓运场"一体化解决方案能使涉及的所有角色实现数字化的互联互通，实现所有业务的全流程数字化和协同作业，打破信息孤岛，实现整个园区的无纸化、数字化和智能化运作，全面提升园区作业效率。对于园区内的监控、门禁、计量、化验等各类硬件，"仓运场"一体化解决方案能够形成各类硬件的集成，支持园区的运输业务、仓储业务、场内调度、司机排队等无缝连接，最终实现所有业务全流程可视化。通过该解决方案，园区吞吐效率可提升15%，作业效率可提升30%。"仓运场"一体化解决方案包括3个体系：智能运输体系、场内管理体系、安全可视化体系。通过这3个体系，最终实现运输可视化、车辆可视化、装载可视化，并对异常情况及时预警。

某物流园区面积超过26万平方米，年吞吐量超过350万吨。该园区不仅有堆场，还有卸货码头，业务构成复杂。而其在业务高速发展的过程中，因信息化水平相对滞后，导致人工作业比例较高，作业效率整体非常低，容易出错。中储智运使用1年的时间为该园区打造了整体的智慧园区管理系统，最终实现了其从库房、堆场、码头等的集成和协同作业，全面提升了效率。

平台接单司机，一经过门禁就能被识别出是平台派到园区的，同时，App和小程序也能收到中储智运相应的导引信息，指引司机到指定的仓库堆场装货、卸货，并告知司机地磅的位置；仓库理货员也能通过手持的掌上电脑（PDA）作业，实现排队预约、智能门禁、无人仓储作业等功能，打通园区内所有的软件数据；园区管理人员则可以通过后台大屏幕实现安全监控，最终实现整个园区的数字化管理。

4. 智运云图——可视化运营解决方案

随着智能化数字化时代的到来，越来越多的企业希望通过数字大屏幕直观呈现企业区域甚至全国的业务，并自动生成核心的关键的业务指标，便于自身数据分析及企业决策。智运云图就是这样一套解决方案和产品。它可以为客户提供不同系统生成的数据的交互与集合，给出分析结论；能够支持超过70个图表组件并给出不同的权限管理配置；可以根据客户的实际需要进行定制化开发，帮助客户及时掌握业务动态，实现商业决策；还能凸显企业在数字化建设领域的成绩。

5. 供应链生态产品体系

供应链生态产品体系是中储智运依托核心技术和能力，与各类生态合作伙伴（包括金融机构、银行、保险公司、能源厂商、车后市场服务商等）共同搭建的一种体系，主要包括金融服务、车后服务和数据服务。同时，中储智运基于生态中的基础数据构建了核桃信用分体系，能真实了解货主和司机的信用水平，并将其作用于一系列的金融服务中。供应链生态产品体系可以帮助货主、司机降低资金使用成本，保障货物安全。该产品是基于中储智运的核桃信用分体系及金融机构的风控体系，通过普惠资金为中小企业提供专款专用的运费支付的融资支持。该产品申请、审核、放款均为线上操作，同时具备利率低、额度高、随借随还、实时放款等一系列优势。2022年5月，中储智运货主运费贷服务中小企业纾困解难、保通保畅，受到国务院国资委的点名认可，是一个创新的数字供应链服务产品。

案例来源：中国物流与采购联合会官网，《中储智运：从"控货为王"到"赋链为王"》，有改动。

步骤 1：阅读案例，分析中储智运提供的数字供应链方面的核心能力和解决方案有哪些？

_____

_____

步骤 2：阅读案例，分析该案例给你带来了什么启示？

_____

_____

_____

步骤 3：各组派 1 名代表上台进行分享。

各组派 1 名代表上台分享本组合分析的结果。

任务评价

在完成上述任务后，教师组织进行三方评价，并对学生任务执行情况进行点评。学生完成表 6-2 任务评价表的填写。

表 6-2　任务评价表

项目组：　　　　　　　　　　　　　　　成员：

评价标准	分值（分）	自我评价（30%）	他组评价（30%）	教师评价（40%）	合计（100%）
按要求对案例进行分析	60				
分析时语言表达流畅	40				
合计	100				

任务二　现代供应链下的信息技术

思政活动

2022 年，商务部、工信部、中国物流与采购联合会等 8 个单位确定了 15 个全国供应链创新与应用示范城市、106 家全国供应链示范企业。至此，全国供应链创新与应用示范城市已达 25 个，全国供应链示范企业已达 200 家。从这些城市和企业来看，供应链优势培育取得新成效，供应链效率效益得到新提高，供应链安全稳定达到新水平，供应链治理效能得到新提升。

引领工厂未来的数字化革命

我国在促进供应链协同化、标准化、数字化、绿色化、全球化发展，着力构建产供销有机衔接和内外贸有效贯通的现代供应链体系方面取得了不错的成绩。请思考数字化供应链和传统供应链有哪些区别？

任务展示

任务：阅读案例《百世供应链探索数智化转型 助力高质量经济循环》

请以项目组为单位，认真阅读案例，并应用所学知识对该案例进行分析，每组最后派 1 名代表上台进行分享。

任务准备

随着全球网络经济时代的到来，信息技术会对企业的运作模式产生越来越深远的影响，它每一次与企业的结合都能使企业发生深刻的变革。随着信息技术的不断发展及其使用成本的降低，先进的信息技术和供应链等新兴的管理理念的结合将催生更加辉煌的管理变革，使 21 世纪的现代企业能够把全球范围内的不同优势和资源整理起来结成一对一的经济实体，共同面对市场挑战。

知识点 1：信息技术对供应链的意义

没有信息技术，目前的供应链管理概念将不存在。信息技术对供应链的意义主要有以下 2 个层面。

第一个层面由标识代码技术、自动识别与数据采集技术、电子数据交换技术、互联网技术、GPS/GIS 等基础信息技术构成。第二个层面是基于信息技术开发的支持企业生产的系统。在具体集成和应用这些系统时，不应仅仅将它们视为技术解决方案，而应深刻理解它们折射出来的管理思想。

知识点 2：射频识别技术在供应链管理中的应用

1. 概述

射频识别技术（Radio Frequency Identification，RFID）是一种无线通信技术，利用射频信号通过空间耦合（交变磁场或电磁场）实现无接触信息传递并通过所传递的信息达到识别目标的技术。RFID 是一种非接触式自动识别技术，通过射频信号自动识别目标并获取相关数据，识别工作无须人工操作，可应用于各类恶劣环境。RFID 技术广泛应用于信息、制造、材料等诸多高领域，涵盖无线通信、芯片设计与制造、天线设计与制造、标签封装、系统集成、信息安全等技术。

2. 组成

（1）应答器（电子标签）：由耦合元件及芯片组成，一般来说使用标签作为应答器，每个标签具有唯一的电子编码，附着在物体上标识目标。

（2）阅读器：由天线、耦合元件及芯片组成，是读取（有时还可以写入）应答器信息的设备，可设计为手持式或固定式。

（3）应用软件系统：是应用层软件，主要是对收集的数据做进一步处理，并为人们所使用。

3. 应用

RFID 作为实现仓储管理的基础和手段，贯穿于物流仓储管理的各个业务流程：发卡贴标、入库、出库、调拨和移库、库存盘点。

RFID 在交通运输领域具有其他技术不可替代的优势和特点，其发展前景极其广阔。利用 RFID 和 GPS 技术能够动态采集物流过程中物品的变化信息和地理位置信息，RFID 自动读取物流车装载的物品，无须人工操作。

以 RFID 为基础的软硬件技术构建的 RFID 信息系统将使产品、仓储、采购、运输、销售及消费的全过程发生根本性的变化。

知识点 3：GIS 技术在供应链管理中的应用

1. 概述

地理信息系统（Geographic Information System，GIS）有时又称为地学信息系统，它是一种特定的十分重要的空间信息系统。GIS 是在计算机硬、软件系统支持下，对整个或部分地球表层（包括大气层）空间中的相关地理分布数据进行采集、储存、管理、运算、分析、显示和描述的技术系统。

2. 组成

GIS 由 5 个主要部分组成：硬件、软件、数据、人员、方法。GIS 的硬件系统一般由计算机和一些外围设备组成，计算机是硬件系统的核心，用于数据和信息的处理、加工与分析。

（1）硬件：外围设备包括资料收集设备，比如数字化仪、扫描仪、解析测图仪、测绘仪器等。根据硬件配置规模的不同可分为简单型、基本型和网络型计算机系统软件和 GIS 软件。

（2）软件：提供存储、显示和分析地理信息的功能与工具。主要的软件有输入和处理地理信息的工具，数据库管理系统，支持地理信息查询、分析和可视化显示的工具，使用这些工具的图形界面等。

（3）数据：是一个 GIS 最基础的组成部分。空间数据是 GIS 的操作对象，是现实世界经过模型抽象的实质性内容。一个 GIS 必须建立在准确合理的地理数据基础之上，数据来源包括室内数字化和野外采集及其他数据的转换。数据包括空间数据和属性数据，空间数据的表达可以采用栅格和矢量 2 种形式。

（4）人员：是 GIS 中重要的构成要素。GIS 是一个动态地理模型，仅有的系统软硬件和数据还不能构成完整的 GIS，需要人进行系统组织、管理、维护和数据更新、系统扩充完善和应用程序开发，还需要人使用空间分析模型提取多种信息。

（5）方法：主要是指空间信息综合分析方法，也就是应用模型。它是在对专业领域的具体对象与过程进行大量研究的基础上总结出的规律的表示，GIS 就是利用这些应用模型对大量空间数据进行综合分析来解决实际问题的。

3. 应用

完整的 GIS 物流分析软件集成了车辆路线模型、最短路径模型、网络物流模型、分配集合物流模型和设施定位模型。基于 GIS 技术的物联网在供应链管理中的应用场景如表 6-3 所示。

表 6-3　基于 GIS 技术的物联网在供应链管理中的应用场景

序号	类型	应用场景
1	物流分析	物流网点分布，分销网点设立，有效的分配路径，运输路线选择
2	物流信息系统	配送信息系统确定客户地理位置，查询物流在途动态情况
3	物流电子商务	与互联网相连作用更大，辅助决策

知识点 4：大数据技术在供应链管理中的应用

1. 概述

大数据（Big Data）是指无法在一定时间范围内使用常规软件工具进行捕捉、管理和处理的数据集合，是需要应用新处理模式才能具有更强的决策力、洞察发现力和流程优化能力的海量、高增长和多样化的信息资产。大数据有大量（Volume）、高速（Velocity）、多样（Variety）、低价值密度（Value）、真实性（Veracity）五大特点。

2. 应用

一些大数据在不同的行业中发挥着不同的作用，这些大数据就像一些企业和集团的眼睛，对企业和集团的发展有着高瞻远瞩的作用。对于一些集团来说，大数据不断地抓取潜在的行业中的经济资源，同时扮演了监督者的角色，对企业的各个方面进行监测和监督。

（1）大数据对企业供应链的发展有着重要的预示性。企业通过数据来判断外面的世界，制定自己的策略，及时调整供应链。大数据影响企业供应链，对企业有着至关重要的作用。

（2）企业可以利用大数据对货物进行实时的追踪和监测。在一些快递行业或物流行业，货物的检测和追踪是非常关键的，货物到达的目的地和时间需要被企业时刻监督。企业还要面对不同的天气、不同的路况，以及对客户的需求信息进行反馈。这是一个庞大而烦琐的过程，企业需要利用大数据进行数字化的表达、整理，分析各种情况，对货物进行实时的监督和检测，确保货物可以准时到达目的地，这体现了大数据对企业供应链的重要性。

🔔 知识点 5：物联网技术在供应链管理中的应用

1. 概述

物联网（Internet of Things，IoT）概念最早由美国麻省理工学院于 1999 年提出，早期的 IoT 是指依托 RFID 技术和设备，按约定的通信协议与互联网相结合，使物品信息实现智能化识别和管理，实现物品信息互联而形成的网络。随着技术和应用的发展，IoT 的内涵不断扩展。现代意义上的 IoT 可以实现对物的感知与识别控制、网络化互联和智能处理的有机统一，从而形成高智能决策。

2. 关键要素

IoT 关键要素包括：IoT 技术和标准、网络架构、资源体系、相关产业、隐私、安全、促进和规范 IoT 发展的法律、政策及国际治理体系。图 6-1 所示为一种比较典型的 IoT 关键要素结构图。

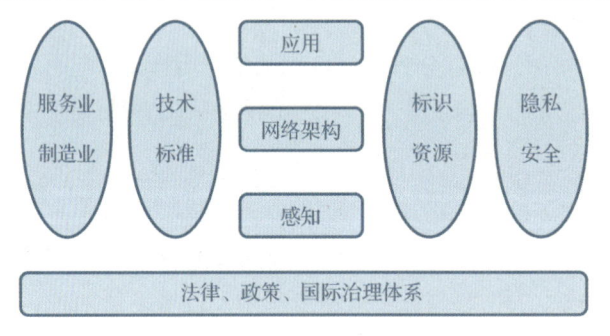

图 6-1　IoT 关键要素结构图

3. 网络架构

IoT 网络架构由感知层、网络层、应用层组成，如图 6-2 所示。

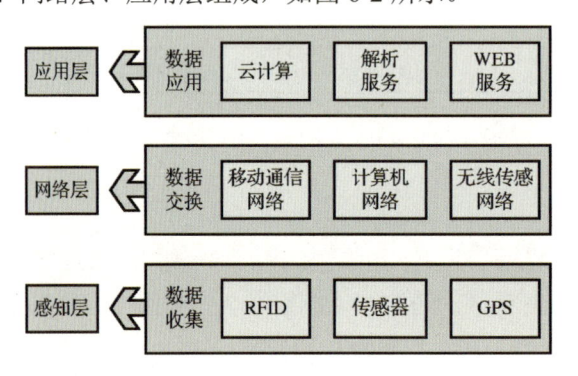

图 6-2　IoT 网络架构图

4. 应用

供应链管理者可以利用 IoT 捕获位置、温度、湿度、压力和其他对正确管理供应链至关重要的数据，IoT 在供应链管理中的应用场景如表 6-4 所示。

表 6-4　IoT 在供应链管理中的应用场景

目　　的	应 用 场 景
发现供应链中的障碍	查看收集的数据以了解运营、流程和计划。可以发现可能导致错过最后期限、成本超支与项目延迟启动的障碍和低效率
通过实时发货和更新提高客户期望	将诸如电子记录设备 ELD、GPS 和远程信息处理等 IoT 设备集成到物流流程中，可跟踪卡车在交付周期中的状态，以便在交付延迟时轻松更新客户
持续分析数据	定期分析从 IoT 设备中收集的数据可深入了解运营商绩效、交货时间和其他关键绩效指标，从而实现持续改进
整合信息以优化路线和整合负载	将驾驶员调度信息直接发送给卡车司机，简化从调度到交付的物流。司机无须返回办公室就可以知道他们的下一个任务是什么
保证产品质量	使用温度计、湿度探头和其他 IoT 设备来减少变质并确保产品以最佳状态和质量到达其位置
实时准确地监控和跟踪供应	在整个产品或项目生命周期中监控和跟踪供应可以更好地提升客户服务水平、满足质量目标和合规性规定。整个供应链的端到端可见性意味着事情可以在第一时间完成
减少货物盗窃	在托盘、纸箱和卡车上设置跟踪传感器可以随时了解物品的位置。如果载有货物的卡车失踪了，可以跟踪其位置并有希望找回物品或阻止盗窃。保护供应链的完整性对于控制成本至关重要
简化工作流程和计费/付款周期	IoT 设备可以通过直接向客户或管理层发送信息、缩短计费周期和改善现金流等方式来改善工作流程。可以通过数字方式完成这一切——生成报价、支付司机费用、向客户开具发票，甚至支付材料费用
减少人为错误	更少的错误，减少浪费的时间和精力，从而节省成本

🔔 知识点 6：5G 技术在供应链管理中的应用

1. 概述

第五代移动通信技术（5thGeneration Mobile Communication Technology，5G）是具有高速率、低时延和大连接特点的新一代宽带移动通信技术，5G 通信设施是实现人机物互联的网络基础设施。

国际电信联盟（ITU）定义了 5G 的三大类应用场景，即增强移动宽带（eMBB）、超高可靠低时延通信（uRLLC）和海量机器类通信（mMTC）。

2. 应用

（1）5G 技术的应用提高了物流方案制定的智能化。经验错误、经验不足和考虑不周等问题的存在导致物流方案在目标服务分析、运输方式选择、资源整合与技术支持、订单分配、信息反馈、意外处理等许多方面缺乏对整体的把控力，制定的方案也难以确保其自身效益的最大化发挥。应用 5G 技术后，物流方案各项作业的制定可看作一个整体，工作人员可在把控整体的基础上制定出既适合企业发展又能显著提高企业利润的智能化方案，进而为企业可持续发展目标的实现奠定良好基础。

（2）5G 技术的应用有效地提高了仓储管理的去库存化。在传统物流管理过程中，仓储管理费用约占物流管理总成本的 1/2，因此如何在多元化市场竞争环境下提高企业市场竞争力，首要工作是减少库存。要做到零库存，不只是数据传输的及时性问题，需求预测、生产效率、运输方式和效率、各仓储节点间存货信息的交互都是至关重要的，数据在传输节点之间的真实性和不可篡改也是保证实现零库存的重要前提。

（3）5G 技术的应用促进了供应链管理的一体化。应用 5G 技术后，在作业全过程中，企业管理人员不仅可以进行实时监控，还可以在出发前规划最优路线和在运用增强现实（Augmented Reality，AR）技

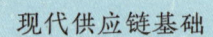

术远程遥控解决问题的基础上，对设备中存在的安全隐患问题进行处理，最终为物流和供应链一体化管理目标的实现奠定良好基础。

就目前来看，将5G技术应用到企业物流和供应链管理过程中，在显著提高各项作业质量和作业效率的同时，还有效地降低了故障问题发生率，最终为企业可持续发展奠定良好基础。

小贴士

《中共中央 国务院关于加快建设全国统一大市场的意见》

任务执行

百世供应链探索数智化转型助 力高质量经济循环

现在，很多企业希望能从供应链管理中收获更多，以有效协调企业产销能力，实现降本增效，这也是百世集团不断推进数智化转型的动力。数字化的过程是将经验和规则数字化，进而加速业务场景下的信息流通和数据积累。数智化则是更进一步，通过对大数据的分析，输出结论，成为企业决策的重要依据。

与大部分物流企业应用外购系统不同，百世集团从成立之初就依靠自身的科技力量自主研发可定制化、个性化的系统，包括OMS、TMS、WMS和全流程供应链物流等系统，并且具备持续的数字化迭代能力。自主研发系统凝聚了百世集团多年来深耕物流行业累积的经验，同时也从技术上确保了其更具灵活性和适配性，能根据合作伙伴和客户的需求不断地强化物流与供应链服务。

百世集团通过数智化破解供应链难题。主要服务于品牌客户的百世供应链近年来为了应对行业客户提出的挑战，也在不断地强化自身能力。现在大中型企业对供应链服务的要求已远不止在物流作业和运营层面实现数字化，它们更希望活化数据，利用大数据及算法提升对未来市场销售的预测的准确性，以提高产销协同能力。

为了助力客户实现供应链数智化，百世供应链主要从3个层面予以推动：第一层面是底层的物流作业数字化，即实现仓配及干线运输、末端配送数据的实时、准确采集；第二层面是中间层的客户运营管理的数智化，即通过数据中台实现多承运商的数据汇集；第三层面是客户决策层的布局科学化，即利用大数据及算法，提升预测的准确性、提高产销协同能力、输出解决方案。

物流服务商自身的管理数字化、运营网络化是助力客户实现供应链数智化的前提。百世供应链在2023年将更加专注于这两个方面，并且已经做出了一些有价值的实践与探索。在管理数字化方面，依靠OMS、WMS、TMS、优派、EM等操作系统及区块链技术，实现自身操作层面数字化、智能化和全流程数据闭环，同步实现经营层面数字化，确保每天自动推送经营结果给客户的管理层。在运营网络化方面，百世集团利用了404个自营及加盟云仓，并吸纳地方专线，集聚了18 000个快运站点和落地配资源，以全透明、全链路可控的系统为核心，共同组成百世云仓+B2B云配网络。其中，仅日常配送的B2B2C服装门店就超过18 000个。

百世供应链的管理数字化和运营网络化的价值在于通过"经营管理系统+运营管理系统"实现对运营网络的可视化管理，并基于业财一体化提供决策支持和优化。运营系统的数字化已经成为行业的常态，但经营层面的数字化则不一定是每家供应链企业都可以做到的，百世供应链把BI报表每日经营结果自动推送给客户的管理层，包括最小经营单位，比如仓库，这将有助于他们通过分析来制订未来的计划，指导下一步运营。

供应链的数智化可以破解很多原有的难题,基于百世供应链为鞋服行业服务的经验来看,以往不能根据终端需求做预测、不掌握渠道库存而导致的盲目生产、渠道压货等状况,在实现全渠道"一盘货",即实行库存的统一管理体系后得到了破解,极大地提高了供应链效率。

直播间里的供应链思维。中小型企业,特别是中小型电商,是近年来"数字经济"发展中十分活跃的群体,中小型电商的运营和物流管理就像"螺蛳壳里做道场",虽然他们的业务规模远远无法与大企业相比,但是在供应链管理上也有普遍痛点,百世软件的服务就是把百世多年来服务大企业的经营管理经验模块化,形成标准化产品,短、平、快地助力中小型企业解决问题。瞄准中小型电商纷纷踏入直播领域这一商机,百世软件及时将百世数字化供应链管理理念植入电商直播场景。

在 2023 年,百世软件更加深入各类中小企业的业务场景。以做私域运营和营销的中小电商为例,它们对客户管理的精确度的要求越来越高,如何管理和分类客户,将其与后续的营销、售后服务系统打通,从而让管理链条更加完整,这是它们着重关注的领域。

案例来源:中国新闻网,《百世供应链探索数智化转型 助力高质量经济循环》。

步骤 1:阅读案例,分析百世在供应链数智化转型过程中采取了哪些措施。

_____

_____

_____

步骤 2:阅读案例,分析该案例给你带来了哪些启示。

_____

_____

_____

步骤 3:各组派 1 名代表上台进行分享。

各组派 1 名代表上台分享本组分析的结果。

任务评价

在完成上述任务后,教师组织进行三方评价,并对学生任务执行情况进行点评。学生完成表 6-5 任务评价表的填写。

表 6-5 任务评价表

项目组:　　　　　　　　　　　　　　　成员:

评价标准	评价项目			
	分值(分)	自我评价(30%)	他组评价(30%)	教师评价(40%)	合计(100%)
按要求对案例进行分析	60				
分析时语言表达流畅	40				
合计	100				

任务巩固

一、判断题（共10题）

1. 供应链活动中的信息是反映供应链各种活动内容的知识、资料、图像、数据的总称。（　　）
2. 实物流是供应链管理中的核心，贯穿端到端供应链中的所有节点和相关流程。（　　）
3. 信息是供应链最重要的驱动要素。（　　）
4. 供应链信息系统应使企业内形成优化的作业流程，使企业间形成无缝的连接。（　　）
5. 供应链信息系统是基于非协同供应链管理的思想。（　　）
6. 没有信息技术，目前的供应链管理概念将不存在。（　　）
7. RFID是一种接触式自动识别技术。（　　）
8. 数据是一个GIS最基础的组成部分。（　　）
9. 大数据技术可以进行实时的追踪和监测。（　　）
10. 第五代移动通信技术是具有高速率、高时延和大连接特点的新一代宽带移动通信技术。（　　）

二、单选题（共10题）

1. 基础网络架构、财务管理属于供应链信息系统中的（　　）。
   A. 基础技术层　　B. 运作执行层　　C. 计划协同层　　D. 战略决策层
2. 下列选项中，不属于供应链信息系统中运作执行层的是（　　）。
   A. 仓储管理　　B. 运输管理　　C. 需求计划　　D. 流程管理
3. 供应链计划和网络设计属于供应链信息系统中的（　　）。
   A. 基础技术层　　B. 运作执行层　　C. 计划协同层　　D. 战略决策层
4. 下列选项中，不属于供应链中有效信息特征的是（　　）。
   A. 信息必须正确　　B. 信息必须及时　　C. 信息必须是必需的　　D. 信息必须客观
5. 下列选项中，不属于国际电信联盟定义的5G应用场景的是（　　）。
   A. 增强移动宽带　　B. 超高可靠低时延通信　　C. 海量机器类通信　　D. 应用管理通信
6. （　　）简称无线射频识别技术。
   A. GIS　　B. RFID　　C. IOT　　D. GPS
7. 下列选项中，不属于物联网网络架构的是（　　）。
   A. 感知层　　B. 基础层　　C. 网络层　　D. 应用层
8. 主要起到数据收集作用的是物联网网络架构中的（　　）。
   A. 感知层　　B. 基础层　　C. 网络层　　D. 应用层
9. （　　）是GIS的操作对象，是现实世界经过模型抽象的实质性内容。
   A. 地理数据　　B. 空间数据　　C. 测绘仪器　　D. 系统工具
10. 下列选项中，不属于大数据特点的是（　　）。
    A. 高速　　B. 高价值密度　　C. 多样　　D. 真实性

三、多选题（共10题）

1. 供应链中的信息从供应链环节的角度划分有（　　）。
   A. 供应源信息　　B. 生产信息　　C. 配送和零售信息　　D. 需求信息
2. 供应链中的信息从供应链层次结构的角度划分有（　　）。
   A. 个人信息　　B. 工作组信息　　C. 企业信息　　D. 供应链信息

3. 在制定供应链决策时，有效信息应具有以下特征（　　）。
   A. 信息必须正确　　　　　　　　　　B. 信息必须及时
   C. 信息必须是准时的　　　　　　　　D. 信息必须是必需的
4. 下列选项中，属于供应链信息系统中基础技术层的有（　　）。
   A. 需求计划　　　B. 财务管理　　　C. RFID　　　D. GPS
5. 下列选项中，属于供应链信息系统中计划协同层的有（　　）。
   A. 网络设计　　　B. 高级计划　　　C. 高级排程　　　D. B2B业务集成应用
6. RFID系统主要由（　　）组成。
   A. 电子标签　　　B. 阅读器　　　C. 应用软件系统　　　D. 采集器
7. 下列选项中，属于GIS应用系统组成的有（　　）。
   A. 硬件　　　B. 软件　　　C. 数据　　　D. 人员
8. 下列选项中，属于物联网网络架构的有（　　）。
   A. 感知层　　　B. 基础层　　　C. 网络层　　　D. 应用层
9. 下列选项中，属于物联网网络架构中网络层的技术的有（　　）。
   A. 移动通信网络　　　B. 计算机网络　　　C. 无线传感网络　　　D. 数据处理网络
10. 第五代移动通信技术具有（　　）等特点。
    A. 高速率　　　B. 低时延　　　C. 低传输　　　D. 大连接

四、案例分析题（共1题）

联想供应链智能控制塔——智联计划数字化实践

随着业务场景的日益复杂与商业环境的不断变化，企业供应链管理正面临前所未有的挑战。传统的供应链因为缺少风险预警系统，风险识别基本上通过人工把控，很难满足及时性和全面覆盖的需求。由于市场机会的不确定性导致的风险非常高，一旦出现不可预料的不利因素，就可能导致供应链断裂、销售下滑，市场出现逆转。风险还会波及供应链的各个合作伙伴，并在供应链生态圈的企业中重新分配，导致整个供应链生态圈受到影响甚至崩溃。

这就要求企业全面精准地掌控供应链信息，并通过智能化的分析预警制定合理决策，做出快速的响应和调整。出于对供应安全重要性的深刻认知，联想早早启动了相关系统的研发。

2017年，为了进一步提升供应链的整体运营效率和精准度，提升客户交付体验和满意度，联想自主研发了供应链智能控制塔，旨在通过构建以数据驱动的智能供应链生态体系，让传统供应链向智能化转型。

供应链智能控制塔在联想供应链中完美地担任了"指挥和决策中心"的角色。只要进入系统，就能清晰地知道30多家自有及合作工厂、2000余家核心零部件供应商、280万家分销商和渠道商，以及服务180多个国家和地区客户的需求与供应情况，即使是针对一颗螺丝钉的库存和需求，供应链智能控制塔都能帮助联想进行调度和决策。

供应链智能控制塔不仅能管理供应链的运营、提升客户的满意度，还能与合作伙伴共同提升整体运营效率。针对缺少订单全流程管理的可视化这一痛点，供应链智能控制塔结合订单自动化解决方案，探索出订单可视化的方法。通过订单系统集成，基于事先制定的规则自动完成订单，并创建了订单追踪中心和自动化解决方案，打破了"信息孤岛"，实现了供应链生态体系内业务运营信息的数字化，并可以实时共享。其涵盖的需求供给管理、订单管理、库存管理、采购管理、制造管理、物流管理、质量管理和新品导入等端到端的商流、信息流，通过结构化管理方式达成数据的呈现、查询、统计和分析，联想全球的供应链及合作伙伴都能整体可见。

不仅如此，作为供应链"指挥和决策中心"，供应链智能控制塔可以辅助供应链解决诸多问题，比如对呆滞物料合理处理、精细化管理存货业务流程、设定风险预警指标等。

利用数据建模、数据计算、数据分析形成知识积累，供应链智能控制塔实现了管理智能化和服务智能化。通过机器学习、人工智能等技术手段，充分挖掘数据资产价值，模拟决策分析场景，辅助管理者决策，并从事件和反应中自主学习并矫正。在运营中心、管理中心的基础上，供应链智能控制塔还是智能决策中心。

与传统的供应链相比，联想供应链实现了端到端的全价值链覆盖，透明的数据使决策时间缩短了50%～60%；工作流程自动化程度提高，工作效率提升了10%～20%；订单交货及时率提升了5%，制造和物流成本降低了20%，库存控制保持了行业领先水平。

对于联想来说，这不仅是一张进入工业4.0时代的入场券，也是帮助制造业实现供应链数字化转型的抓手，对促进产业链供应链稳定、畅通国民经济循环有着重要的推动作用。

案例来源：联想官网，《打样！联想智能控制塔入选2022年供应链数字化转型案例》。

根据案例提供的信息，请回答以下问题。

1．简述供应链智能控制塔的概念。
2．供应链智能控制塔给联想的实际运营带来了哪些影响？

项目七
现代供应链风险管理

学习目标

知识目标

(1) 掌握风险产生的原因、风险管理的定义。
(2) 了解风险管理的目标、风险管理规划。
(3) 理解风险管理的内涵。
(4) 掌握风险识别过程、风险分类。
(5) 了解供应链风险预防方法。
(6) 掌握供应链风险管理策略。

能力目标

(1) 能够对供应链运营项目进行风险等级划分。
(2) 能够对供应链运营项目进行风险识别。
(3) 能够利用相应策略规避供应链风险。

思政目标

(1) 培养学生民族自豪感和自信心，激发学生的爱国情怀。
(2) 培养学生铸大国重器、成栋梁之才的意识，增强对民族发展进步的自豪感。
(3) 培养学生的社会主义核心价值观，增强社会责任感。
(4) 培养学生劳模精神和工匠精神，增强劳动意识。
(5) 培养学生创新精神，增强创新和绿色发展意识。

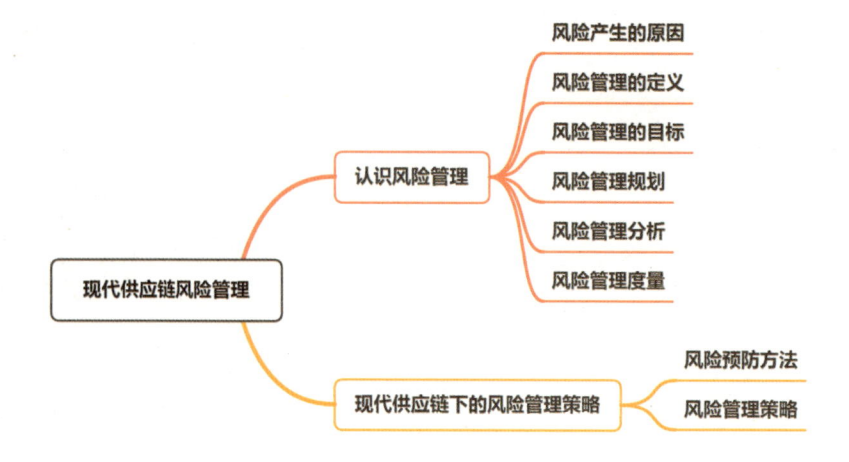

思维导图

- 现代供应链风险管理
  - 认识风险管理
    - 风险产生的原因
    - 风险管理的定义
    - 风险管理的目标
    - 风险管理规划
    - 风险管理分析
    - 风险管理度量
  - 现代供应链下的风险管理策略
    - 风险预防方法
    - 风险管理策略

任务一 认识风险管理

思政活动

中国共产党二十大报告在第十一部分"推进国家安全体系和能力现代化,坚决维护国家安全和社会稳定"明确提出"增强维护国家安全能力,坚定维护国家政权安全、制度安全、意识形态安全,确保粮食、能源资源、重要产业链供应链安全……"这也是我国首次把"供应链安全"提升到宏观的国家安全体系的层次。

观看《我和我的祖国》微视频,感受祖国发展,祖国在磨炼中变得强大,同时也取得了辉煌的成就。经过磨炼的中国将以崭新的面貌面对未来,以新的眼光看待事物,审视世界,更激励着中华儿女一代又一代为祖国发展繁荣而不懈奋斗。

产业供应链:如何稳定又安全

任务展示

任务:阅读案例《拯救福特汽车》

请以项目组为单位,认真阅读案例,分别从福特汽车的快速反应、八方支援和恢复生产过程中涉及的一系列措施对福特汽车的风险管理模式进行分析,在空格处填写分析要点,每组最后派 1 名代表上台进行分享。

任务准备

知识点 1:风险产生的原因

风险是活动或事件发生并产生不良后果的可能性,所以风险主要是由活动或者事件的不确定性造成的。风险大致有 2 层含义:一层强调了风险表现为收益的不确定性;另一层则强调了风险表现为成本的不确定性。如果风险表现为收益或者成本的不确定性,说明风险产生的结果可能带来损失、获利或者无损失也无获利，这属于广义风险。如果风险表现为损失的不确定性，说明风险只能表现出损失，没有从风险中获利的可能性，属于狭义风险。

风险产生的原因可以从以下 2 个方面进行描述。

1. 人们认识客观事物能力的局限性

人们对客观事物的具体认识在广度上总是有局限性的，不同类型、不同领域的事物各有其本质与规律，整个世界在广度上也是无限的，这属于事物的本身属性，人们首先使用各种数据或信息来描述这些属性，然后通过对这些数据或信息进行整理分析，去了解和认识事物，并预测其未来的发展方向。但由于人们认识事物的深度和广度具有局限性，所以对事物进行描述和分析处理的能力也是有限的。项目属于客观事物的集合体，其系统复杂性导致人们对项目建设的环境缺乏客观认识，对项目的实施过程缺乏符合实际的预见，这是导致项目出现风险的重要原因。

2. 信息本身的滞后性

信息是由数据转换、传输而来的，转换与传输需要时间，因此信息不可避免地落后于原始数据，这就是信息的滞后性。客观事物的属性是用数据和信息去描述的，而这种描述仅当事物发生或形成之后才能进行，同时这种客观的描述也是需要时间才能完成的。所以，数据和信息的形成总是滞后于事物的形成和发展，这就导致了信息出现滞后的现象。从这个意义上说，完全确定的事物是不存在的，信息的滞后性是导致项目出现风险的重要原因之一。

知识点 2：风险管理的定义

风险管理是在项目或者企业中的一个肯定有风险的环境里把风险可能造成的不良影响减至最低的管理过程，是对项目计划、实施过程中可能出现的风险进行识别、控制的一种综合性的管理活动，是在项目进行的全过程中，对影响项目的进度、效率、目标等一系列不确定因素的管理。

风险管理的内涵主要体现在以下 3 个方面。

1. 全过程管理

项目组织应该致力于在整个项目期间开展风险管理活动。从项目启动的那一刻，风险就已经存在，所以项目干系人应该积极识别并有效管理风险，实现对项目风险的预警预控，通过有效的风险管理方法对项目运行过程中产生的风险进行分散、降低、消除，并在风险发生后积极采取有效的应对措施，减少项目损失，总结经验教训，为以后开展项目提供风险控制依据，所以项目风险管理是贯穿项目全过程的。

2. 全员风险意识管理

增强风险意识最有力的方法就是让全体人员充分理解风险管理是他们工作的一部分。风险管理并不能只依靠一部分人，而是要求全部人员参与。管理者可以对风险进行有意识的识别预警，而员工是实施工作的主体，所以员工是保障运营顺利进行、防止事故发生所采取的一切措施和行动的实施者。要想全面防范风险的发生，就要在全体员工中开展全员风险意识管理活动。

3. 全要素集成管理

项目的成本、时间、质量是 3 个直接关联且相互影响的相关要素，项目进度的提前或滞后都会对项目的成本开销带来影响，项目质量的高低更是受项目成本的直接影响，所以企业风险管理必须同时对项目成本、时间、质量进行全要素的集成管理，只有这样才能达到最终的目标，将风险损失控制在最小范围内。

知识点 3：风险管理的目标

风险管理是一项有目标的管理活动，只有目标明确，才能起到有效的作用。否则，风险管理就会流于形式，无法评价其效果。风险管理的目标就是要以最小的成本获取最大的安全保障。风险管理目标的确定一般要满足以下几个基本要求。

（1）风险管理目标与风险管理主体（如生产企业或建设工程的业主）的总体目标一致。

（2）目标的现实性，即确定目标要充分考虑其实现的客观可能性。

（3）目标的明确性，即正确选择和实施各种方案，并对其效果进行客观的评价。

（4）目标的层次性，即从总体目标出发，根据目标的重要程度区分风险管理目标的主次，以利于提高风险管理的综合效果。

风险管理的具体目标还需要与风险事件的发生联系起来，从另一角度分析，它可分为损前目标和损后目标。

1. 损前目标

（1）经济目标。风险事件实际发生之前，企业应以最经济的方法预防潜在的损失，这要求其对安全计划、保险及防损技术的费用进行准确分析。

（2）安全状况目标。安全状况目标就是将风险控制在可承受的范围之内。风险管理者必须使人们意识到风险的存在，而不是隐瞒风险，这样有利于人们提高安全意识，防范风险并主动配合风险管理计划的实施。

（3）合法性目标。风险管理者必须密切关注与经营相关的各种法律法规，对每一项经营行为、每一份合同进行合法性审视，保证企业生产经营活动的合法性。

（4）履行外界赋予企业的责任目标。例如，政府可以要求企业安装安全防护设施以免发生人员伤亡事件等。

2. 损后目标

（1）生存目标。风险事件一旦发生就会给企业造成损失，损失发生后风险管理的最基本、最主要的目标就是维持生存。实现生存目标是受灾风险主体在损失发生之后，在一段合理的时间内能够部分恢复生产或经营的前提。

（2）保持企业生产经营的连续性目标。风险事件的发生给企业带来了不同程度的损失和危害，影响正常的生产经营活动和人们的正常生活，严重者可使生产和生活陷于瘫痪。

（3）收益稳定目标。保持企业经营的连续性便能实现收益稳定目标，从而使企业保持生产持续增长。稳定的收益意味着企业的正常发展。为了实现收益稳定目标，企业必须增加风险管理支出。

（4）社会责任目标。尽可能减轻企业受损对他人和整个社会的不利影响，风险管理人员必须分辨风险、分析风险和选择适当的应对风险损失的方法与措施。

知识点 4：风险管理规划

风险管理规划是指制定风险识别、风险分析、风险减缓策略，确定风险管理的职责，为项目的风险管理提供完整的行动纲领，它也是规划和设计如何进行项目风险管理的过程，其作用主要是确保风险管理的类型和可见度同风险及项目对组织的重要性相匹配。风险管理规划描述风险相关信息以获得项目干系人的支持，对促进与项目干系人沟通，确保项目风险管理在整个项目的全过程的有效实施具有重要的意义。

1. 管理计划

风险管理规划属于管理计划的组成部分，在进行风险管理规划时要充分考虑管理计划中已经批准的项目范围基准和其他子项目管理计划，使风险管理规划内容与之相协调。管理计划对运营成本、时间、范围进行了详细描述，也对其可能会遇到的风险情况进行了说明，所以其可作为风险管理规划的依据。

2. 项目章程

项目章程多数是由项目干系人或者项目利益主体共同制定和发布的，它给出了关于批准项目和指导项目工作的要求与规定，所以它是指导项目实施和管理工作的根本大法。在项目管理规划制定中，项目章程明确了项目团队在项目风险管理方面应该承担的责任和义务，描述了项目风险管理的目标和结果等内容。所以项目章程是项目风险管理规划制定不可缺少的依据之一。

3. 事业环境因素

事业环境因素是指能影响项目成败的内部、外部环境因素，这些因素来自任何或所有项目参与人。能够影响项目风险管理规划过程的事业环境因素包括项目组织的风险管控态度、风险承受力等，主要描述了项目组织能够承受的风险程度。

4. 项目干系人利益

项目过程中涉及多方干系人的利益，不同的干系人对风险的看法和认知都不大相同，比如就一个项目来说可能会有几个投资方，有的投资方可能属于风险爱好型，愿意直面风险以获得丰厚的效益回报，有的投资方则可能属于保守型，不愿意冒风险，那么项目风险管理规划就要综合衡量不同项目干系人的利益，以求达成共识。

知识点 5：风险管理分析

风险管理分析可以在项目寿命期的任何一个阶段进行，是一个连续不断的过程。风险管理分析是项目风险管理的首要工作，是实施项目风险管理的重要内容。风险通常表现为受当事人主观上不能控制的一些因素的影响，使实际结果与当事人的事先估计有较大的背离而带来的经济损失。产生这些背离的原因可能是当事人对有关因素和未来情况缺乏足够情报而无法做出精确估计，也可能是考虑的因素不够全面而导致预期效果与实际效果产生差异。进行风险管理分析有助于确定有关因素的变化对决策的影响程度，有助于确定投资方案或生产经营方案对某一特定因素变动的敏感性。

1. 风险识别

风险识别是指判断哪些风险可能会影响项目的进度与质量，其作用是对项目团队预测未来事件积累经验。只有正确识别风险，才能对风险进行正确的分析和度量，进而才能合理应对和控制风险带来的影响。风险大多数情况下是潜在的，随着项目的推进，未知的风险随时都可能出现，所以在企业风险识别过程中，最重要的原则就是仔细分析不能遗漏任何一个风险因素，尤其是那些对企业目标有影响的因素。企业风险因素分解表如表 7-1 所示。

表 7-1 企业风险因素分解表

种 类	种 类 明 细	细 分
项目外部因素	自然因素	地震；洪水；暴风；其他
	社会因素	政治；经济；法律；其他
项目内部因素	项目承担方因素	人员变动；资金链变动；方案变动；其他
	项目客户因素	
	项目投资方因素	
	项目供应商因素	
	项目其他因素	

风险识别是风险管理的基础。只有正确识别项目面临的风险，项目干系人才能够主动选择适当有效的方法进行处理。风险识别的参与者包括所有项目干系人，如项目经理、项目投资方、风险管理专家、客户等。风险识别不是一次就能够完成的，它应该贯穿整个项目运作过程，对项目可能存在的风险情况进行定期而有计划的检测、识别。

风险识别主要包括 2 个部分的内容，首先是识别可能存在的风险，其次是找出引发这些风险的影响因素。只有对可能存在的风险进行识别，才能进一步分析这些风险的性质和可能产生的后果。所以，在风险识别过程中首先要对风险进行汇总，生成风险清单，然后根据生成的风险清单识别哪些是引发风险的主要影响因素。只有识别了风险因素，才能把握风险的发展变化规律，进而对可能产生的风险进行控制。

风险识别一般分为以下几个过程。

1）确认风险的客观存在

风险是客观存在的，有其发生的一定概率，所以风险是可以测定的。在对风险进行观察的基础上，可以用客观概率对这种不确定性进行定义并测量其大小。

2）建立风险清单

风险清单是指风险管理人在对项目进行规划时对有可能产生风险的环节或者作业活动进行的统计。建立风险清单有助于在项目实施过程中提前采取预防措施，避免风险的发生。另外，针对风险清单建立对应的风险应急方案，有利于将损失降到最低。

3）进行风险分类

（1）自然风险。自然风险是指因自然力的不规则变化产生的现象而迫使项目进行不下去的风险，比如地震、水灾、火灾、风灾等。以桥梁修建工程项目为例，在建桥工程施工一半的时候不巧发生洪水灾害，那么项目就不得不终止。自然风险的成因不可控，但有一定的规律和周期，发生后的影响范围较广。

（2）社会风险。社会风险是指由于个人或团体的行为（包括过失行为、不当行为及故意行为）或不行为使社会生产及人们生活遭受损失的风险，比如盗窃、抢劫、故意破坏等行为可能对项目的实施产生严重的不良影响。

（3）政治风险。政治风险是指在对外项目中，因政治原因或订约双方所不能控制的原因，项目干系人可能遭受损失的风险，比如因进口项目国发生战争、内乱等迫使项目停工的风险。

（4）经济风险。经济风险是指由于受各种市场供求关系、经济贸易条件等因素变化的影响或管理者决策失误，对前景预期出现偏差等导致运营失败的风险，比如生产规模的增减、供应价格的涨落等。

（5）技术风险。技术风险可分为低、中、高3个等级。低等级风险是指可识别且可监控的风险。中等级风险是指可识别的，对项目的技术性能、成本或质量产生较大影响的风险，这类风险发生的可能性较高，但属于有条件接受的风险，需要对其进行严密监控。高等级风险是指发生的可能性很高，不可接受的风险，其会对项目产生极大的影响。

4）确定风险监控人

将可能存在的风险进行分类识别后，再通知给项目干系人，确定防范风险发生的监控人，明确各自职责。

2. 风险等级划分

风险等级划分就是将风险发生概率按百分比分为5个范围：不可能发生、发生可能性很小、偶尔发生、发生可能性很大、发生频繁，将风险威胁等级分为5个等级：一级、二级、三级、四级、五级，取风险发生概率与风险威胁等级对应交叉结果，就可以判定风险造成的损失情况。比如偶尔发生的风险但是其产生的后果很严重，就可以判定该风险属于重大风险，如表7-2所示。

表7-2 风险等级划分表

风险发生概率		风险威胁等级				
		一级	二级	三级	四级	五级
		可忽略	很小	中等	严重	很严重
<0.01%	不可能发生	低	低	低	中等	重要
0.01%≤p<0.1%	发生可能性很小	低	低	中等	重要	重要
0.1%≤p<1%	偶尔发生	低	中等	重要	重要	重大
1%≤p<10%	发生可能性很大	中等	重要	重要	重大	重大
≥10%	发生频繁	重要	重要	重大	重大	重大

知识点 6：风险管理度量

风险管理度量是在风险管理分析的基础上对风险的影响和后果进行的评价和估量。

1. 风险管理度量的内容

1）风险发生可能性的度量

风险发生可能性的度量主要是指对企业运营发生的概率进行度量，这也是企业风险管理度量最基本的工作。企业运营风险发生可能性的大小决定运营组织采取哪种应对措施，运营风险发生的可能性越大，所要采取的应对措施就越有必要，反之，发生的可能性小并不代表其不会发生，所以运营企业也要准备相应的预防措施。

2）风险后果的度量

风险后果的度量是指对运营风险的后果进行分析，分析其可能为项目干系人带来的损失及对项目干系人承受能力的考量。在表 7-2 中可以看到，风险威胁等级为五级且风险发生概率不足 0.1%的风险，发生的可能性很小，但是如果一旦发生其产生的后果就很严重，就会变成企业运营的重要事件，所以企业风险管理者也应该通过对企业运营风险后果的度量准备好对应解决方案。

3）风险影响范围的度量

风险影响范围的度量的目的是分析风险发生后产生的影响范围是否波及运营项目的其他方面的工作，也就是说对其他子项目的进展是否产生影响。风险影响范围的度量的内容之一就是严格控制风险对其他项目工作造成威胁。

4）风险发生进度的度量

在运营项目的开展过程中，尤其是在阶段性成果创建过程中，很容易出现风险，风险发生进度的度量的内容之一就是根据企业运营实施进度分析可能发生风险的时间点，从而有助于风险管理者在对应的时间点采取相应的防控措施。

2. 风险管理度量的方法

1）损失（收益）期望值法

损失（收益）期望值法是一种常见的用于风险管理度量的方法，运用该方法时首先要分析和估计风险概率和风险可能带来的损失（收益）大小，然后将二者相乘求出风险损失（收益）的期望值，最后使用损失（收益）期望值大小去度量风险。项目损失（收益）期望值法首先要确定风险概率，然后计算其可能造成的损失（收益），利用最大收益期望值法或最小损失期望值法，得出最佳决策方案。

2）模拟仿真法

模拟仿真法是用数学模拟或者计算机模拟仿真模型度量风险的方法。这种风险管理度量方法比较简单，但是要求有经验丰富的从事过该类运营的专家参与。模拟仿真法用来度量各种能量化的风险，主要是通过改变参数反复模拟风险，得到计算的统计分布结果，该方法估算的风险管理度量结果一般是准确可靠的。

3）专家决策法

专家的经验通常是比较可靠的，风险管理专家利用经验做出的进度风险、成本风险、质量风险的度量通常是准确可信的，所以使用专家决策法做出的风险管理度量结果通常是准确可靠的。

3. 风险管理度量结果

1）风险管理度量报告

风险管理度量报告包括发生概率的度量结果、风险造成损失的度量结果、风险影响其他工作的度量结果、风险进度的度量结果。风险管理度量报告并不是最终的报告，风险需要经过反复度量，有可能每次度量的结果是不一样的，但是通过多次的度量一定会找到类似或者相近的度量结果，该度量结果就可以作为风险管理度量结果。

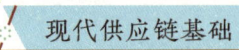

2）项目风险监控优先排序说明

通过风险管理度量结果，企业可以分析出哪种风险发生概率高，哪种风险发生概率低，哪种风险造成的结果比较严重，哪种风险可以忽略不计。所以风险管理度量结果支持对项目风险监控进行优先排序，为风险管理者提供有效的风险控制保障。

小贴士

《国务院安委办出台意见推进构建风险管控隐患治理双重预防机制》

任务执行

拯救福特汽车

2018年5月2日，福特的一家关键零部件供应商Meridian在密歇根州的工厂发生火灾，直接导致福特3家工厂停产。其中影响最大的车型是F-150皮卡。在美国，F-150皮卡是福特旗下的最经典皮卡，是F-Series系列中销量最高的车型，高居美国的十大畅销车榜首，连续多年获得"美国最佳汽车"称号，它的销量超过了其他任何一种大型卡车品牌。F-150皮卡是福特公司的爆款车型，承载着福特太多的希望，是集团销售和利润最稳定的来源，是绝对不能停产的生命线。可是，它还是停了。

福特公司发言人凯利·费尔克表示，从5月7日开始，福特密苏里州堪萨斯城的卡车装配厂关闭，约有3400名工人暂时停工，原因是Meridian供应的零部件短缺。在5月9日，福特在迪尔伯恩的卡车工厂也被迫关闭，影响了大约4000名工人。F-150皮卡只在这2家工厂建造，也就是说该车型全线停产。造成停产事故的供应商Meridian为福特和其他北美汽车制造厂提供镁产品。

Meridian是北美地区镁散热器的最大供应商，它的产品也应用于福特卡车上。镁是一种轻金属，比铝还要轻，使用镁合金能减轻车身质量，并有助于提高燃料效率，所以镁合金很受各大汽车厂商青睐。在2013年，来自中国的万丰奥特控股集团收购了Meridian。Meridian是北美地区唯一有能力按照福特要求生产镁散热器的供应商，也就是说它是福特在北美地区仅有的选择。

根据美国汽车销售分析师埃里希·默克尔的消息，福特公司有84天的F系列卡车库存。虽然看起来福特的销售不会受到太大的影响，但是当一款车型的销量占公司销量的四分之一时，任何生产供应的中断都会引起内部巨大的恐慌，特别是福特几乎将所有"鸡蛋"放在了卡车和SUV这2个"篮子"里，公司的经营风险是非常大的。只依赖少数车型来推动整体的销售，公司财务对突发事件异常敏感，根本经受不起任何的风吹草动。

1. 快速反应

福特在英国诺丁汉找到了1家替代工厂，接下来的任务是把从火灾中整理出来的19副冲压模具空运到英国，这些货物的质量达到40吨，一般的货运飞机无法一次承载这么重的货物。福特为此找到了一款超级运输机——俄罗斯的安-124。福特需要寻找一个可以让安-124起降的机场，为此联络了俄亥俄州哥伦布市的机场，随后的工作是协调好卡车和起重机，准备好装货。数百名福特员工在全球范围内协调工作，在不到 24 小时内安排好一切事情，这已经是一个非凡的成就了。5 月 8 日，安-124 装载着 40 吨的货物从美国飞向英国诺丁汉，那里将进行关键零部件的生产加工。从 5 月 14 日开始，加工完成的零部件每天从英国空运到美国，只是这些任务不再需要安-124，波音 747 货机便可执行这些任务。

2. 恢复生产

随着零部件的供应回到正轨，福特宣布，F-150 皮卡的生产于 5 月 18 日和 5 月 21 日，分别在迪尔伯恩和堪萨斯城的工厂恢复，超级载重卡车的生产也在 21 日恢复。在停产 10 天以后，福特终于可以恢复 F-150 皮卡的生产，也为此次的断供事件画上一个句号。

案例来源：弘毅供应链网，《供应链风险管理史诗级案例——拯救福特汽车》，有改动。

步骤 1：阅读案例，分析福特的这场供应危机是如何产生的。

_____
_____
_____

步骤 2：阅读案例，分析福特是如何应对这场突如其来的供应危机的。

_____
_____
_____

步骤 3：阅读案例，分析福特是如何进行风险识别的。

_____
_____
_____

步骤 4：阅读案例，分析福特是如何进行风险管理的。

_____
_____
_____

步骤 5：各组派 1 名代表上台进行分享。

各组派 1 名代表上台分享本组分析的结果。

任务评价

在完成上述任务后，教师组织进行三方评价，并对学生任务执行情况进行点评。学生完成表 7-3 任务评价表的填写。

表 7-3 任务评价表

项目组：　　　　　　　　　　　　　　　　　　　成员：

评价标准	评价项目			
	分值（分）	自我评价（30%）	他组评价（30%）	教师评价（40%）	合计（100%）
对风险产生要点分析准确	25				
对风险识别要点分析准确	25				
对风险管理要点分析准确	25				
语言表达流畅	25				
合计	100				

任务二　现代供应链下的风险管理策略

思政活动

自《中华人民共和国国民经济和社会发展第十四个五年规划和 2035 年远景目标纲要》提出"制造业补链强链"以来，工业产业链供应链的安全与稳定一直备受关注。政府工作报告指出，"增强制造业核心竞争力。促进工业经济平稳运行，加强原材料、关键零部件等供给保障，实施龙头企业保链稳链工程，维护产业链供应链安全稳定。"

观看《榜样》微视频，《榜样》通过典型事件再现、现场访谈等方式向我们生动展现了坚定信念、拼搏奉献的高尚品质和崇高精神。我们要学榜样之"样"、坚守初心、坚定理想信念，向各位时代榜样学习。航天员的艰苦训练和坚持不懈，扶贫干部带领乡亲摆脱贫困扎根一线，工程师展现大国工匠精神，让我们看到了为夺取胜利而坚持的迎难而上的勇气和壮士断腕的决心。作为新时代青年，我们要将工作做进群众心中，把为民初心镌刻在心、落实在行，把工作做细、做实，主动担起时代重任。

多举措促产业链供应链稳定

任务展示

任务：阅读案例《Cisco：规避一份风险，带来十倍收获》

请以项目组为单位，认真阅读案例，从 Cisco 应对业务应急流程中涉及的一系列做法对 Cisco 的风险规避模式进行分析，在空格处填写分析要点，每组最后派 1 名代表上台进行分享。

任务准备

🔔 知识点 1：风险预防方法

风险预防是指在接受既定风险的条件下，采取措施，以降低损失出现的概率，减少因为风险造成的损失。风险预防方法主要包括以下措施。

1. 回避风险法

回避风险是指考虑到风险存在和发生的可能性，主动放弃或拒绝实施可能导致风险损失的方案，或者通过有计划的变更来消除风险或风险发生的条件。回避风险并不意味着风险完全消除，只是通过回避来将项目风险损失降低。回避风险法通常有 2 种形式：一种是在做决策时，尽可能选择风险较小或者对项目实施影响不大的方案；另一种是在风险方案实施过程中一旦发现不利情况就终止或调整方案，以降低或者消除风险带来的损失。项目干系人应用该方法就是在有意识地放弃风险行为，完全避免特定的损失风险。回避风险法具有简单易行、全面彻底的优点，能将风险的概率降低到零，不过回避风险的同时也放弃了获得收益的机会。

回避风险法在供应链风险防控中的应用包括以下几个方面。

1）选择合适的供应商

在供应链管理中，选择合适的供应商是规避风险的重要方式。在选择供应商时，企业应该考虑供应商的信誉度、经验、质量管理体系、物流配送能力等方面的因素，从而尽可能地选择风险较小的供应商。

供应商的信誉度是影响其稳定性的关键因素之一。企业可以通过供应商的历史记录、客户评价、第三方认证等方式来评估供应商的信誉度。供应商的经验可以影响其在处理问题时的应变能力和反应速度，企业在选择供应商时，可以考虑供应商在同类产品或服务领域的经验和资质。供应商的质量管理体系可以保证其产品或服务的质量稳定性，降低供应链的风险，企业可以通过了解供应商的质量管理体系、ISO 认证等方式来评估其质量管理水平。供应商的物流配送能力可以影响其产品或服务的及时性和可靠性，企业可以通过了解供应商的仓储、运输、配送能力等来评估其物流配送能力。

除此之外，企业还可以考虑供应商的价格、供应能力、技术能力、安全管理能力等方面的因素来选择合适的供应商。综合评估以上因素可以帮助企业选择可靠的供应商，降低供应链风险。

2）避免过度集中风险

在供应链管理中，过度集中风险是导致供应链风险的主要原因之一。为了避免风险的过度集中，企业可以选择多个供应商，建立多元化的供应链体系，以分散风险。

建立多元化的供应链体系可以有效地分散风险，提高供应链的弹性和韧性。选择多个供应商可以避免对单一供应商的过度依赖，同时可以提高供应链的灵活性。如果某个供应商出现问题，其他供应商可以及时补充；建立备用库存，可以确保供应链在紧急情况下能够及时供货，备用库存应该根据实际需要合理规划，并定期检查和更新；制订紧急应急计划，企业可以在供应链出现问题时及时应对，紧急应急计划应该包括应急流程、应急联系人、应急物资等内容；对供应商进行风险评估可以及时发现供应商风险，采取相应措施，风险评估可以包括供应商信誉度、财务状况、供货能力、物流能力等方面的评估。

建立多元化的供应链体系可以有效地降低供应链风险。企业在选择供应商时，应该考虑选择多个供应商，并建立备用库存、制订紧急应急计划等，以应对可能出现的供应链风险。

3）实时监控风险

在供应链管理中，实时监控风险是避免损失的重要手段之一。通过建立供应链风险管理系统，企业可以及时监测采购环节中的问题，以便采取及时的措施避免损失。

企业对供应链中的风险进行评估，并根据风险等级制定相应的应对措施。企业可以通过监控供应链中的关键指标，实时掌握供应链中的问题和风险；设置预警规则，及时提醒相关人员，并启动应急计划，避免损失；通过数据分析，找出供应链中的问题和瓶颈，为后续的优化提供参考；管理供应商信息，包括供应商的信誉度、质量管理体系、物流配送能力等信息。

建立供应链风险管理系统可以帮助企业及时掌握供应链中的风险和问题，及时采取措施，降低风险和损失。同时，通过对供应链的分析和优化，还可以提高供应链的效率和稳定性。

4）提前制定应对方案

在供应链管理中，发生风险是不可避免的，提前制定应对方案可以减少风险带来的损失。通过制订完善的应急计划，企业可以在发生风险时及时采取措施应对风险。

企业可以在商业活动开始前对风险进行评估，以便了解潜在的风险和威胁，并制定相应的应对措施。可以采取多样化的风险分散策略，通过多种不同的分散策略（如多个供应商、多个产品线、多个市场等）来降低风险的集中度，制定详细的应急预案，以便在紧急情况下及时采取措施；建立合同并明确风险责任，以便在风险发生时追究责任；通过有效的风险管理和监测机制对风险进行实时的监测和控制，提高企业的灵活性和应变能力，以便在面对变化和风险时做出相应的反应。

通过制定应对方案，企业可以在面对风险和不确定性时更加自信，降低损失，并保持业务的可持续发展。

在供应链风险防控中，回避风险法是非常重要的手段，只有在适当情况下使用，才能更好地降低损失和风险。

2. 分散风险法

分散风险通常是指企业同其他企业联合开发项目，共同规划、共担风险、共同收益，这样就将原本应由本企业自己承担的风险改为由合作企业共同承担，通过分散将风险降低。值得注意的是，本企业在风险降低的同时收益也会降低，而通常情况下风险越大的项目收益也会越大。"风险"可解释为实质回报与预期回报差异的可能性，这当然包括本金遭受损失的可能性。

在供应链管理中，分散风险法同样可以有效降低单一供应商或单一业务承担的风险。以下是一些常见的分散供应链风险的方法。

1）多元化供应商

企业在选择供应商时可以从多个供应商分散采购，避免因单一供应商出现中断或其他问题而导致业务中断或延迟。

通过增加供应商数量，可以促进供应商之间的竞争，从而降低采购成本，并且可以提高供应商之间的质量和服务水平，有利于企业获得更好的采购条件。不同的供应商通常拥有不同的生产技术和工艺，通过选择多个供应商可以将它们的优势结合起来，提高产品质量和可靠性。多元化供应商可以提高企业的灵活性和创新性，通过选择不同类型的供应商，企业可以更好地满足不同的市场需求，并且可以更快地响应市场变化和客户需求。与多个供应商建立合作关系可以帮助企业建立更多的商业关系，从而扩大企业的业务范围和市场份额。

2）多元化货源地

企业可以从多个不同的国家或地区分散采购，避免因某个国家或地区的政治、经济或自然灾害等因素导致货源中断或延迟。

不同的国家或地区有不同的市场价格和汇率变化，企业可以在不同的国家或地区选择最有成本优势的供应商，从而降低采购成本。不同的国家或地区通常拥有不同的生产技术和工艺，通过选择多个供应商可以将它们的优势结合起来，提高采购质量。从多个国家或地区分散采购可以帮助企业更好地了解不同市场的需求和趋势，从而提高企业的创新能力。

企业需要考虑与不同国家或地区的文化差异、政策法规等问题，从而保证采购过程的顺利进行。

3）多元化产品线

企业将产品线分散至不同的类别或变体，避免因单一产品或服务不受欢迎而导致销售下降。

多元化产品线可以帮助企业在供应链管理中规避风险，因为它可以降低企业在某个特定产品或服务方面的依赖性，从而降低供应链的单一风险。当企业只提供单一产品或服务时，其对供应商和制造商的依赖性非常高，如果出现了供应问题，就会对企业的整个供应链产生严重影响，包括生产和销售。然而，如果企业的产品线多元化，企业就可以从不同的供应商和制造商处采购原材料与制成品，从而分散风险和降低供应链中出现问题的概率。因此，多元化产品线是一个重要的风险管理策略，有助于企业规避潜在的供应链风险并确保业务的连续性。

通过提供不同类型和规格的产品，企业可以吸引更广泛的客户群体，并降低任何一种产品或服务在市场上不受欢迎所带来的风险。此外，产品线多样化还可以为企业带来更多的收入，提高企业的市场占有率和盈利能力。

4）多元化运输方式

企业可以采用不同的运输方式（如陆上运输、船运、航空运输等），避免因单一运输方式出现问题而导致物流运作中断或延迟。

每种运输方式都有其自身的优点和限制，比如陆上运输速度相对较慢但成本较低，航空运输速度快但成本较高。因此，企业可以灵活地根据需求和优势选择最适合的运输方式，从而提高物流效率和质量，并降低物流风险。此外，使用多种运输方式时，企业要注意规避风险，比如在海上运输时避免恶劣天气，在陆上运输时避免交通拥堵和意外事故等问题。因此，多元化运输方式是一个非常重要的供应链风险管理策略，可以确保企业的物流运作顺畅、高效、稳定。

5）多元化业务领域

企业可以将资源分散到多个业务领域，避免某一业务领域出现问题影响整个企业的运作。

将资源分散到多个业务领域可以降低企业在某个特定领域面临的风险。这是因为不同的业务领域受市场和行业环境因素的影响不同。如果企业集中资源于单一业务领域，当该领域面临市场变化或其他风险时，企业可能会遭受重大的损失。但是，如果企业将资源分散到多个业务领域，可以通过利用其他领域的优势来抵消某个领域的风险。因此，多元化业务领域可以使企业拥有更均衡和稳定的业绩表现。

需要注意的是，过度分散可能增加企业的采购成本和运营成本，因此企业需要根据实际情况进行综合考虑和平衡。

优化供应链管理、建立供应商评估制度、加强合约管理、进行风险评估和防范等措施也是降低供应链风险的有效方法。

3. 供应链转嫁风险法

供应链转嫁风险法是指企业为了降低自身的风险，把某些风险向下游的供应链环节或上游的客户转嫁的策略。

具体来说，供应链转嫁风险法可以应用以下 3 种方式。

1）向下游的供应商转嫁风险

企业可以通过向下游的供应商转嫁风险来降低自身的风险。

将风险转嫁给下游的供应商是供应链管理中一种常用的风险管理方式。通过与供应商签订长期合同，采购商可以在合同中明确规定供应商在生产、运输、质量控制等方面承担的责任和风险，以此降低采购商在供应链中的风险。例如，采购商可以要求供应商承担因供应商原因导致的物流延误或产品质量问题等风险，并在合同中约定赔偿方式和赔偿金额。此外，采购商还可以与供应商建立良好的沟通和协作关系，以便在出现风险时及时解决问题，从而降低损失和风险。

2）向上游的客户转嫁风险

除了向下游的供应商转嫁风险，企业也可以通过向上游的客户转嫁风险来降低自身的风险。一些企业可能会面临供应商价格波动、原材料价格上涨等因素导致成本上升的风险，他们可以在销售合同中采取一些风险转移措施，比如在价格条款中明确索赔的条件和标准，或者在合同中规定一些附加条款和限制责任的条款，以便在必要时降低自身的风险。这些措施需要谨慎制定，以免对客户关系造成负面影响。

3）交叉保险

企业通过购买保险来转移一部分风险，将自身的风险转嫁给保险公司。

企业可以购买财产险、运输险、业务中断险等多种保险产品，以降低风险发生时的经济损失。同时，企业也可以与自己的供应商和客户签订保险合同，将某些风险转嫁给他们。例如，企业可以与供应商签订

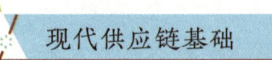

延迟交货险、质量问题险等保险合同，以降低在供应链中的风险损失。同样地，企业也可以与客户签订类似的保险合同，以降低在销售过程中的风险。

供应链转嫁风险法是供应链管理中常用的策略之一，可以有效地降低企业的风险。然而，转嫁风险也需要在平衡企业利益和合作伙伴利益的情况下进行，必须经过深思熟虑的谨慎操作。同时，在实践操作中，也需要特别注意企业与供应商、客户等合作伙伴之间的合作协调，以确保供应链的顺畅运转。

知识点 2：风险管理策略

供应链属于一种战略性合作体，链上企业作为合作博弈主体，其策略选择受到各自利益驱动的影响。同时，信息偏离、信息扭曲、市场不确定性及其他不可控因素的变化会导致各种风险。当供应链规模日益扩大，结构日趋繁杂时，获取准确性信息的难度也会增加。供应链管理中的各个节点参与者为了保证自己的利益最大化，会隐藏一些敏感信息，涉及商业秘密的信息不外泄；为了满足消费者的需求，会夸大一些公用信息，使信息真实程度出现偏差，产生信息风险。从整条供应链来看，每个成员的利益最大化并不一定带来整条供应链的效益最大化，这种"内耗"往往会大大影响供应链的整体运作水平及竞争力。为了使供应链上的企业都能从合作中获得满意结果，必须采取一定的措施规避供应链运行中的风险，如提高信息透明度和共享性、优化合同模式、建立监督控制机制等，尤其是必须在企业合作的各个阶段运行激励机制，采用各种手段实施激励，以使供应链企业之间的合作更加有效。

1. 建立供应链战略合作伙伴关系

战略合作伙伴关系是指在供应链内部 2 个或 2 个以上独立的成员之间形成的一种协调关系，通过提高信息共享水平，减少整个供应链产品的库存总量、降低成本和提高整个供应链的运作绩效，以保证实现某个特定的目标或效益。但是这种合作的目的是要尽可能地保证战略合作伙伴之间的商业利益，以供应链内部各方团队合作优于相互竞争为原则。如果供应链的最终客户要得到最好的产品或服务，那么供应链的各方，包括原材料或零部件供应商、制造商、配送中心、批发商、零售商等必须共同工作，且各方必定获利。战略合作伙伴关系能够取得较好的效果就是因为有关各方都能在供应链的成功中获得利益。建立供应链战略合作伙伴关系是一种基于合作伙伴之间相互依赖、资源共享和风险共担的供应链管理策略。这种策略旨在建立长期稳定的战略合作伙伴关系，从而让企业在供应链中占据更大的份额，并增强企业的竞争力。

建立供应链战略合作伙伴关系的途径有以下几个。

1）共同追求长期发展

建立供应链战略合作伙伴关系需要双方有共同的追求长期发展的愿景和目标，共同实现双方的利益最大化。

对于供应商而言，战略合作伙伴关系将使其获得更稳定的订单、更长期的业务合作和更好的市场表现。对于采购商而言，战略合作伙伴关系将使其获得更加稳定、可靠和优质的供应，从而提高其市场竞争力和生产效益。通过共同规划、协作和发展，供应商和采购商可以相互促进和共同成长，实现双方共赢。因此，建立供应链战略合作伙伴关系是一个双赢的选择，可以为双方带来更多的商业机会和利益。

2）相互信任和尊重

建立供应链战略合作伙伴关系需要在相互信任和尊重的基础上展开合作，遵守诚实守信的原则，共同维护供应链的信誉。

建立供应链战略合作伙伴关系需要合作伙伴之间保持诚实守信的态度。通过共同遵守承诺和合同条款、共同维护供应链的声誉和形象、积极沟通和协商解决问题等方式建立可靠和稳定的合作关系。

3）充分沟通和相互理解

在建立供应链战略合作伙伴关系的过程中，需要双方充分沟通和相互理解，了解对方的需求和要求，合作共赢。

通过建立战略合作伙伴关系，双方可以建立共同的愿景和目标，从而实现互惠互利。在这个过程中，双方需要尊重对方的需求和要求，建立诚实、透明和可信的合作关系。只有这样，才能够在供应链中建立持久的战略合作伙伴关系，实现长期的合作关系和共同利益的最大化。

4) 共享资源和共担风险

建立供应链战略合作伙伴关系需要双方共享资源、共担风险，其中资源包括物资、信息、技术等。

共享资源可以降低成本，提高效率，加强协同合作，促进创新。共担风险可以促进双方在风险管理方面的合作，减少单方面承担风险的风险，提高供应链的弹性和稳定性。此外，共享资源和共担风险也可以加强双方的信任，从而进一步推动战略合作伙伴关系的发展。

5) 管理和控制供应链

建立供应链战略合作伙伴关系需要对供应链进行有效的管理和控制，包括协调生产计划、优化库存管理、统一品质标准、计算费用管理等，以确保供应链的高效运转。

企业应当根据市场需求和销售预测合理规划生产计划，使供应链中的每个环节都能够按时交付，避免库存过多或过少。企业应当根据销售预测和供应商交货期等因素合理控制库存量，避免库存过多占用资金和资源，同时避免库存不足而导致交付延迟或订单取消。企业应当与供应商一起制定明确的品质标准，并对供应商的品质管理进行监督，确保供应链中的每个环节都能够达到相同的品质水平。企业应当对供应链中的各项费用进行全面计算和管理，包括采购成本、物流成本、库存成本、生产成本等，以确保供应链的成本控制和利润最大化。

2. 提高信息共享水平，建立有效的激励机制

信息共享是实现供应链管理的基础。供应链的协调运行建立在各个节点企业高质量的信息传递与共享的基础上，因此，有效的供应链管理离不开信息共享。它可以节省时间和提高企业信息交换的准确性，减少复杂、重复工作中的人为失误，因而能够减少由于失误而导致的时间浪费和经济损失，提高供应链管理的运行效率。供应链要实现预期的战略目标，客观上要求各个节点企业展开合作，形成利益共享、风险共担的双赢局面。因此，在供应链节点企业之间建立紧密的战略合作伙伴关系是供应链成功运作和防范风险的一个非常重要的先决条件。首先，供应链节点企业之间要加强信任；其次，供应链节点企业之间必须建立正式的合作机制，实现利益共享和风险分担；最后，要选择正确的具有核心竞争能力的合作伙伴加盟供应链，并在恰当的范围内展开合作。

为提高供应链信息共享水平，并建立有效的激励机制，企业可以从以下几个方面入手。

1) 建立开放的信息沟通渠道

企业应该与供应链上的各个环节保持顺畅的沟通，共同讨论信息共享的重要性，形成共识。同时，建立开放的信息沟通渠道，保证信息的及时传递。

确保信息共享与沟通是管理和控制供应链的重要方面。为了有效地管理和控制供应链，企业应该与供应链上的各个环节保持顺畅的沟通，包括供应商、运输商、承运商、分销商等，共同讨论信息共享的重要性，并形成共识，以确保供应链的顺畅运转。同时，企业应该建立开放的信息沟通渠道，如电子邮件、电话、即时通信等，保证信息的及时传递，以便及时处理各种问题。

2) 共享信息的内容要全面

共享信息的内容应该包含订单和交付计划、库存信息、生产进度、销售预测、供应商评级等方面的信息，应保证供应链各环节能够全面和及时地进行信息跟踪和反馈。

订单和交付计划是生产和交付产品的基础，各环节应该及时共享这些信息，以便更好地协调生产和物流。库存是供应链中的重要环节，共享库存信息可以减少库存过多或库存不足的现象，降低库存成本，并确保及时交付。共享生产进度可以让各环节及时调整自己的计划，以便更好地协调生产和物流。销售预测对供应链的生产计划和库存管理都有重要影响，共享销售预测信息可以提高供应链的反应速度和准确性。共享供应商评级信息可以帮助各环节更好地选择和管理供应商，提高供应链的稳定性和可靠性。

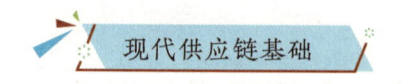

3）建立信息安全措施

为保障供应链上的信息安全，企业应该采取技术手段建立网络安全机制，确保信息不被外部恶意攻击、泄露或篡改。

使用加密技术保护敏感信息，如采购订单、客户资料等。加密技术可以有效防止信息被非法窃取或篡改。建立网络安全机制，包括防火墙、入侵检测和防病毒软件等，以保护企业的网络和信息系统不受恶意攻击和病毒感染。对供应链中的信息进行备份和恢复，以应对信息丢失或被破坏的情况，备份数据应定期进行测试，确保数据能够成功恢复。建立访问控制机制，限制供应链中的各个环节能够访问的信息范围，确保敏感信息只有授权人员能够访问。加强员工培训，提高员工的安全意识和防范意识，避免因员工的过失导致信息泄露或破坏。

4）设立信息共享激励机制

为各环节的供应商和代理商建立合理的激励机制，比如公平竞争的比价、订单靠前占用优先库存、共同承担损失等。可在合同中规定信息共享目标和奖惩措施。

正确的激励机制可以帮助企业激发供应商和代理商的积极性，提高供应链效率和质量。企业可以根据供应商的表现制定相应的激励机制，激励供应商更好地完成任务。同样地，为了共同承担损失，企业也可以制定风险共担的激励机制，鼓励供应商和代理商积极参与风险承担与管理。

5）定期评估

企业应该建立定期的监测机制，对各环节反馈的信息共享情况进行及时评估，分析分歧点、优化渠道，持续改进和完善管理流程。

定期评估可以帮助企业发现潜在的瓶颈和问题并及时解决，提高供应链的效率和透明度。另外，监测机制也可以帮助企业及时发现并预测潜在的风险，采取相应的措施降低风险的影响。

在建立激励机制的过程中，企业应该根据供应链各环节不同特点进行针对性推进，采取有利于长期发展、有弹性的措施，使信息共享与受益者之间能够形成共同利益，促进供应链整体效率提升，提高市场竞争力。

3. 供应链设计柔性化

供应链设计柔性化是一种旨在适应不断变化的市场需求和供应环境的策略。该策略旨在提高供应链的灵活性和敏捷性，使企业能够快速响应市场变化和客户需求。以下是供应链设计柔性化的一些方法。

1）提高生产和物流的灵活性

供应链设计涉及加强生产和物流的灵活性，以应对变化的市场需求。采用灵活化的制造和物流模式可以提高生产效率，减少运输时间，降低库存成本。

采用模块化设计可以使产品组装更加灵活，满足不同客户的个性化需求，还可以简化供应链管理和库存管理，降低库存成本。采用快速生产技术可以提高生产效率，缩短生产周期，降低生产成本。例如，采用3D打印技术可以快速制造各种形状和大小的零部件，以满足不同客户的需求。通过与客户合作设计产品，可以更好地了解客户需求，提高客户满意度，还可以减少产品设计和生产的错误与浪费。采用灵活物流管理可以优化物流流程，缩短交货时间，降低物流成本。例如，采用物流信息化技术可以实现实时物流跟踪和自动化配送。通过数据分析和预测技术制订灵活的生产计划，以适应市场需求的变化。数据驱动的生产计划还可以帮助企业优化生产流程，提高生产效率。

2）过程再设计

过程再设计可以帮助企业消除无效环节，并简化供应链上的流程。这将有助于提高生产效率，降低成本，减少因策略变化而引起的供应链中断。

正确的过程再设计可以减少浪费和不必要的环节，从而提高效率。它涉及评估整个供应链过程，识别并消除瓶颈，优化流程和资源利用。这可以帮助企业节约时间和成本，提高交付速度和质量。同时，通过过程再设计，可以更好地适应市场变化和客户需求，使企业更具竞争力。

3）信息共享

强化信息共享可以提高供应链中相关方的表达沟通能力并帮助企业更快速地调整供应链。这包括与供应商、物流公司、客户和其他利益相关方的信息共享，以协调生产和交付计划。

信息共享是现代供应链管理中至关重要的一个方面。通过信息共享，各个环节的供应商、物流公司、客户和其他利益相关方能够更好地了解供应链的需求与问题，共同制定更好的解决方案。此外，信息共享还可以加快信息的流动速度，帮助企业更快速地调整其供应链。

4）实时处理

实时处理可以使企业快速响应供应链中的任何问题或突发事件。

企业使用实时进程控制技术可以提高供应链的可视性和追踪能力，实时获取和分析供应链中的数据，快速响应供应链中的问题。例如，通过实时监控生产线的生产进度、物流运输的实时位置和配送时间等信息，企业可以快速调整生产计划和配送路线，减少不必要的时间和成本浪费，提高供应链的效率和灵活性。同时，实时处理还可以帮助企业及时发现供应链中的异常情况，比如原材料供应不足、生产线停机等，及时采取应对措施，降低潜在的生产中断风险。

供应链设计柔性化是一种重要的策略，可以帮助企业应对市场和供应环境的变化，提高竞争力，维持企业的长期发展。

4. 供应链流程重组

供应链流程重组是指对现有的供应链流程进行重新评估和调整，以实现更高效的流程、更快速的交付和更好的客户体验。以下是供应链流程重组的步骤。

1）评估当前流程

评估现有的供应链流程，确定瓶颈、不必要的流程和潜在的改进机会。通过对流程的分析和评估，可以确定需要改进和优化的地方。

改进计划可以包括简化流程、改善协作、优化库存和物流、增强生产力和效率等方面。通过优化和改进供应链流程，企业可以提高供应链的效率和灵活性，降低成本，增加利润，并增进与客户和供应商的关系。

2）设定目标

明确企业的目标，比如提高交付速度、降低成本、提高客户满意度等。这些目标将为流程重组提供指导，确定重组的优先级。

正确明确企业的目标非常重要，这可以帮助企业将流程重组和改进与实际业务需求对齐。例如，如果企业目标是提高交付速度，则流程重组的重点应该放在缩短供应链周期和提高生产效率上，而不是其他方面。同时，将目标与数据指标结合使用，可以更加具体地确定优先级和目标的实现情况。

3）重新设计供应链流程

根据目标和评估结果重新设计供应链流程。这可能包括重新定义每个流程步骤、重新分配任务和职责、引入技术和系统支持等。

根据目标和评估结果对供应链流程中的每个步骤进行重新定义。例如，可以确定哪些步骤是不必要的或可以合并的，哪些步骤需要加强或优化等。重新设计供应链流程是一个动态过程，一旦新的流程被实施，就需要进行持续的监测和改进，以确保它的有效性和适应性。

4）内部整合

在重新设计供应链流程之前，需要进行内部协调和整合，确保企业内部各个部门与职能之间的合作和流程的顺畅。

内部协调和整合非常重要，可以减少流程中的延误和错误。在重新设计供应链流程之前，需要与企业内部各个部门进行充分的沟通和协调，让每个人了解整个流程的改变，以及他们如何贡献和适应这些变化。这可以确保每个人都在"同一条船"上，为共同目标努力。

5）跟踪和监控性能

重组供应链流程之后，需要跟踪和监控性能，以确保新设计的流程达到预期效果并满足业务需求。

跟踪和监控供应链的性能可以帮助企业及时发现问题并采取纠正措施。企业可以使用各种指标和工具来衡量供应链的性能，比如交货时间、库存周转率、供应商绩效等。同时，企业还可以通过不断优化和改进流程来提高供应链的性能和效率。

6）持续改进

供应链流程重组不是一次性的工作。企业要持续对流程进行评估和改进，以适应市场和业务环境的变化，并确保最佳绩效持续提升。

供应链是一个动态的系统，它需要持续地进行评估和改进，以适应市场的变化和业务的需求。持续的流程改进可以帮助企业提高效率、降低成本、提高质量和服务水平，从而提高市场竞争力。

5. 建立供应链应急处理机制

建立供应链应急处理机制是保障企业经营稳定的重要一环。在采购、生产、运输等环节出现突发状况时，应急处理机制能够帮助企业快速反应、迅速处理，并尽量降低损失和影响。以下是建立供应链应急处理机制的几个关键步骤。

1）评估潜在风险

企业需要对供应链中的各个环节进行全面评估，识别潜在的风险，并分析其可能产生的后果。根据不同风险的发生概率和影响程度制定相应的应急方案。

评估供应链中的各个环节，包括供应商、物流、生产等，并识别潜在的风险，比如原材料短缺、交通堵塞、自然灾害等。分析各种风险的可能性和影响程度，企业可以使用风险矩阵等工具来确定不同风险的等级，并确定优先级。制订应急计划，企业应该针对每种潜在风险制订相应的应急计划，以减轻损失和保护业务连续性，这些计划应该包括流程、人员和资源的详细步骤。实施和测试应急计划，企业应该在实际应急情况下对应急计划进行测试和验证，并对其进行定期演练和修订，以确保其可靠性和有效性。

2）制定应急方案

企业需要根据供应链中不同环节的特点和风险情况设计相应的应急处理方案，包括缓解风险的策略、组织机构的调整、及时调整供应链合作伙伴、开发替代供应商等。

通过评估供应链中的潜在风险，确定可能导致生产中断的环节和风险源。针对不同的风险源制定应对策略，包括如何避免、减轻或缓解风险的影响。例如，建立备份计划、提前采购库存、定期备份数据、开发替代供应商等。在应急情况下，可能需要临时调整供应链的组织架构和职责分配，以确保应对起来快速、有效。应急处理需要有专门的人员负责，他们需要接受培训和训练，以确保在需要时能够快速、高效地响应和处理。应该经常评估和改进应急方案，以确保它们适应不断变化的市场和业务环境，同时确保最佳绩效的持续提升。

3）建立应急响应体系

企业需要建立应急响应体系，明确应急响应的程序和流程，建立统一的信息系统平台，以便实时跟踪应变措施的执行情况，及时掌握应急情况并做出决策。

确定应急响应的流程和程序，包括紧急情况下的责任分工和沟通机制。对应急响应团队进行培训和演练，确保其能够快速响应和处理问题，建立与供应链合作伙伴的紧急联系方式，确保在紧急情况下能够及时联系并采取行动。定期对应急响应体系进行评估和改进，以适应变化的市场和业务环境。建立完善的应急响应体系可以帮助企业在紧急情况下更好地处理问题，并减少潜在的损失。

4）与供应商加强合作

企业需要建立健全的供应商管理制度，与供应商建立良好的沟通和合作关系，共同制定应急预案，并加强对供应商的监管和培训。

确保供应商的可靠性和稳定性对于供应链的稳定运转至关重要。因此，建立健全的供应商管理制度是非常必要的。企业应该与供应商建立良好的沟通和合作关系，共同制定应急预案，并加强对供应商的监管和培训，以提高供应商的应变能力和服务质量。此外，企业还可以制定供应商绩效评估机制，对供应商的表现进行评估和监控，以确保供应商的质量和稳定性。

5）加强应急培训和演练

企业需要定期进行应急培训和演练，提高员工和合作伙伴的应急响应能力，使其熟悉应急处理方案和步骤，以便在真正发生应急情况时迅速响应。

定期的应急培训和演练可以帮助员工和合作伙伴了解应急响应计划和流程，掌握应急技能和知识，提高应急响应能力。此外，应急演练还可以帮助企业识别潜在的问题和缺陷，并及时改进和完善应急响应计划。

建立供应链应急处理机制不仅可以保障企业生产经营的稳定，还可以提高企业的危机管理能力。企业应该注重应急处理机制的实施效果，并不断完善应急处理机制，以应对未来可能出现的新形势和新挑战。

现代供应链风险管理是一项长期工作，企业需要不断地进行监测和改进。随着时间的推移和业务环境的变化，新的风险和挑战可能会不断出现。因此，企业需要持续地关注供应链的风险情况，并根据需要及时调整风险管理策略和应急方案。同时，企业也应该定期评估其供应链风险管理的效果，并根据评估结果进行改进，以确保企业的供应链稳定、安全和可靠。企业需要持续评估和改进风险管理策略，根据实际情况进行调整和优化。同时，也需要及时跟进应急响应情况，总结经验教训，改进应急方案和应急响应体系。

此外，随着科技的不断发展，企业也可以考虑利用物联网、大数据、人工智能等技术手段来改善供应链风险管理的效率和准确性，比如通过智能传感器监测货物的实时位置和温度，提高货物运输的安全性和可靠性；通过大数据分析市场供求变化，及时预警供应链风险等。

总之，供应链风险管理是一个不断迭代和优化的过程，企业需要不断地进行监测和评估，采取有效的措施和技术手段来降低风险，保障供应链的稳定和持续发展。

小贴士

《国务院关于进一步加强企业安全生产工作的通知》

任务执行

Cisco：规避一份风险，带来十倍收获

Cisco 的硬件、软件和服务产品都是组建互联网的基石。为了提高整体灵活性并预防各种可能的灾难事件发生，Cisco 创建了一个供应链风险管理体系，其中包括一个灵活的指标表和一组与事件和危机恢复有关的阈值。Cisco 供应链中的每个节点（供应商、制造合作伙伴和物流中心）都有责任跟踪和报告其"恢复时间"，并确保在实际灾难发生前所有恢复计划和能力建设都准备到位。

Cisco 的解决方案是该行业的首个供应链解决方案，其雏形来源于一次为确定供应链最佳实践而举办、由各行各业的供应链风险管理从业者参加的论坛。最初的设想是一个由多种流程和最佳实践构成的"开源"库，所有参与的公司都可以利用其中的内容来确定可能的风险进而制订弹性计划，比如备用货

源、备用场所条件和风险规避方案。它起源于"业务应急计划",目的在于了解供应链中的弱点和弹性。2008年,中国发生了严重的地震,Cisco通过其颇具前瞻性的业务应急流程确定了可能的威胁,并及时在发生会导致客户或收入损失的异常事件之前启动了风险规避计划。Cisco可以确定哪些节点受到了影响,也可以评估事件发生前后几小时内可能带来的影响。通过这种影响评估,Cisco可以与其供应商和制造伙伴协作以避免任何环节出现异常情况。

风险的形式千变万化,有毒的食物和玩具、恐怖活动和全球性或地域性的经济危机,等等。随着供应链变得更加复杂且紧密相连,风险管理也应当全面展开,扩展到企业所能控制的范围之外。

智慧的供应链将风险视为一个系统问题。其风险规避策略是利用数百万个智能对象来报告诸如温度波动、偷窃或篡改等威胁信息。Cisco还可以在共同的风险规避策略和战略中与供应链合作伙伴进行协作。如果有问题出现,它在扩展的供应链中以并发的方式利用实时连接做出快速响应。毋庸置疑,智慧的供应链的最大优势在于它可以在整个网络中对风险进行建模和模拟。

这种智能技术不仅有助于开发一种可持续的供应链,推动企业以合理的方式使用自然资源,而且还能给供应链涉及的社区团体带来正面的影响。例如,这种供应链通过引入智能系统来提高效率和可靠性,从而节约能源和资源。这种连通性可以使社会学家和环保主义者发现并抨击企业的细小过失,企业也可以用它来检测自身潜在的问题、支持在风险控制活动中展开协作并展示出客户和供应链合作伙伴应对风险时的高度透明性。精密的分析可帮助管理者评估一整套社会和环境因素。

案例来源:搜狐网,《5个顶级案例教你实现最牛供应链管理》,有改动。

步骤1:阅读案例,分析Cisco是如何构建供应链风险管理体系的。

步骤2:阅读案例,分析Cisco供应链中的各个节点是如何保证Cisco的成功运营的。

步骤3:阅读案例,分析Cisco是如何巧用"业务应急计划"的。

步骤4:阅读案例,分析Cisco是如何使用风险规避策略的。

步骤 5：各组派 1 名代表上台进行分享。

各组派 1 名代表上台分享本组分析的结果。

任务评价

在完成上述任务后，教师组织进行三方评价，并对学生任务执行情况进行点评。学生完成表 7-4 任务评价表的填写。

表 7-4　任务评价表

项目组：　　　　　　　　　　　　　　成员：

评价标准	评价项目				
	分值（分）	自我评价（30%）	他组评价（30%）	教师评价（40%）	合计（100%）
对风险管理体系分析准确	20				
对节点运营要点分析准确	20				
对"业务应急计划"要点分析准确	20				
对风险规避策略分析准确	20				
合计	100				

任务巩固

一、判断题（共 10 题）

1. 供应链风险的发生是偶然的、突发的，因此必须设立专门的风险预警体系。（　　）
2. 可采用延迟策略等方式来减少供应链市场需求风险。（　　）
3. 回避供应链风险是不可取的。（　　）
4. 供应商的信誉度不能够作为其稳定性的判断。（　　）
5. 当供应链风险预警控制系统发出警告后，应该对突发事件进行应急处理。（　　）
6. 供应链的稳定性往往决定于供应链系统中最脆弱的那个环节。（　　）
7. 多元化的供应链体系并不能降低供应链风险。（　　）
8. 建立供应链风险管理系统可以帮助企业及时掌握供应链中的风险和问题，及时采取措施，降低风险和损失。（　　）
9. 供应链虽然属于一种战略性合作体，但是其策略选择并不会受到各自利益驱动的影响。（　　）
10. 既然建立了合作关系就要充分地信任供应商。（　　）

二、单选题（共 10 题）

1. 为降低采购风险建议选择（　　）以上供应商。
   A．1 个　　　　　　B．2 个　　　　　　C．3 个　　　　　　D．4 个
2. （　　）是一个或多个供应链成员产生不利影响或破坏供应链运行，使其达不到预期目标甚至导致供应链失败的不确定性因素或意外事件。
   A．供应链风险　　　B．风险　　　　　　C．突发事件　　　　D．供应链系统风险

3．（　　）是指对风险发生的可能性或者损失的范围与程度进行估计与度量。
　　A．风险识别　　　　B．风险处理　　　　C．风险管理度量　　　　D．风险监控
4．不属于社会环境因素的是（　　）。
　　A．经济政策变化　　B．政治事变　　　　C．公共紧急事件　　　　D．地震
5．（　　）就是在风险发生之前运用各种方法系统地认识所面临的各种风险及风险事件发生的潜在原因。
　　A．风险管理度量　　B．风险识别　　　　C．风险处理　　　　　　D．风险监控
6．通过购买保险使风险由保险公司来承担的风险处理方式为（　　）。
　　A．风险自担　　　　B．风险转嫁　　　　C．风险控制　　　　　　D．风险识别
7．建立供应链的信任机制，实现与供应链合作企业的信息共享是减少风险的（　　）。
　　A．战术规划　　　　B．战略规划　　　　C．作业规划　　　　　　D．部门规划
8．供应链风险的（　　）是指对一种风险采取措施可能会导致另一种风险的加剧。
　　A．此消彼长性　　　B．多样性　　　　　C．偶然性　　　　　　　D．放大性
9．（　　）是一种旨在适应不断变化的市场需求和供应环境的策略。
　　A．供应链设计柔性化　　　　　　　　　B．供应链设计及时化
　　C．供应链设计透明化　　　　　　　　　D．供应链设计整合化
10．考虑到风险存在和发生的可能性，主动放弃或拒绝实施可能导致风险损失的方案属于（　　）。
　　A．分散风险法　　　B．转嫁风险法　　　C．阻止风险法　　　　　D．回避风险法

三、多选题（共10题）

1．风险管理的内涵主要体现在哪些方面（　　）。
　　A．全过程管理　　　　　　　　　　　　B．全要素集成管理
　　C．全预控管理　　　　　　　　　　　　D．全员风险意识管理
2．风险预防方法包括（　　）。
　　A．回避风险法　　　B．分散风险法　　　C．供应链转嫁风险法　　D．阻止风险法
3．风险控制体系中的风险识别机制主要包括（　　）。
　　A．收集风险信息　　　　　　　　　　　B．风险信息划分
　　C．风险信息分析　　　　　　　　　　　D．风险信息汇总
4．风险因素分解中属于项目外部因素的是（　　）。
　　A．人员变动　　　　B．政治　　　　　　C．地震　　　　　　　　D．经济
5．常见的分散供应链风险的方法包括（　　）。
　　A．多元化供应商　　　　　　　　　　　B．多元化货源地
　　C．多元化产品线　　　　　　　　　　　D．多元化运输方式
6．供应链转嫁风险法可以采用哪几种方式（　　）。
　　A．向下游的供应商转嫁风险　　　　　　B．向上游的客户转嫁风险
　　C．交叉保险　　　　　　　　　　　　　D．均摊风险
7．建立供应链战略合作伙伴关系的途径有（　　）。
　　A．共同追求长期发展　　　　　　　　　B．相互信任和尊重
　　C．充分沟通和相互理解　　　　　　　　D．共享资源和共担风险
8．正确选择和实施各种方案，并对其效果进行客观的评价，这体现的风险管理目标的特性是（　　）
　　A．一致性　　　　　B．现实性　　　　　C．明确性　　　　　　　D．层次性

9. 能够帮助企业及时发现问题并采取纠正措施的是（　　）。
    A．跟踪供应链　　　　B．调整供应链　　　C．整合供应链　　　　D．监控供应链
10. 确定应急响应的流程和程序，包括紧急情况下的（　　）。
    A．责任分工　　　　　B．沟通机制　　　　C．流程重组　　　　　D．信息共享

四、案例分析题（共1题）

飞鹤董事长冷友斌：保障乳制品国际供应链安全 提升应对风险水平

"未来，供应链可能会成为国家之间战略竞争的重点，我们的乳制品行业国际产业链供应链安全极有可能因此受到挑战和威胁。"全国人大代表、中国飞鹤有限公司董事长冷友斌表示，他更关注民生行业供应链安全，建议加快建立健全乳制品行业乃至整个食品行业的供应链安全保障体系，切实提升应对风险的能力水平。

数十年来，冷友斌带领的中国飞鹤一直深耕乳制品产业。2019年11月，中国飞鹤在港交所上市，首发市值超过670亿港元，成港交所历史上首发市值最大的乳品企业。

乳制品产业的产业链横跨一二三产业，覆盖饲草种植、饲料加工、奶牛养殖和乳制品加工、终端销售等环节，跨度广、链条长、一体化程度要求高。一些产业环节的对外依赖程度比较高，如在奶源和优质饲草饲料方面。联合国粮食及农业组织的数据显示，2019年，中国进口乳品合原奶1572.3万吨，占全球乳品总进口量（合原奶）的20.5%，中国是世界进口乳品最多的国家。公开资料显示，中国优质苜蓿的自给率多年徘徊在60%左右，仍然偏低。

"除了优质苜蓿对进口的依赖程度较高，2019年，我国大豆对进口的依赖程度高达84%左右，比2000年几乎翻了一番。"冷友斌建议探索建立储备机制，切实提升应对风险的能力水平。

"应该支持乳企、大专院校和科研院所开展技术攻关，尽快在牧草种子、牛种繁育等方面取得突破。"冷友斌介绍说，早在2007年，中国飞鹤便扎根北纬47°世界黄金奶源带，与上下游伙伴一起打造农牧工专属产业集群，实现了奶源的完全自主可控。到2015年，飞鹤已经能够通过自主可控的良种奶牛繁殖体系实现奶牛繁育的自给。在牧草方面，中国飞鹤也正在通过草种选育，积极探索进口优质牧草的替代草种。目前，中国飞鹤正在规划建设哈尔滨智能化产业园。该项目建成后，将进一步提升产业链的自给能力。

案例来源：中国新闻网，《飞鹤董事长冷友斌：保障乳制品国际供应链安全 提升应对风险水平》。

根据案例提供的信息，请回答以下问题。

1. 如何理解案例中提到的"供应链可能会成为国家之间战略竞争的重点"？
2. 民生行业供应链有何特点？
3. 如何保障民生用品供应链的有效稳定？
4. 如何规避民生用品供应链运营过程中出现的风险？

参考文献

[1] 王忠伟．国际物流与供应链管理[M]．北京：中国商务出版社，2021．
[2] 潘尔顺．生产计划与控制[M]．上海：上海交通大学出版社，2021．
[3] 余建国．工业生产计划与控制[M]．北京：冶金工业出版社，2020．
[4] 官倩宁．企业生产计划与控制[M]．成都：西南交通大学出版社，2021．
[5] 王兴伟，汪志林．供应链管理[M]．合肥：安徽大学出版社，2022．
[6] 王能民，何奇东，张萌．供应链管理[M]．北京：机械工业出版社，2023．
[7] 谢家平．供应链管理[M]．4版．上海：上海财经大学出版社，2021．
[8] 吴会杰，李箐．供应链管理[M]．西安：西安交通大学出版社，2022．
[9] 乔普拉．供应链管理[M]．7版．杨依依，译．北京：中国人民大学出版社，2021．
[10] 卓弘毅．供应链管理：从入门到精通[M]．北京：中国铁道出版社，2022．
[11] 孔月红，张冰华，韩健．项目管理[M]．广州：广东教育出版社，2019．
[12] 许谨良．风险管理[M]．北京：中国金融出版社，2022．
[13] 王桂花．供应链管理实务[M]．北京：高等教育出版社，2022．
[14] 许栩．供应链计划[M]．北京：中国铁道出版社，2021．
[15] 刘宝红．供应链的三道防线[M]．北京：机械工业出版社，2022．
[16] 马士华，林勇等．供应链管理[M]．6版．北京：机械工业出版社，2022．
[17] 张启慧，孟庆永，杨妍．供应链管理[M]．北京：机械工业出版社，2023．
[18] 朱传波．物流与供应链管理——新商业、新链接、新物流[M]．北京：机械工业出版社，2022．
[19] 孙明贺．供应链管理实务[M]．2版．北京：科学出版社，2021．
[20] 米志强．物流信息技术与应用[M]．3版．北京：电子工业出版社，2021．
[21] 莱桑斯，法林顿．采购与供应链管理（原书第9版）[M]．胡海青，译．北京：机械工业出版社，2018．
[22] 鲍尔索克斯，克劳斯，等．供应链物流管理（原书第5版）[M]．梁峰，译．北京：机械工业出版社，2021．